LECTURES DE
PROUST

Sous la direction de
Raphaël Enthoven

LECTURES DE
PROUST

avec

Jacques Darriulat
Michel Erman
Donatien Grau
Nicolas Grimaldi
Mireille Naturel
Michel Schneider
Adèle Van Reeth

LES NOUVEAUX CHEMINS DE LA CONNAISSANCE

Fayard/ france culture

Ouvrage édité sous la direction d'Anthony Rowley

L'éditeur remercie Adèle Van Reeth

ISBN : 978-2-213-66252-7

© Librairie Arthème Fayard, 2011 et

Ce livre est issu d'une série d'entretiens radiophoniques avec Raphaël Enthoven, sur le thème de Proust, diffusés sur France Culture du 12 juillet 2010 au 16 juillet 2010 et du 17 novembre 2010 au 25 novembre 2010 dans le cadre des « Nouveaux Chemins de la connaissance ». Il a été mis en forme et, par endroits, précisé, grâce à la philosophe Adèle Van Reeth.

Fidèles à leur titre et à leur vocation, « Les Nouveaux Chemins de la connaissance » se conçoivent comme une encyclopédie parcellaire, et empruntent les voies de la musique et de la philosophie pour donner, simplement, à penser le réel dans sa complexité.

Raphaël Enthoven en est le producteur depuis août 2007.

À nos auditeurs

Avant-propos

Ce livre ne prétend ni tout dire ni même dire l'essentiel de ce qu'il faut savoir sur le chef-d'œuvre de Proust. Sa vertu est d'en parler avec amour, sa raison d'être est d'éveiller chez son lecteur le goût de partir, ou de repartir à la recherche du temps perdu. De faire cette expérience inouïe où chacun, devenant progressivement le lecteur de lui-même, regarde soudain le monde comme s'il le voyait pour la première fois.

Ces onze conversations sont autant de chemins et de lectures possibles dans le continent proustien. Si nous les avions enregistrées un autre jour, elles eussent été totalement différentes, tout en obéissant, comme ici, à la seule loi du cœur, à la liberté sans choix de l'improvisateur à qui une solide connaissance de son objet permet de lui être fidèle sans lui être soumis.

PRINCIPAUX PERSONNAGES*

NB : Ne figurent pas ici la mère, la grand-mère, ni le père du narrateur.

Aimé

Maître d'hôtel au Grand-Hôtel de Balbec, il joue le rôle d'un médiateur. Chargé entre autres par le héros d'enquêter sur les menées d'Albertine.

Albertine : Née en 1880, meurt en 1901.

Aperçue par le héros à Balbec en 1897, qui tombe amoureux d'elle. Allure audacieuse, mystérieuse et inconstante. Au retour du second séjour à Balbec, en 1900, Albertine devient « la prisonnière » du héros, avant de s'enfuir en Touraine, chez sa tante.

Bergotte : Né vers 1840, mort en 1901.

Romancier, il est l'archétype de l'écrivain composé pour l'essentiel à partir d'Anatole France, de Barrès et de Flaubert.

Berma (la) : Née vers 1845, morte en 1919.

Pendant de Bergotte, elle est l'archétype de la tragédienne, composé pour l'essentiel à partir de Sarah Bernhardt.

---

* D'après *Le Bottin proustien*, Michel Erman, La Table Ronde, coll. « La Petite Vermillon », 2010.

Bloch (Albert) : Né en 1879.

Camarade du héros, il joue auprès de lui le rôle d'initiateur intellectuel (auprès de Bergotte) et sexuel (dans une maison de passe). Prototype du snob et du parvenu, il se fait appeler Jacques de Rozier dans *Le Temps retrouvé*.

Bréauté (Hannibal, marquis de)

Surnommé « Babal » par affèterie « antisnob », il incarne en réalité un snobisme paradoxal où se mêlent sélection aristocratique et élitisme artistique.

Brichot : Né vers 1850.

Archétype de l'universitaire puits de science qui ne comprend rien à la réalité.

Charlus (Palamède, baron de) : Né en 1839.

Frère du duc de Guermantes et de Mme de Marsantes (la mère de Saint-Loup). Il incarne l'homme-femme, à l'instar du Vautrin de Balzac.

Cottard (docteur)

Habitué du salon Verdurin auquel sa présence donne, dès les années 1880, une part de sa valeur. Son manque de sens critique et, une fois devenu professeur, sa pédanterie goujate le font marginaliser, même par le « petit clan ».

Elstir

Pendant de Bergotte et de la Berma, Elstir est l'archétype du peintre composé de plusieurs manières empruntées à Whistler, Turner, Monet, Chardin et Patinir. Familier du salon de Mme Verdurin, il est surnommé Biche ou Tiche.

Françoise : Née vers 1835.

Cuisinière de Tante Léonie à Combray, elle passe ensuite au service des parents du héros. Elle tiendra auprès du héros un rôle de gouvernante. Personnage capital qui fait le lien entre la campagne et la ville, entre la tradition et la modernité, notamment grâce à ses trouvailles de langage.

Gilberte Swann : Née en 1880.

Fille de Charles Swann et d'Odette, elle est un personnage essentiel de la *Recherche*. Elle est le premier amour du héros. Exemple remarquable d'ascension sociale puisqu'elle devient marquise de Saint-Loup puis duchesse de Guermantes.

Basin, duc de Guermantes : Né en 1836.

Frère aîné de Charlus. Il a épousé sa cousine Oriane. « Jupiter tonnant » du premier salon de Paris, il incarne les derniers feux de la vieille aristocratie.

Oriane, duchesse de Guermantes : Née en 1842.

Reine du Paris aristocratique et mondain dont le nom et la personne fascinent le narrateur jusqu'à ce qu'il devienne un habitué du salon.

Jupien

Giletier, dont la boutique donne dans la cour de l'hôtel de Guermantes, où habitent le héros et ses parents. Amant de Charlus, il incarne la part féminine de l'inversion.

Legrandin : Né en 1850.

Beau-frère de M. de Cambremer. Ingénieur mais aussi écrivain, il jouit d'une grande considération à Combray. Acharné à conquérir une situation mondaine, il se fera appeler Legrand de Méséglise et finira par être reçu dans la bonne société.

Tante Léonie : Morte en 1894.

Propriétaire avec sa mère de la maison de Combray, appelée aussi Mme Octave. Neurasthénique depuis la mort de son mari, elle passe son temps enfermée dans sa chambre.

Morel (Charles) : Né en 1880.

Violoniste, il deviendra le musicien favori du salon Verdurin. Fils d'un valet du grand-oncle du narrateur, il a honte de ses origines sociales et entend réussir à tout prix, par la séduction des hommes et des femmes.

Norpois (marquis de) : Né vers 1820.

Ancien ambassadeur, toujours en attente d'un ministère ou d'une mission, spécialiste des idées définitives sur tout sujet.

Saint-Loup-en-Bray (Robert, marquis de) : Né vers 1870, mort au combat en 1916.

Neveu de la duchesse de Guermantes. Militaire de carrière, raffiné, connu pour ses succès féminins affichés et pour ses bonnes fortunes masculines dissimulées. Il est présenté au héros par sa grand-tante Mme de Villeparisis à Balbec, en 1897. Ils deviennent amis. Ce républicain dreyfusard en rupture de ban est tout autant un esthète aristocrate.

Saint-Loup (Mlle de) : Née en 1903.

Fille de Gilberte et Robert de Saint-Loup. Elle réunit l'espace physique et social des deux « côtés » : le côté de Guermantes et le côté de Méséglise qui ont donné au récit une partie de sa structure.

Saniette

Beau-frère de Forcheville. Personnage pathétique, fidèle des Verdurin, en butte à leurs mauvaises manières. Instruit, fortuné, au caractère indécis, souvent moqué pour ses défauts de prononciation, bouc-émissaire du salon Verdurin et donc indispensable.

Swann (Charles) : Né en 1847, meurt en 1899.

Ce fils d'un agent de change entre dans la société du faubourg Saint-Germain et devient membre du Jockey-

Club. Il rencontre Odette en 1879 et l'épouse dix ans plus tard après la naissance de leur fille, Gilberte. L'amour malheureux qu'il voue à sa maîtresse volage annonce les amours du héros. Ne parvient pas à devenir un véritable artiste, au rebours du héros. Swann est d'abord un modèle, mais un modèle à dépasser.

Odette de Crécy : Née en 1853.

Au début du roman, elle est l'épouse de Swann. Son passé est considéré comme sulfureux, ancienne actrice, demi-mondaine, volage. Swann doutera toujours de sa sincérité et connaîtra par elle les affres de la jalousie. Elle représente dans la comédie mondaine l'ascension sociale par la galanterie, d'abord chez les Verdurin, puis grâce à Swann, ensuite en épousant Forcheville et enfin en devenant la maîtresse du duc de Guermantes.

Mme Verdurin : Née vers 1850.

Après la mort de son mari, pendant la guerre, elle épouse le duc de Duras et se fait alors appeler Sidonie duchesse de Duras, puis, de nouveau veuve, se remarie avec le prince de Guermantes, devenant alors princesse de Guermantes. La « Patronne » du salon incarne l'alliance d'une curiosité artistique et d'un snobisme intellectuel au service d'une conquête de la haute société.

Vinteuil (M.) : Né vers 1820, mort vers 1896.

Ancien professeur de piano. Il s'est retiré près de Combray. Il s'est consacré à l'éducation de sa fille et souffre de la vie scandaleuse de celle-ci. On apprend plus tard qu'il est l'auteur d'une œuvre musicale qui emprunte à Wagner, César Franck, Gabriel Fauré et dont l'audition répétée par le narrateur guide celui-ci vers la création littéraire.

Vinteuil (Mlle) : Née vers 1880.

Fille du précédent. Élevée dans un amour un peu étouffant par son père, aura à cœur de faire connaître l'œuvre du musicien. À Combray, elle est l'objet des premières rêveries sensuelles du narrateur et, à l'occasion d'une scène de voyeurisme saphique, fournit à celui-ci l'une des clefs romanesques de l'œuvre.

À la recherche du temps perdu

I

À Combray

Les Intermittences du cœur

Raphaël Enthoven : « Les Nouveaux Chemins de la connaissance » partent *À la recherche du temps perdu,* rien de
moins. À Combray, plus précisément, sur les terres de
Marcel Proust, et en compagnie des philosophes Jacques
Darriulat et Michel Erman, du psychanalyste Michel
Schneider et, pour commencer, de Mireille Naturel,
maître de conférences à Paris III et secrétaire général de
la Société des Amis de Marcel Proust. Arpenter le village
d'Illiers qui, par un raccourci que l'appât du gain
emprunte à la littérature, fut opportunément rebaptisé
Illiers-Combray en 1971, à l'occasion des cent ans de la
naissance de l'auteur de *À la recherche du temps perdu,*
c'est un peu se promener « dans la peau de Marcel
Proust ». Les boulangeries regorgent de madeleines, les
échoppes s'appellent « Tante Léonie », le salon de thé
répond au nom du « Temps retrouvé », les menuisiers
eux-mêmes, maquillant le sens du commerce en généalogie, répondent sur les affiches au nom de « Leproust et
fils ». À Combray, la maison de Maman est au-dessus de
Groupama... Quoi de plus décevant qu'un tel emprunt du
réel à la poésie, mais quoi de plus proustien en même
temps qu'une telle déception ? Combien de fois le narrateur de la *Recherche* a-t-il vérifié qu'un événement n'était
pas à la hauteur du désir qui le précédait, voire du nom

qui l'embellissait ? N'est-ce pas précisément à la faveur et au gré de ces déceptions fondamentales que le narrateur de *À la recherche du temps perdu* entreprend d'affranchir l'existence de ce qu'il appelle « la tyrannie du particulier » pour restituer au monde les contours de l'imaginaire qui, plus que la vie, délivre le secret du réel ?

> « Ce serait un livre aussi long que *Les Mille et Une Nuits* peut-être, mais tout autre. Sans doute, quand on est amoureux d'une œuvre, on voudrait faire quelque chose de tout pareil. Mais il faut sacrifier son amour du moment, ne pas penser à son goût, mais à une vérité qui ne vous demande pas vos préférences et vous défend d'y songer. Et c'est seulement si on la suit qu'on se trouve parfois rencontrer ce qu'on a abandonné et avoir écrit, en les oubliant, les contes arabes ou les mémoires de Saint-Simon, d'une autre époque. Mais était-il encore temps pour moi, n'était-il pas trop tard[1] ? »

Ce texte se trouve très précisément quelques lignes avant la fin de *À la recherche du temps perdu*. C'est-à-dire également, et je voudrais qu'on parte de ce paradoxe, quelques lignes avant son commencement.

Mireille Naturel : Oui, cet écrivain que l'on dit velléitaire a voulu avoir la parfaite maîtrise de son œuvre. Il a écrit cette fin en même temps que son début. On dit que ces cahiers du *Temps retrouvé* datent de 1911...

R. E. : Rappelons que le dernier volume de *À la recherche du temps perdu*, pour ceux qui ne l'ont pas en tête, c'est *Le Temps retrouvé*, le premier étant *Du côté de chez Swann* – dont « Combray » constitue la première partie –, Proust a écrit, du moins partiellement, les deux volumes

---

1. *Le Temps retrouvé*.

en même temps, avant d'intercaler un millier de pages entre ces deux commencements.

M. N. : Au départ, le titre prévu était *Les Intermittences du cœur*, titre que l'on retrouve dans *Sodome et Gomorrhe*. L'œuvre devait se composer de deux volumes : *Le Temps perdu* et *Le Temps retrouvé*, dont les titres mettent en scène cette question fondamentale du temps. Proust garde ces deux repères qui deviennent le début et la fin, et il ne cesse d'amplifier son œuvre de l'intérieur, entreprise à ma connaissance unique dans la littérature française. Évidemment, pour les spécialistes de Proust, la question cruciale consiste à se demander ce qu'il aurait fait s'il avait vécu plus longtemps, puisqu'il meurt en 1922 en laissant une œuvre inachevée.

R. E. : Proust, lui-même, d'ailleurs, ne cesse de décrire les mondes possibles où il ne vit pas, puisqu'il est en prise directe avec la réalité. La leçon de *À la recherche du temps perdu* est bien de savoir comment magnifier la réalité, et donc, par là même, s'en contenter, accepter d'être déçu par elle.

M. N. : Je réagis à ce terme de « réalité », que l'on n'associe pas forcément à Proust. Si l'on considère que le réalisme doit être l'expression du réel, alors Proust n'est pas un écrivain réaliste. En revanche, j'ai découvert récemment, dans *La Nouvelle Revue française* du 1er novembre 1922, la dernière à avoir été publiée de son vivant, une prépublication intitulée *Mes réveils*, qui se trouve dans le fonds Jacques Rivière et déposée à la médiathèque de Bourges. C'est quelque chose de vraiment exceptionnel puisque nous n'avons pas, à ma connaissance, d'avant-texte des prépublications. Or cet avant-texte nous dit que la dernière phrase publiée du vivant de Proust est celle-ci :

« À force de volonté, je me suis réintégré dans le réel. » Il est donc extraordinaire que cet esprit que l'on dit flottant, dans l'imaginaire, dans l'imagination, ait voulu réintégrer le réel. En 1922, il revient à cette obsession qu'il exprimait déjà dans « Combray », à travers le dormeur éveillé. L'œuvre de Proust est en cela une œuvre de la circularité, puisque, à la fin, il revient au tout début, à cette image du dormeur éveillé, et, par elle, à l'image que vous proposiez il y a quelques instants, celle des *Mille et Une Nuits*.

R. E. : Encore une chose à propos des *Intermittences du cœur*, puisque vous avez mentionné le fait que ce titre devait être le premier de *À la recherche du temps perdu*... C'est un titre qu'on retrouve dans *Sodome et Gomorrhe*, à l'occasion, me semble-t-il, d'un second séjour à Balbec, donc Cabourg, si tant est qu'on puisse rabattre un lieu imaginaire sur un lieu réel et particulier. Ce second séjour à Balbec est l'occasion pour le narrateur de la *Recherche* dont on apprend qu'il porte le même nom que l'auteur, en tout cas le même prénom, de faire le deuil de sa grand-mère, morte depuis un certain temps déjà. En effet, le premier séjour à Balbec – qui remonte à *À l'ombre des jeunes filles en fleurs*, deuxième volume de *À la recherche du temps perdu* – avait été l'occasion d'aller, lors d'une visite avec sa grand-mère, à la rencontre des jeunes filles en fleurs, de Charlus, de Saint-Loup et d'autres personnages très importants. Ce second séjour est donc le moment du deuil de l'être qui disparaît dans le volume précédent. Et ce deuil est en quelque sorte le deuil préparatoire au grand deuil de *À la recherche du temps perdu*, celui d'Albertine.

M. N. : Le deuil de la grand-mère est autant celui de la mère... L'écriture naît du deuil. Pour moi, *À la recherche du temps perdu* est le livre de la mère, d'où ce thème fondamental de la culpabilité face à cette mort, les expériences se répètent, et on sait qu'Albertine va prendre le relais. Il y a dans *La Prisonnière* une conversation littéraire avec Albertine. Celle-ci n'est pas une intellectuelle, mais le narrateur lui fait partager ses préoccupations, ses questions sur la littérature...

R. E. : « Elle développe, dit-il, une certaine forme d'intelligence », ce qui le laisse tout à fait indifférent car, précise-t-il, il méprise l'intelligence chez les femmes.

M. N. : Je pense qu'il méprise – du moins c'est ce qu'il dit – l'intelligence en général : il lui préfère l'impression. Proust le dit dès son *Contre Sainte-Beuve* : l'impression est supérieure à l'intelligence. Et cette discussion avec Albertine, fait écho, évidemment, à la discussion avec la mère : il ne faut pas oublier que la *Recherche* a été précédée du *Contre Sainte-Beuve*, œuvre jamais publiée du vivant de l'auteur et qui devait prendre la forme d'une conversation avec Maman ; il devait parler de littérature, de son angoisse de la publication. Ensuite, il change de direction, mais la figure de Maman est toujours là. On peut penser à cette scène fondamentale du baiser du soir, qui est censée se dérouler dans la maison où nous sommes.

R. E. : Absolument. Et d'ailleurs, il revient sur cette scène du baiser du soir, primordiale. Il écrit, quelques lignes plus loin : « Tout s'était décidé au moment où, ne pouvant plus supporter d'attendre au lendemain pour poser mes lèvres sur le visage de ma mère, j'avais pris ma résolution, j'avais sauté du lit et étais allé en chemise de nuit m'installer à la fenêtre par où entrait le clair de lune, jusqu'à ce que j'eusse entendu partir M. Swann. Mes parents l'avaient accompagné, j'avais entendu la porte s'ouvrir, sonner, se refermer[1]. » Il revient donc sur cette scène, qui se trouve au tout début du livre, deux mille cinq cents pages séparant ces deux épisodes, et pourtant c'est à cet épisode-là qu'il revient, au baiser de paix que sa mère lui donne régulièrement au coucher et qu'il mendie les soirs où il y a des invités à la maison.

M. N. : C'est effectivement la scène fondamentale, la « scène primitive », diraient les psychanalystes, et il est très intéressant de la voir à nouveau mentionnée à la fin du texte. C'est un effet de la mémoire involontaire : quand le livre se referme, il y a aussi une mémoire textuelle qui se met en œuvre, et on revient à cette scène fondamentale. C'est dire combien cette scène du baiser du soir, dans laquelle il retrouve sa mère et où le père renonce à son autorité – si on veut reproduire ce schéma œdipien primaire – est déterminante. D'autant plus que, dans cette scène, la figure de la grand-mère est déjà en filigrane. On voit bien aussi combien cette double figure maternelle, est essentielle, puisque la mère lit les œuvres de George Sand que la grand-mère avait choisies pour la fête du petit.

R. E. : D'ailleurs on retrouve dans la chambre qui était celle de l'auteur, Marcel Proust, un volume de *François le Champi*.

M. N. : *François le Champi*, que Proust cite dans la clôture de son œuvre. Je dis clôture : est-ce une clôture ou une fin-ouverture ?

R. E. : Justement, on en revient au fait que la fin du livre est, entre autres, son propre commencement. Rappelons

---

1. *Le Temps retrouvé*.

quand même qu'*À la recherche du temps perdu* est l'histoire d'un homme qui découvre qu'il est écrivain.

M. N. : Exactement.

R. E. : Et qui décrit l'acheminement vers cette vocation. Le livre commence, ou presque, avec un petit garçon qui attend le baiser de Maman, et se termine sur la découverte que l'art, en l'occurrence la littérature, est seul capable de justifier l'existence sans entreprendre de lui donner le sens qu'elle n'a pas. De sorte qu'on peut lire la *Recherche* deux fois : une première fois comme la découverte de cette vocation, une seconde comme le récit des étapes qui conduisent un écrivain à faire cette découverte fondamentale. C'est en cela que la fin est un début.

M. N. : Oui, l'écrivain s'efface, peut-être détruit par la maladie, par la mort, car il y a toujours cette menace de la mort qui plane. L'écrivain de chair s'efface et laisse l'écrivain de papier se substituer à lui, le narrateur devenant l'écrivain. Comment cela se produit-il ? Grâce aux expériences de résurrection du passé, parce qu'il y a toujours cette recherche de la temporalité, cette « recherche du temps perdu ». C'est une recherche qui aboutit, puisque le temps finit par être retrouvé, quand les expériences du présent se superposent aux expériences du passé, qui font toujours appel à la sensation. On revient alors à ce que l'on disait tout à l'heure : ce n'est pas l'intelligence qui prime, mais la sensation, la sensorialité. Et d'abord ces expériences, celle de la petite madeleine au tout début, ensuite celle des pavés...

R. E. : ... des pavés inégaux de l'hôtel de Guermantes...

M. N. : Oui. Et puis l'expérience de la serviette, qui fait resurgir Balbec. L'expérience du bruit de la cuillère contre l'assiette, qui fait resurgir l'arrêt en train...

R. E. : ... le tintement ferrugineux du carillon, qui annonce l'arrivé des invités dans la maison où nous nous trouvons...

M. N. : Oui, ce sont toutes ces opérations des sens qui font resurgir le passé et franchir ce temps qui semblait perdu. Il est très troublant de retrouver, dans les dernières pages, cette sonnette et ce carillon, qui sont toujours sur le portail de la maison et qu'on peut encore entendre tinter.

R. E. : C'est très troublant et, en même temps, paradoxalement, c'est décevant, dans la mesure où ça a l'inconvénient d'exister. Quand on visite cette maison, on est à la fois évidemment très ému – nous sommes dans une pièce où se trouvent le portrait de la mère de Marcel Proust et le portrait de son père – une pièce qui, en tous points, d'ailleurs, ressemble à ce qu'il en dit. Mais, en visitant cet endroit, on tombe inévitablement sous le régime douloureux de ce que le narrateur appelle dans *À l'ombre des jeunes filles en fleurs,* alors qu'il découvre l'église de Balbec, « la tyrannie du particulier », c'est-à-dire le régime de ce qui existe et qui, parce que cela existe, et parce que l'existence dégrise l'idée qu'on se fait de l'existence, relève de la déception. Il y a, dans la *Recherche,* dans la découverte de sa vocation d'écrivain, toute une série d'expériences qui sont également des déceptions à la faveur desquelles le narrateur constate, d'une part, que le réel n'est pas à la hauteur de l'idée qu'il en a, et, d'autre part, plus tard, qu'il y a plus de réalité dans le récit d'un souvenir que dans le souvenir lui-même.

M. N. : Oui, on retrouve avec cette maison, l'idée que le réel est décevant et qu'il faut donc se replonger dans l'imaginaire. Cette maison fait appel aussi à une expérience vécue : la famille est venue y passer ses vacances de Pâques et d'été, mais dans le texte intitulé « Combray » il y a bien entendu autant le souvenir d'Auteuil, où vivait la famille Proust, que d'Illiers. La visite de cette maison est donc, en fait, une reconstitution de l'œuvre, puisqu'elle n'est pas restée dans l'état d'origine et qu'on ne connaît d'ailleurs pas cet état premier. Il y a un vertige constant entre le réel et l'imaginaire. À ce titre, cette maison est particulièrement intéressante.

R. E. : Elle a été refaite selon les indications qui étaient celles de *À la recherche du temps perdu*. Autrement dit, c'est la nature qui s'est mise à imiter l'art. On l'a reconstruite de la même façon d'ailleurs qu'on a pu redessiner un certain nombre de lieux qui avaient été visités ou décrits par le narrateur, conformément à ce qu'il en avait dit dans la *Recherche* même.

M. N. : Mais le lieu est fondamental chez Proust. Même quand il parle de la lecture dans ce magnifique texte *Sur la lecture* qui précède la traduction de *Sésame et les Lys*[1], que dit-il ? Que l'on se souvient autant des circonstances de la lecture que de la lecture elle-même. Le lieu est déterminant, c'est une œuvre à multiples dimensions. Il y a le temps qui parcourt l'œuvre, qui est le thème essentiel, qui est la structure, mais il y a aussi l'espace, et il y a le même binarisme dans l'espace que dans le temps. Il y a le « Côté de chez Swann » et il y a le « Côté de Guermantes ». Et la problématique est : comment peut-on passer du « Côté de chez Swann » au « Côté de Guer-

---

1. John Ruskin, traduction Marcel Proust, Mercure de France, 1906.

mantes » ? Or, dans l'univers physique, dans l'univers géographique qui entoure Illiers, il y a les deux côtés. Ces deux côtés géographiques ont aussi une correspondance sociologique – il y a une interprétation à donner à cette recherche du petit chemin qui va réunir les deux côtés – et il faut lire les sept volumes de l'œuvre pour apprendre, au tout début du *Temps retrouvé*, par Gilberte, l'initiatrice, qu'il y a un petit chemin permettant de passer d'un côté à l'autre. Gilberte représente aussi ce petit chemin, puisqu'elle est passée du côté de la bourgeoisie, celle des Swann, à celui de l'aristocratie, en épousant Robert de Saint-Loup. C'est Gilberte, fille d'Odette et de Swann, qui va réunir les deux côtés. Je crois que Proust a toujours été aussi préoccupé par cela : il appartenait, lui-même, aux deux côtés, et son œuvre permet de les réunir.

R. E. : Gilberte est donc la fille de Swann et d'Odette de Crécy, dont les amours font l'objet d'un volume très particulier dans la *Recherche* : *Un amour de Swann,* qui se situe en amont de la naissance du narrateur, et où celui-ci troque l'intimité de ses propres pensées contre celles de Swann, dans un volume quasiment préparatoire à l'expérience, qu'il fera lui-même avec Albertine, d'un amour constamment déçu pour une femme qui, dit Swann, n'était « pas son genre ». Quant à Gilberte, dont l'image reine est celle d'un visage caché par une haie d'aubépines, elle est celle qui passe d'un côté à l'autre : en épousant le marquis de Saint-Loup (neveu du duc de Guermantes) elle épouse un Guermantes, c'est-à-dire qu'elle passe effectivement de « l'autre côté », du côté de Guermantes, et que, symboliquement, elle réunit les deux chemins. Mais venons-en à ce que vous disiez du temps et du présent. Il y a constamment, chez Proust, la reprise d'un thème bergsonien et encore informulé au moment de la rédaction de *Du côté de chez Swann* (rappelons qu'ils étaient d'ailleurs familialement liés, le petit Marcel Proust avait même été garçon d'honneur au mariage de Bergson, son cousin par alliance) : en partant des « déjà-vus », Bergson invente la formule de « souvenir du présent » pour désigner l'impression que le présent est lesté de son propre souvenir. Le plus étrange est que nous sommes surpris par les « déjà-vus », alors que, comme le nom de « déjà-vu » l'indique, ils devraient au contraire nous sembler familiers. Ce paradoxe permet à Bergson de penser que la surprise véritable repose non pas sur l'imprévu, mais sur l'arrivée de ce qu'on attend. À force de croire qu'on a déjà vu ce qu'on regarde, on finit par regarder pour la première fois des objets qui, jusqu'ici, nous semblaient familiers. Du déjà-vu, on s'élève à l'étonnement. D'un présent épaissi par son propre souvenir, on en vient à la matière fine de l'ordinaire métamorphosé en inédit. Or, cette expérience-là, on la retrouve à plusieurs reprises dans la *Recherche*. C'est une des façons dont le narrateur fait son apprentissage de la réalité. Le meilleur exemple en est peut-être le moment où, à la fin de *Sodome et Gomorrhe*, il confond littéralement sa mère et sa grand-mère, dans une illusion qui donne à l'être qu'il a sous les yeux l'épaisseur d'une métaphore ou d'une génération. « Tu trouves que je ressemble à ta pauvre grand-mère », lui dit sa mère qui, lisant dans ses pensées, accrédite l'épaisseur du présent qui incite l'artiste naissant à traquer l'éternité des sensations.

> « Mais à ce moment, contre toute attente, la porte s'ouvrit et, le cœur battant, il me sembla voir ma grand'mère devant moi, comme en une de ces apparitions que j'avais déjà eues, mais seulement en dormant. Tout cela n'était-il donc qu'un rêve ? Hélas, j'étais bien éveillé. "Tu trouves que je ressemble à ta pauvre grand'mère", me dit maman – car c'était elle – avec douceur, comme pour calmer mon effroi, avouant, du

reste, cette ressemblance, avec un beau sourire de fierté modeste qui n'avait jamais connu la coquetterie. Ses cheveux en désordre, où les mèches grises n'étaient point cachées et serpentaient autour de ses yeux inquiets, de ses joues vieillies, la robe de chambre même de ma grand'mère qu'elle portait, tout m'avait, pendant une seconde, empêché de la reconnaître et fait hésiter si je dormais ou si ma grand'mère était ressuscitée[1]. »

M. N. : Le mot épaisseur est particulièrement bien choisi : cette expérience, cette grand-mère qui resurgit, est vraiment très riche, on peut l'interpréter de multiples façons. Certes, il y a la superposition des images de la mère et de la grand-mère, et des biographes vous diraient qu'on ne sait pas s'il parle de la disparition de sa mère ou de la disparition de sa grand-mère. Mais, quand on essaie de mettre un peu d'ordre dans l'arbre généalogique de la *Recherche*, et non pas de la famille, on s'y perd vraiment, et notamment dans les grands-mères. Déjà, dans le jardin de Combray où il y a cette grand-mère qui m'intéresse, Bathilde, et une autre grand-mère, on a l'impression qu'il y a deux grands-mères...

R. E. : Bathilde, c'est la grand-mère maternelle...

M. N. : Oui, mais dans la réalité c'est le prénom de la grand-mère paternelle ! Il y a donc déjà une coïncidence entre le côté paternel et le côté maternel, et il y a une volonté de Proust de brouiller les cartes. D'un côté il y a la grand-mère qui a des règles d'hygiène, qui invite l'enfant à se promener, à « profiter du grand air » – et là, ce sont les règles d'hygiène du professeur Adrien Proust, le professeur hygiéniste, devenu une sommité –, et, de

---

1. *Sodome et Gomorrhe.*

l'autre, il y a la grand-mère, sans qu'elle soit reconnaissable, qui a acheté les livres pour sa fête, les livres que la mère va lire. On s'y perd... Ce qu'il faut retenir de tout cela, c'est que ces personnages se superposent les uns aux autres, se démultiplient. Il y a effectivement une épaisseur romanesque. C'est aussi une expérience analogique que celle de l'image de la grand-mère qui renaît sous l'image de la mère : je pense que c'est l'analogie qui permet de comprendre toute la *Recherche*. Je parlais tout à l'heure de binarisme géographique, de binarisme temporel ; il y a aussi un binarisme dans la représentation des êtres : les images se superposent. L'œuvre de Proust est tout sauf quelque chose de plat. Il rejette d'ailleurs le cinéma pour cette raison, parce que le cinéma donnerait une vision plane de la réalité.

R. E. : Univoque... Ce qui permet de nous interroger sur ce qu'est la réalité, justement. La réalité désigne évidemment le lieu où nous nous trouvons, qui se trouve être le lieu d'où le narrateur, l'écrivain plus exactement, est parti pour forger à la fois le personnage du narrateur et son univers. Mais cette réalité-là est le monde sans mystères d'un quotidien particulier. Est-ce Alfred Agostinelli, l'amant de Marcel Proust, qui aurait inspiré le personnage d'Albertine ? Ou bien, par un jeu d'analogies, justement, les lois communes aux personnes aimées, Agostinelli, Albertine, Odette, selon lesquelles on ne les connaît jamais vraiment, ce qui a pour conséquence de rendre l'amour si douloureux ? La réalité est-elle ce qui est tangible, palpable, identifiable à quelqu'un, ou bien ces vérités éternelles que le narrateur tire du mélange des personnages réels et fictifs et, à l'intérieur de ceux-ci, de leur diffraction, de leur démultiplication ?

M. N. : Puisque l'on parle de personnages, on peut revenir à la pratique romanesque : comment Proust conçoit-il un personnage ? Quand on parle d'Albertine, c'est d'abord un nom, et dans « Albertine » vous avez le noyau onomastique « berte », qui se trouve déjà dans « Gilberte », et également dans « Berthe », la fille de Mme Bovary. Je pense que Proust est un alchimiste : il fait fusionner différents éléments qu'il emprunte à sa réalité, à sa biographie, mais aussi à sa « réalité littéraire », si je puis dire. On a donc d'un côté cette construction du personnage d'Albertine en tant qu'être de papier, et, de l'autre, ce qu'il a vécu effectivement avec Alfred Agostinelli. On sait que les deux volumes consacrés à Albertine, c'est-à-dire *La Prisonnière* et *Albertine disparue*, sont écrits au moment où Proust fait la connaissance d'Alfred Agostinelli et que, dans les derniers volumes, comme Proust n'a pas eu le temps de se relire ni de se corriger, on trouve des extraits de lettres adressées à son amant. On y trouve une référence à l'avion : or, Alfred Agostinelli était reparti dans le Sud faire de l'aviation, en s'inscrivant sous le pseudonyme de Marcel Swann, c'est dire à quel point la réalité et l'imaginaire se mêlent... Il y a donc des références très précises à cet amour, à cette passion vécue avec Alfred Agostinelli.

R. E. : Une « passion », à entendre au sens étymologique de « souffrance ».

M. N. : Tout à fait.

R. E. : L'amour est malheureux dans la *Recherche*... Personne ne souffre autant que celui qui aime...

M. N. : L'amour est lié à la souffrance, à la jalousie, et c'est même la souffrance qui est le signe de l'amour. « Il n'y a pas d'amour heureux », comme l'ont dit d'autres avant moi. Et dès qu'on ne souffre plus, on n'aime plus : c'est la leçon de *Un amour de Swann*.

R. E. : Swann choisit de se marier avec Odette, quand il découvre qu'il ne l'aime plus... Le mariage couronne la fin de la souffrance, c'est-à-dire la fin de l'amour.

M. N. : Oui, mais c'est un mariage qui ne dure pas. Apparemment, ils ont déjà une fille. Je dis bien apparemment, parce qu'il est impossible de se retrouver dans la chronologie. Proust joue avec son texte : il donne par exemple des indications d'année, mais c'est un jeu d'écrivain, puisqu'on est totalement incapable de reconstituer la chronologie de l'œuvre. C'est une illusion de réel, avec laquelle il s'amuse : ce n'est pas comme l'écrivain réaliste qui veut donner une illusion de réel, qui veut « faire vrai », qui veut créer un « effet de réel », comme disait Barthes. Proust, lui, joue à l'intérieur de sa pratique romanesque. Pour en revenir à cette question fondamentale de l'amour, l'amour de Swann, Odette reprend sa vie de cocotte dès qu'elle l'a épousé, et Swann reprend sa vie d'esthète. Swann est un double du narrateur. D'ailleurs, pendant très longtemps, Swann et le narrateur se sont confondus. On pourrait se demander pourquoi Proust a inventé ce double. Il fait de lui un esthète qui ne réussit pas à écrire son œuvre : on est encore dans la situation d'un échec. Or, l'auteur a été pendant très longtemps dans cette situation. Finalement, le narrateur commence à écrire son œuvre, comme on le disait au tout début de l'émission, quand l'écrivain meurt. Mais Swann meurt avant, Bergotte meurt : on a l'impression que la mort, physique, est inhérente à la création romanesque.

R. E. : On va parler de la mort dans un instant, mais, avant cela, il faut rappeler qui est Bergotte, ou même

Swann. Swann est l'homme élégant par excellence, dont l'œil expert sait voir de l'art sous les apparences du quotidien. Swann est le contemplatif qui retrouve la *Charité* de Giotto dans le visage d'une servante. Swann, c'est un œil qui, par goût du réel, ne cesse de confondre ce qu'il voit avec ce qu'il a vu, la réalité avec un tableau. Il ne cesse, en ce sens, de magnifier le réel et de donner au narrateur l'une de ses premières leçons d'esthétique, au sens fort : dans la découverte de sa vocation d'écrivain, Swann occupe la place de celui qui métabolise le réel, qui en fait constamment la matière d'une œuvre d'art et qui, par ailleurs, vous l'avez dit, n'a pas construit d'œuvre lui-même, hormis une étude sur Vermeer. Or, c'est devant un tableau de Vermeer que Bergotte meurt. Bergotte est, pour le dire vite, un mélange de Bergson et d'Anatole France, si tant est, là encore, qu'on puisse rabattre un personnage sur un autre. Bergotte c'est l'écrivain qui a « réussi », mais qui meurt en se disant que ce qu'il a écrit ne vaut pas le « petit pan de mur jaune avec un auvent » de la *Vue de Delft* de Vermeer, et qu'à cet égard il est passé à côté de son œuvre.

> « Dès les premières marches qu'il eut à gravir, il fut pris d'étourdissements. Il passa devant plusieurs tableaux et eut l'impression de la sécheresse et de l'inutilité d'un art si factice, et qui ne valait pas les courants d'air et de soleil d'un palazzo de Venise, ou d'une simple maison au bord de la mer. Enfin il fut devant le Vermeer, qu'il se rappelait plus éclatant, plus différent de tout ce qu'il connaissait, mais où, grâce à l'article du critique, il remarqua pour la première fois des petits personnages en bleu, que le sable était rose, et enfin la précieuse matière du tout petit pan de mur jaune. Ses étourdissements augmentaient ; il attachait son regard, comme un enfant à un papillon jaune qu'il veut saisir, au précieux petit pan de mur. "C'est ainsi que j'aurais dû écrire, disait-il. Mes derniers livres sont trop secs, il aurait fallu

passer plusieurs couches de couleur, rendre ma phrase en elle-même précieuse, comme ce petit pan de mur jaune." Cependant la gravité de ses étourdissements ne lui échappait pas. Dans une céleste balance lui apparaissait, chargeant l'un des plateaux, sa propre vie, tandis que l'autre contenait le petit pan de mur si bien peint en jaune. Il sentait qu'il avait imprudemment donné le premier pour le second. "Je ne voudrais pourtant pas, se disait-il, être pour les journaux du soir le fait divers de cette exposition."

Il se répétait : "Petit pan de mur jaune avec un auvent, petit pan de mur jaune." Cependant il s'abattit sur un canapé circulaire ; aussi brusquement il cessa de penser que sa vie était en jeu et, revenant à l'optimisme, se dit : "C'est une simple indigestion que m'ont donnée ces pommes de terre pas assez cuites, ce n'est rien." Un nouveau coup l'abattit, il roula du canapé par terre, où accoururent tous les visiteurs et gardiens. Il était mort. Mort à jamais ? Qui peut le dire[1] ? »

R. E. : Juste après la mort de Bergotte, le narrateur dit : « Mort à jamais ? Qui peut le dire ? » On assiste à un moment – si j'ose dire – de pensée magique : le narrateur envisage la possibilité d'une vie après la mort. Et cette pensée magique ou ces mondes imaginaires que le narrateur suggère on les retrouve peut-être – j'aimerais avoir votre sentiment là-dessus – dans ce que vous avez dit tout à l'heure de cette chronologie biscornue de la *Recherche*. Comme si, de temps en temps, il y avait chez Proust, à rebours du mouvement qui voudrait que la vie intérieure soit dévorée par la vie quotidienne, une sorte de contamination de la chronologie objective – du temps de l'horloge et des années qui passent de façon régulière – par la chronologie intérieure. À tel point que de temps en temps, la chronologie délire un peu dans la *Recherche*.

---

1. *La Prisonnière.*

M. N. : Je dirais même que chaque personnage a sa propre temporalité. Revenons à cette scène fondatrice de la représentation sociale, et non de la représentation littéraire, celle du jardin. Le jardin est très important : il y a toujours une alternance entre l'extériorité et l'intériorité ; le jardin est le lieu de la rencontre familiale qui exclut l'enfant qui, lui, s'isole dans la chambre. Je le disais tout à l'heure, l'espace est significatif, l'isolement est nécessaire à la création : l'écrivain Proust va écrire son œuvre enfermé dans sa chambre aux murs de liège, et il écrit la nuit, donc doublement coupé du monde. Dans cette scène du jardin, avec la grand-mère, avec les tantes, il est dit que le père – le père est encore présent à ce moment-là – observe le baromètre ; il y a une représentation du « temps », au sens le plus commun, le plus concret, le plus matériel du « temps qu'il fait ». C'est une réalité de la vie villageoise : on observe le temps qu'il va faire, les promenades sont programmées en fonction de cela. Lorsqu'il menace de pleuvoir, on fait une promenade courte, lorsque le temps est dégagé, on fait une promenade longue ; on retrouve donc, là encore, ce binarisme entre deux types de promenades déterminées par le temps. Proust joue toujours sur la polysémie du mot temps.

R. E. : Ce que vous dites est très important, d'abord sur le jardin lui-même. La grand-mère, Bathilde a coutume d'arpenter son jardin dès qu'il pleut, car elle raffole du vent, des rafales, de la pluie. En passant devant les rosiers, elle « arrache subrepticement, dit le narrateur, quelques tuteurs des rosiers, afin de rendre aux roses un peu de naturel, comme une mère qui, pour les faire bouffer, passe une main dans les cheveux de son fils que le coiffeur a trop aplatis[1] ». Autrement dit, le narrateur, par

---

1. *Du côté de chez Swann.*

la grâce d'une métaphore ou d'une comparaison, se retrouve lui-même dans le jardin, sous la figure de cet enfant propre dont le coiffeur a trop aplati les cheveux et sous la main de sa grand-mère, ébouriffé par cette main comme elle l'ébouriffera dans *À l'ombre des jeunes filles en fleurs,* quand elle ouvrira en grand les fenêtres du Grand-Hôtel de Balbec. De sorte que le narrateur est constamment en train de conjurer l'écart entre intériorité et extériorité : c'est depuis sa chambre qu'il conçoit la possibilité d'être lui-même un de ces rosiers à qui la grand-mère rend un peu de leur vie.

M. N. : On passe de la nature à la culture, à travers la fenêtre d'une chambre. Dans la *Recherche*, la symbolique du verre est très importante : ouvrir une fenêtre signifie toujours quelque chose. Cette fenêtre est presque une cloison, c'est déjà la cloison de l'hôtel de Balbec, qui le sépare et le relie en même temps à la grand-mère, à travers les trois petits coups. C'est dire encore combien l'espace est mis en scène. Il y a aussi un mélange de représentation de la pureté, du besoin de purification, de préoccupations hygiénistes et, de l'autre côté, le thème du mal, de la culpabilité, parce que l'enfant se sent coupable d'appeler sa mère, de vouloir que sa mère monte l'embrasser une dernière fois. Certes, Bathilde est le prénom de la grand-mère paternelle, mais aussi un prénom employé dans les récits mérovingiens – ces récits ont beaucoup d'importance dans la *Recherche*. Bathilde c'est la mère des énervés. Cela nous renvoie à l'abbaye de Jumièges. Bathilde était l'épouse de Clovis, si je ne me trompe ; celui-ci part en guerre et, quand il revient, ses deux fils ont pris le pouvoir, ont voulu renverser le père. Il y a toujours cette thématique du parricide dans l'œuvre de Proust, et cela renvoie aussi au conte de Flaubert : *La Légende de saint Julien l'Hospitalier*, que Proust vénérait. La scène du baiser du soir, je le disais, est un schéma œdipien : le père renonce à son autorité de père pour la première fois.

Pour en revenir à Bathilde, le père veut punir les deux fils, il veut les faire massacrer, celle-ci, en bonne mère, trouve une solution intermédiaire, mais d'une redoutable cruauté : elle les « énerve » au sens premier du terme, elle leur coupe les nerfs de la cheville. Ces deux frères sont mis dans une barque qui vogue sur la Seine, jusqu'au moment où ils sont récupérés par les moines de l'abbaye de Jumièges.

R. E. : Vous avez parlé tout à l'heure du « temps qu'il faisait ». Le personnage qui met entre les mains du narrateur ses premiers livres de Bergotte, c'est son ami Bloch, personnage étonnant, précieux, mondain, juif – ce qui vaut au baron de Charlus, qui crache toujours, d'abord, sur ce qu'il aime, de grandes diatribes antisémites. Or, le personnage de Bloch se distingue, au tout début de « Combray », donc au début de la *Recherche,* en déclarant au père du narrateur : « Monsieur, je ne puis absolument vous dire s'il a plu. Je vis si résolument en dehors des contingences physiques que mes sens ne prennent pas la peine de me les notifier. » Ce qui vaut au père de dire au narrateur : « Mais, mon pauvre fils, il est idiot ton ami... Comment ! il ne peut même pas me dire le temps qu'il fait ! Mais il n'y a rien de plus intéressant ! C'est un imbécile[1]. » Bloch le snob trouve élégant d'affecter l'indifférence au temps qu'il fait. Or, je crois me souvenir que Bloch, dans *Sodome et Gomorrhe*, propose au narrateur de venir saluer son père lors d'une escale du tortillard qui les emmène à Balbec, mais le narrateur, redoutant de laisser Albertine seule avec Saint-Loup, refuse de quitter sa place ; Bloch croit alors naïvement que c'est par snobisme,

---

1. *Du côté de chez Swann.*

pour rester auprès des gens chics avec qui il voyage, qu'il ne veut pas aller saluer son père. De façon générale, Bloch se trompe toujours sur les gestes du narrateur.

M. N. : Bloch est un personnage trouble, qui représente, je pense, effectivement, des valeurs négatives. Déjà, il est critiqué par le grand-père, et l'irruption de Bloch prouve bien que Combray, ce n'est pas uniquement Illiers, ce n'est pas uniquement la maison de Tante Léonie : c'est aussi Auteuil et le côté maternel. C'est un personnage qui est ridiculisé, qui change d'identité, qui commet des erreurs. Existe aussi cette thématique de l'erreur : la *Recherche* est une quête de la vérité, c'est en cela que Proust est philosophe. Il y a toujours des vérités générales qui sont proposées, qui sont tirées de l'expérience, mais la thématique de l'erreur est présente par l'intermédiaire des allégories, celle par exemple des *Vices et des Vertus* de Padoue, que Swann offre au narrateur : l'erreur permet d'accéder à la vérité, l'erreur est constructive. Il y a aussi l'erreur plus commune, plus banale…

R. E. : … l'erreur qui vient du fait qu'on croit savoir la vérité, justement. Quand Bloch découvre que le narrateur vit avec Albertine, il en déduit aussitôt que c'est la raison pour laquelle le narrateur ne sort plus de chez lui, or les deux faits n'ont aucun rapport entre eux. Seulement, dit Proust : « Ceux qui apprennent sur la vie d'un autre quelque détail exact en tirent aussitôt des conséquences qui ne le sont pas et voient dans le fait nouvellement découvert l'explication de choses qui précisément n'ont aucun rapport avec lui[1]. » Bloch ne cesse de voir des causes là où il n'y a que des concomitances.

---

1. *La Prisonnière.*

M. N. : Bloch s'inscrit dans la superficialité, contrairement à Proust qui, lui, est toujours dans la profondeur. Il
va au fond de lui et la fin de l'œuvre, dont nous sommes
partis, illustre tout à fait cette idée fondamentale : il faut
aller au fond des choses, et même quand il écrit, c'est le
moi profond qui doit parler, et non le moi social. Bloch
s'inscrit dans la superficialité du social, de la mondanité,
de ce que Proust, finalement, considérait comme secon-
daire par rapport à la vie qui vaut réellement la peine
d'être vécue : la vie littéraire.

R. E. : Par un grand malentendu, ceux qui ne l'ont pas lu
pensent qu'*À la recherche du temps perdu* est un roman
mondain, c'est une contre-vérité absolue. Les mondanités
sont juste un objet d'étude comme un autre pour le narrateur entomologiste. Encore un mot, Mireille Naturel,
puisqu'on arrive au terme de cette conversation : quand le
narrateur a la révélation de l'œuvre qu'il doit écrire, la
peur de la mort est aussitôt remplacée par la peur de
mourir. La mort n'est rien, mais mourir le priverait
d'extraire les diamants qu'il a dans le cœur. La découverte
de sa vocation d'écrivain dissipe la peur abstraite, métaphysique, de la mort, au profit d'une peur très concrète,
du double danger de l'accident extérieur comme de l'accident intérieur, de l'accident de fiacre comme de l'accident
vasculaire.

M. N. : Il n'a pas peur de sa mort, je crois, mais il a peur
de mourir avant que son œuvre ne soit achevée, et c'est
une véritable angoisse. Quand on lit la correspondance
extrêmement émouvante de Proust avec Jacques Rivière,
on voit combien il est peiné : il décrit ses malaises, il a des
vertiges, il fait des chutes et il veut absolument rester
maître de son œuvre, il est furieux parce qu'on n'a pas
respecté telle ou telle disposition de paragraphe, parce

qu'on n'a pas supprimé ce qu'il a souhaité supprimer. C'est quelqu'un qui veut garder – c'est en cela que sa mort prématurée est vraiment déchirante – la maîtrise de toute son œuvre ; il sait qu'elle prend sens dans sa forme et qu'il doit tout contrôler. C'est pour cela que, sachant qu'il allait mourir de façon précoce, Proust a absolument voulu mettre le mot « fin » et donner l'image – on en revient nous-mêmes au point de départ – d'une œuvre parfaitement structurée, dont la fin fait écho au début, d'une œuvre qui mentionne *Les Mille et Une Nuits*, d'où nous sommes partis. Or, *Les Mille et Une Nuits*, c'est justement le combat entre la vie et la mort, puisque le sultan donne la mort à chacune de ses femmes, à l'aube, et que l'une d'entre elles va pouvoir enfin sauver les autres femmes par l'histoire qu'elle invente. La leçon de ce récit est bien que l'art permet d'échapper à la mort.

« *Maintenant que la vie se tait davantage...* »

Raphaël Enthoven : Notre invité est le philosophe et biographe de Proust, Michel Erman. On lui doit entre autres un dictionnaire des personnages de *À la recherche du temps perdu*[1].

Proust est l'héritier de Shéhérazade, de Saint-Simon, de Baudelaire, [...] mais aussi de Flaubert, dont il vénère *La Légende de saint Julien l'Hospitalier*, et à qui il doit de savoir que les imbéciles sont souvent très intelligents, de même que les snobs font souvent profession de simplicité, voire de camaraderie.

C'est *Un amour de Swann* qui nous intéresse aujourd'hui : un joyau, une merveille, qui contient en miniature l'ensemble des thèmes agités par la *Recherche*. *Un amour de Swann*, qu'il faut entendre à double titre, dont l'intrigue se situe avant la naissance du narrateur, quoiqu'elle dise l'essentiel de ses tourments. Façon de montrer que si toutes les histoires d'amour se ressemblent c'est parce que tout homme est, en un sens, le premier à tomber amoureux.

Michel Erman : *Un amour de Swann* est un roman dans le roman, il a un statut particulier. Pour justifier la manière

---

1. *Marcel Proust*, Fayard, 1994. Voir aussi *Le Bottin proustien, Qui est qui dans la* Recherche *?, op. cit.*

dont est raconté ce long épisode – ce petit roman – il faut considérer que tout ce qui est rapporté ici l'a été d'abord au narrateur. C'est ce que j'appelle le « coup du témoin » ; là, c'est le coup du témoin indirect. Nous sommes donc à Paris, au tournant des années 1880, dans la bourgeoisie. Bourgeoisie qui, à ce moment-là, forme, chez Mme Verdurin, un petit clan. Nous sommes rue Montalivet, dans le 8e arrondissement. Quelques années plus tard le salon Verdurin va se transformer et s'installer quai Conti, beaucoup plus près, géographiquement et symboliquement, du faubourg Saint-Germain. Mais, à ce moment-là, dans les années 1880, nous sommes rue Montalivet, dans un salon où...

R. E. : ... où l'on fait profession de camaraderie. « Ici on ne se gêne pas. On est entre camarades », dit M. Verdurin. À chaque fois qu'on croise Mme Verdurin, on est au comble de la camaraderie ostensible et, en même temps, au sommet du snobisme...

M. E. : Effectivement, au sommet du snobisme, au sens étymologique du terme : *sine nobilitate*...

R. E. : « Celui qui n'a pas de noblesse ».

M. E. : Mais, dans ces années 1880, Mme Verdurin n'a pratiquement aucune idée de ce que sont les Guermantes. C'est une sorte de monde idéal, qui n'est pas tout à fait encore objet de désir. En revanche, dès cette époque – c'est un trait intéressant, qui va constituer l'identité de ce clan, de ce salon, de cette future petite église, on y reviendra peut-être tout à l'heure –, on fait jouer du Wagner dans le salon. On est dans une bourgeoisie fortunée qui se pique de culture. Mais, il faut le noter, Proust, contrairement à Balzac, ne s'intéresse pas à la bourgeoisie d'argent : il s'intéresse à la bourgeoisie symbolique, la bourgeoisie « esthétique ». Le lecteur apprendra bien plus tard que M. Verdurin est un critique d'art estimé. Ça ne se voit pas dans le salon, à l'époque, mais il est estimé. C'est une bourgeoisie qu'il est difficile de situer sur une échelle, parce que rien n'est vraiment dit sur elle. On joue du Wagner chez les Verdurin donc, et cela autant par goût que par snobisme. Dans les années 1880, la *Revue wagnérienne* n'existe pas encore mais les œuvres du musicien ne sont plus taboues, comme elles l'ont été après la guerre de 1870.

R. E. : Rappelons que Bayreuth n'existe que depuis quelques années.

M. E. : Oui, depuis 1876, et Wagner n'est pas encore un musicien très « coté », comme on dirait dans le salon. Mais la Verdurin a une sorte d'intuition, dont Proust ne dit pas d'où elle vient, que la musique, que l'art en général va constituer le fonds de la mondanité, qu'il va permettre de se distinguer.

R. E. : C'est dans le salon Verdurin que Swann fait l'expérience pétrifiante de la « petite phrase » de Vinteuil, ces quelques notes imaginaires dont l'harmonie lui déchire le cœur comme la petite madeleine avait (vingt ans plus tard) bouleversé le narrateur. À l'écoute de cette phrase dont les sauts et les gambades, les apparitions et les disparitions sont vécues par lui comme une tragédie, Swann fait une expérience esthétique dont la restitution occupe une place essentielle dans la découverte, par le narrateur, du métier d'artiste. Étrangement, d'ailleurs, Mme Verdurin est aussi sensible que Swann à la beauté de la musique en général, et de la petite phrase en particulier.

M. E. : Absolument. Mme Verdurin n'est pas uniquement la ploutocrate qu'on a l'habitude de considérer. Mais son intuition artistique n'est pas séparable d'une forme de snobisme, qui fait que c'est tel pianiste – de chambre – qui doit venir jouer à ce moment-là...

R. E. : ... dont il faut admettre qu'il « enfonce » tous les autres, sinon on n'est pas admis...

M. E. : Bien sûr. C'est une des grandes leçons, quasiment politique, du roman proustien : la société fonctionne à coups d'agrégats, de distinctions et d'exclusions. Le pianiste est donc le plus grand des pianistes possible. Et la musique qui est jouée, la sonate de Vinteuil, dépend finalement des musiciens, des acteurs qui sont capables de la porter. Le snobisme et l'intuition esthétique vont de conserve dans ce roman, si bien qu'il est difficile de dire que la Verdurin se range dans telle ou telle catégorie. Les personnages de Proust, je l'ai souvent dit, sont absolument relatifs : à la fois susceptibles d'admiration et de ridicule, capables de faire le bien comme le mal, capables de compassion et d'ignominie.

R. E. : Certains personnages concentrent toutes ces ambivalences : Sidonie Verdurin ou le baron de Charlus. D'ailleurs, la rencontre de Mme Verdurin et du baron de Charlus dans *Sodome et Gomorrhe* fait l'effet d'un choc de titans : la rencontre et puis l'affrontement constituent un véritable signe de l'époque, puisque c'est le combat de la bourgeoisie contre l'aristocratie. Revenons-en à ce qui se passe dans le salon des Verdurin et à l'ambivalence de celle qu'on appelle « la Patronne » : elle est tyrannique, totalitaire, intransigeante et cordiale (son sens de la cordialité lui fera même mettre au point une mimique permettant de signaler à tous, sans le moindre effort pour elle, qu'elle rit aux éclats). Elle est hypocrite, fourbe, sournoise, elle excommunie le pauvre Swann du salon parce qu'il ne rentre pas dans les normes qu'elle a édictées, et elle tend à Charlus un guet-apens épouvantable en utilisant son gigolo. Mais elle est aussi dreyfusarde, anticléricale et se méfie des avant-gardes. C'est vraiment un personnage très riche, intéressant, aussi vertueux que vicieux...

M. E. : Absolument. Elle n'existe que par les autres, à la condition que ses « fidèles », comme elle va les nommer, soient le miroir de son imaginaire, de ses fantaisies et les serviteurs volontaires de son pouvoir. D'ailleurs, il serait bien de parler de quelques-uns des personnages au temps des séjours du narrateur à Balbec. Mais, dans les années 1880, qui fréquente ce salon ? Un professeur de Sorbonne, une énigmatique baronne, Mme Putbus, une demi-mondaine qui, en quelque sorte, essaie de se refaire, dans ce salon. Des personnages qui, au fond, composent la bourgeoisie montante de la IIIe République.

R. E. : Il y a aussi, pardonnez-moi de le dire crûment, mais on ne peut pas l'appeler autrement, il y a aussi le roi des cons, le docteur Cottard.

M. E. : C'est Gérard Genette qui a ce joli mot : le pauvre docteur Cottard souffrait d'« insuffisance rhétorique » avec sa manie des jeux de mots qui tombent à côté de la plaque. Il y a aussi un autre personnage, un personnage terrible, l'archiviste Saniette. Symboliquement...

R. E. : ... c'est la victime absolue.

M. E. : C'est la victime absolue. Et c'est l'archiviste, celui qui conserve et est susceptible de transmettre le savoir, la culture. Quelle ironie visionnaire, si l'on pense à aujourd'hui ! Il est la victime expiatoire de ce salon. C'est sur lui que se concentre la cruauté du groupe.

R. E. : C'est celui dont l'intégration repose sur le statut de victime. Il voudrait ne plus être victime, sans voir que ne plus être victime c'est être exclu du petit cercle, puisqu'il n'existe dans le petit cercle qu'au titre de bouc émissaire.

M. E. : À telle enseigne d'ailleurs qu'à un moment Proust l'a fait mourir, mais a oublié qu'il l'avait fait mourir – vous savez que Proust n'a pas pu, comme on dirait au cinéma, « monter » son roman jusqu'au bout. Du coup, n'étant pas mort, il est doté d'une petite rente par les Verdurin. Il est exclu, malade, malheureux, mais il possède une petite rente : c'est une façon de lui exprimer à la fois de la compassion et de la pitié, ce qui est le degré extrême de l'exclusion.

> « Swann demanda à faire la connaissance de tout le monde, même d'un vieil ami des Verdurin, Saniette, à qui sa timidité, sa simplicité et son bon cœur avaient fait perdre partout la considération que lui avaient value sa science d'archiviste, sa grosse fortune, et la famille distinguée dont il sortait. Il avait dans la bouche, en parlant, une bouillie qui était adorable parce qu'on sentait qu'elle trahissait moins un défaut de la langue qu'une qualité de l'âme, comme un reste de l'innocence du premier âge qu'il n'avait jamais perdue. Toutes les consonnes qu'il ne pouvait prononcer figuraient comme autant de duretés dont il était incapable. En demandant à être présenté à M. Saniette, Swann fit à Mme Verdurin l'effet de renverser les rôles (au point qu'en réponse, elle dit en insistant sur la différence : "Monsieur Swann, voudriez-vous avoir la bonté de me permettre de vous présenter notre

ami Saniette"), mais excita chez Saniette une sympathie ardente que d'ailleurs les Verdurin ne révélèrent jamais à Swann, car Saniette les agaçait un peu, et ils ne tenaient pas à lui faire des amis[1]. »

M. E. : *À la recherche du temps perdu* est un roman tragique. « Il n'y a pas d'amour heureux », comme l'a écrit plus tard Aragon, c'est vraiment l'une des leçons du livre : tous les couples de la *Recherche* sont voués, de temps en temps, au plaisir, jamais au bonheur et toujours à l'angoisse. De ce point de vue, ce roman est tragique. Mais la mort est dans le roman une thématique qui est une sorte d'absence, de trou noir, sauf la mort de la grand-mère.

R. E. : Et la mort d'Albertine...

M. E. : La mort d'Albertine est très intéressante du point de vue du roman. Lors de son discours à Stockholm, Claude Simon avait relevé comme l'une des caractéristiques du roman contemporain que la mort d'Albertine ne soit en aucun cas annoncée. Elle est complètement fortuite, totalement contingente dans la structure de l'histoire, et c'est assez nouveau dans l'esprit romanesque.

« Le monde n'est pas créé une fois pour toutes pour chacun de nous. Il s'y ajoute au cours de la vie des choses que nous ne soupçonnions pas. Ah ! ce ne fut pas la suppression de la souffrance que produisirent en moi les deux premières lignes du télégramme : "Mon pauvre ami, notre petite Albertine n'est plus, pardonnez-moi de vous dire cette chose affreuse, vous qui l'aimiez tant. Elle a été jetée par son cheval contre un arbre pendant une promenade. Tous nos efforts n'ont pu la ranimer. Que ne suis-je morte à sa place ?" Non,

---

1. *Du côté de chez Swann.*

pas la suppression de la souffrance, mais une souffrance inconnue, celle d'apprendre qu'elle ne reviendrait pas[1]. »

R. E. : Pour le narrateur, la mort d'Albertine est aussi l'occasion d'opérer ses métamorphoses qui le font passer de la chenille mondaine à l'écrivain papillon. En effet, quand il décrit Albertine endormie et qu'il se décrit lui-même « embarqué sur le sommeil d'Albertine », il parle d'une femme dont il sait, à l'instant où il écrit ce livre, qu'elle est morte. Il la décrit endormie, mais il sait qu'elle est morte. En lui donnant le sommeil, la respiration végétale et régulière d'un volubilis au repos, il lui rend la vie.

M. E. : Du point de vue des personnages, la mort est un trou noir, mais du point de vue de la conscience du narrateur, c'est le roman qui est un grand cimetière. La mort y est sans cesse présente : je crois qu'une grande mélancolie habite le narrateur, alors que c'est moins le cas des personnages, qui, de ce point de vue-là, sont des marionnettes. Pour le narrateur, la mort est omniprésente, il le dit d'ailleurs dans *Le Temps retrouvé* : « Je comprenais que mourir n'était pas quelque chose de nouveau, mais qu'au contraire, depuis mon enfance, j'étais déjà mort bien des fois. » Je n'irais pas jusqu'à dire qu'il y a cette conscience heidegerienne que l'homme est un être pour la mort, mais il y a quelque chose de ça. L'homme est un être pour la mélancolie, si je voulais paraphraser le philosophe. Le roman commence par : « Maintenant que la vie se tait davantage... » On oublie souvent ces quelques mots, à cause de la première phrase très célèbre : « Longtemps, je me suis couché de bonne heure », mais ils viennent à la suite.

---

1. *Albertine disparue.*

R. E. : La tristesse d'avoir perdu Albertine à jamais se double, dans le cœur du narrateur, de la tristesse de savoir qu'un jour il ne souffrira plus. C'est de la pure mélancolie : il pleure à l'avance les heures où il pleurait. Rien de plus triste que de savoir qu'un jour on cessera d'être triste.

M. E. : C'est l'expérience des *Intermittences du cœur*. À un moment, il y a une sorte de pulsion de vie qui l'emporte et qui devient, au fond, un sentiment de culpabilité. Il existe un grand sentiment de culpabilité œdipien dans la *Recherche*, qui est ressenti, pour commencer, à propos de la mort de la grand-mère. Le narrateur s'en veut en quelque sorte de l'avoir tuée, parce que la mémoire de l'oubli fait son office.

R. E. : Rappelons que sa grand-mère a eu une attaque lors d'une promenade avec le narrateur.

M. E. : Oui, et l'un des médecins qui l'examine dit à la famille que ce n'est pas grand-chose, qu'elle s'en remettra… Il ne dit pas la vérité car il veut redonner courage à la malade. Elle meurt quelque temps après, sans pratiquement avoir repris connaissance. Dans la *Recherche*, le monde médical fait parfois l'objet d'une certaine ironie : Cottard, on l'a dit, n'est pas très malin et le médecin s'appelle Percepied. Référence flaubertienne…

R. E. : Il faut rappeler que, dans *Madame Bovary*, le personnage d'Hippolyte Tautain, valet d'écurie de l'auberge du Lion d'or, se retrouve unijambiste à la suite d'une tentative d'opération de son pied-bot. Référence flaubertienne donc, très présente chez Proust…

M. E. : L'univers médical chez Proust, est lié à cet imaginaire très mélancolique qui concerne la mort. Le médecin est celui qui assure le passage entre vie et trépas, mais qui ne dit pas qu'on passe d'une rive à l'autre.

R. E. : Revenons-en, justement, au roi des imbéciles, pour ainsi dire, c'est-à-dire au docteur Cottard, dont les calembours tombent à plat, le snob absolu, déguisé en bon camarade, et qui vendrait son âme pour soigner un député, mais laisserait sa propre servante mourir de la gangrène, celui dont le stock de citations latines est tout à fait étroit et qui, du coup, se met à citer du latin à tout bout de champ et sans aucun rapport avec la conversation, le docteur Cottard que, par ailleurs, Mme Verdurin appelle « le docteur Dieu » car il a sauvé la vie de son mari.

M. E. : Ce personnage, tout comme Brichot par ailleurs, représente le savoir : le savoir de la transmission et le savoir à venir. Nous sommes à une époque, en cette fin du XIXe siècle, où la médecine a fait un certain nombre de progrès, où la figure du médecin commence à devenir une figure puissante : pas toute-puissante, comme aujourd'hui, mais une figure puissante. Ce sont deux personnages qui incarnent les valeurs de la bourgeoisie, les valeurs scientifiques – je n'ose pas dire scientistes, ce n'est pas tout à fait du Flaubert de ce point de vue-là –, et, en même temps, ce sont des personnages qui sont souvent ridicules en société : ils ont du mal à exister sous le regard des autres.

R. E. : L'une des meilleures illustrations de cela, c'est le rapport que Cottard entretient avec l'homosexualité de Charlus. En scientifique qu'il est, il pourrait se dire, *a priori*, que rien de ce qui existe dans la nature ne peut être contre-nature, or, pour Cottard, les homosexuels, qu'il appelle « tapettes », font quand même partie de la « classe des anormaux ».

« M. de Charlus, désireux de témoigner sa reconnaissance au docteur de la même façon que M. le duc son frère eût arrangé le col du paletot de mon père, comme une duchesse surtout eût tenu la taille à une plébéienne, approcha sa chaise tout près de celle du docteur, malgré le dégoût que celui-ci lui inspirait. Et non seulement sans plaisir physique, mais surmontant une répulsion physique, en Guermantes, non en inverti, pour dire adieu au docteur il lui prit la main et la lui caressa un moment avec une bonté de maître flattant le museau de son cheval et lui donnant du sucre. Mais Cottard, qui n'avait jamais laissé voir au baron qu'il eût même entendu courir de vagues mauvais bruits sur ses mœurs, et ne l'en considérait pas moins, dans son for intérieur, comme faisant partie de la classe des "anormaux" (même, avec son habituelle impropriété de termes et sur le ton le plus sérieux, il disait d'un valet de chambre de M. Verdurin : "Est-ce que ce n'est pas la maîtresse du baron ?"), personnages dont il avait peu l'expérience, il se figura que cette caresse de la main était le prélude immédiat d'un viol, pour l'accomplissement duquel il avait été, le duel n'ayant servi que de prétexte, attiré dans un guet-apens et conduit par le baron dans ce salon solitaire où il allait être pris de force. N'osant quitter sa chaise, où la peur le tenait cloué, il roulait des yeux d'épouvante, comme tombé aux mains d'un sauvage dont il n'était pas bien assuré qu'il ne se nourrît pas de chair humaine[1]. »

M. E. : De plus, dans le salon Verdurin, on s'aperçoit que le savoir ne protège pas de la bêtise ni, éventuellement, du sadisme. Tous les personnages de Proust sont volontairement ambivalents pour le lecteur. D'ailleurs, on l'a beaucoup reproché à Proust : Mauriac, mais aussi son ami Lucien Daudet, qui ne trouvait guère d'humanité chez les êtres proustiens. Pour Mauriac, il n'y avait pas dans la

---

1. *Sodome et Gomorrhe.*

Recherche un seul personnage qui cherchât la grâce. Ils sont tous insaisissables...

R. E. : Hormis Swann, peut-être...

M. E. : Mauriac, je crois, ne sauvait même pas Swann.

R. E. : Pourquoi ne pas sauver Swann, ce personnage exquis, délicat, dont le seul tort est peut-être, une fois qu'il a épousé Odette, de devenir lui-même un peu snob et de se flatter de dîner avec le directeur du cabinet du ministre des Postes ? À part cette petite pulsion de snobisme chez Swann, hormis ce moment où il devient lui-même un peu vulgaire, Swann est tout de même, en permanence, au-dessus de la mêlée, non ?

M. E. : Je suis assez d'accord avec vous. Swann est un très beau personnage, il a sa petite dose de snobisme, mais c'est un personnage que Proust ne moque pas, c'est un personnage qui lui sert un peu de contre-exemple, puisque l'idéalisme qui l'habite à propos de l'art fait qu'il ne deviendra jamais un créateur, qu'il n'écrira jamais son livre sur Vermeer, etc. Le narrateur se rend compte que Swann, dont on lui a raconté l'histoire et qu'il a connu, puisqu'à un moment il était invité dans le salon d'Odette car amoureux de leur fille Gilberte, est un peu sa référence : c'est un pré-Marcel. C'est le personnage qu'on a envie de sauver.

R. E. : C'est un Marcel sans œuvre...

M. E. : Oui, mais c'est aussi un des rares personnages qui sait nous émouvoir. Il y a quelque chose d'étonnant dans la *Recherche*, lorsque les personnages meurent, la Berma par exemple...

R. E. : ... l'équivalent de Sarah Bernhardt, si tant est qu'il y en ait un...

M. E. : Oui, qui meurt maltraitée par sa fille, eh bien, on n'a pas envie de la pleurer. On peut certes avoir envie de pleurer Saint-Loup, disparu sans laisser de traces, mais Swann est finalement le seul personnage pathétique, au sens de « ce qui procure de l'émotion ». Je sauverais Swann, évidemment. Mais, contrairement à Mauriac, beaucoup d'autres aussi, car Proust les plonge véritablement dans l'existence : ils sont bien plus vrais, à mon avis, que les personnages des romans psychologiques de Paul Bourget, écrits à peu près à la même époque. Ils sont bien plus vrais, me semble-t-il, que les grands personnages pathétiques de Mauriac, qui sont unitaires. Les personnages de Proust sont complexes ; on ne peut pas les rapporter à des « idéalités », ils sont plongés dans les contingences de la vie.

R. E. : On est ici au cœur de la démarche proustienne. Si les personnages de Proust sont « mêlés », est-ce que ce n'est pas justement parce que le narrateur essaie, dans la mesure du possible, de ne pas les mêler de lui-même ? Bien sûr, le narrateur parle depuis son for intérieur, tapisse le monde de sa propre perception des choses. Mais, en même temps, d'une part il ne cesse de raconter combien le réel le déçoit, autrement dit combien il se trompe à son sujet quand il le prend pour son désir, d'autre part, il juge rarement les autres sans se méfier de la part de lui-même qui entre dans le jugement qu'il formule, enfin, *À la recherche du temps perdu* culmine dans l'intention de préserver en lui, amoureusement, le bruit et la saveur des choses telles qu'elles sont. Par conséquent, si les personnages de la *Recherche* sont équivoques, ambivalents, c'est parce que l'auteur n'a aucune intention de les rendre univoques, justement, de les mêler de lui-même au point d'en dire la vérité. *À la recherche du temps perdu* est écrit à la première personne du singulier, c'est le roman d'apprentissage d'un narrateur omniprésent mais suffisamment modeste pour ne pas interposer entre le monde et lui le filtre de ses propres préjugés. Il y a là un vrai paradoxe : comment un livre aussi subjectif que celui-là peut réussir à restituer autant d'altérité, et donc autant d'équivocité, chez les personnages dont il parle ?

M. E. : Il y a une épistémologie du récit proustien. C'est un récit à la première personne, mais ce n'est pas, comme la mode d'aujourd'hui, un récit d'autofiction. Ce n'est pas non plus une autobiographie.

R. E. : Le narrateur s'appelle Marcel...

M. E. : Le narrateur s'appelle Marcel. Il y a des débats byzantins sur cette question, mais ne jouons pas avec les signes. Que fait ce narrateur ? Il ne raconte pas ses souvenirs, il raconte la manière dont ses souvenirs reviennent. C'est patent dès le début du roman, dès les premières pages : la longue phrase sur les chambres, cette espèce de longue soie, comme Proust décrivait lui-même cette manière de faire des phrases – la comtesse de Noailles lui avait soufflé cette métaphore : « Vous faites des phrases comme de longues soies » –, cette longue soie, donc, déplacée par l'adulte insomniaque et désorienté du début du roman, tisse peu à peu la trame du passé. Il ne se souvient pas, il ne raconte pas qu'il se souvient, il raconte la façon dont le souvenir lui est revenu. C'est ce système épistémologique, ce système de restitution du savoir, au sens plein du terme, pas au sens académique bien évidemment, qui fait la particularité de la *Recherche*. À partir de là, il est bien évident que les personnages de Proust sont, je ne dirais pas en liberté totale, comme ceux de Queneau qui parfois sortent du livre pour venir dire bonjour au lecteur, mais en liberté surveillée. Ils ont une certaine labilité, une certaine liberté d'action. C'est la raison pour laquelle le narrateur les a mis à la bonne distance. C'est cela aussi qui fait, à mon avis, la beauté du livre. Il est très difficile d'écrire un roman à la première personne, parce qu'on ne peut raconter que ce que l'on sait. Proust a, non pas écarté la difficulté, mais complexifié le système et, en même temps, il a trouvé une solution : ce grand roman sur le temps ne consiste pas à dire : « Je me souviens », mais : « Je dis comment je me souviens. » À partir du moment où je dis comment je me souviens, différentes manières de se souvenir s'ouvrent à lui : c'est l'objet du livre.

R. E. : De là, l'ultime image de ces hommes montés sur des échasses dont la taille grandit avec l'âge, et la figure de Basin de Guermantes, le « Jupiter tonnant », juché « sur le sommet peu praticable de quatre-vingt-trois années ». Le privilège final qu'il accorde au temps sur l'espace, l'ultime découverte que les êtres sont tissés de temps lui interdit d'assigner aux êtres dont il parle la moindre identité véritable. Nous sommes temporels de part en part, c'est donc illusoirement que nous nous prenons pour quelqu'un.

M. E. : Certes, ils sont dans la durée. On a souvent dit qu'entre Proust et Bergson il y avait des affinités mais aussi d'énormes différences, notamment sur la structure et la restitution de la mémoire. En revanche, il existe une similitude à propos de la durée : Proust restitue de la durée.

R. E. : C'est-à-dire du temps non décomposable, ce qu'il appelle le temps à l'état pur...

M. E. : Le temps à l'état pur, c'est l'expérience épiphanique de la petite madeleine, et d'autres moments de mémoire involontaire. Il y a beaucoup de petites épiphanies dans *À la recherche du temps perdu* : éléments déclencheurs, structurants pour l'histoire. Mais il y a aussi énormément de petits moments qui permettent de restituer du temps à l'état pur, c'est-à-dire une durée. Si bien qu'un être existe dans la durée : qu'est-ce qui peut faire qu'à un moment son identité se brise ? c'est que la durée a été interrompue. C'est la fameuse scène de la fin du roman, chez l'ex-Mme Verdurin, la princesse de Guermantes... Nous sommes donc après la guerre de 1914, au moment où la révolution de la bourgeoisie a eu lieu. Plusieurs personnages que le narrateur a côtoyés se retrouvent là et ne se reconnaissent pas. Pourquoi ? Parce que le temps a fait son office, et que tous ces personnages sont comme des poupées extériorisées par le temps : la durée a été brisée, aussi bien d'ailleurs pour les personnages entre eux que pour le narrateur qui vit depuis des années dans une maison de santé et a fait un bref retour à Paris pendant la guerre ; cela donne lieu à de très belles pages, presque wagnériennes, sur la beauté cruelle de la guerre et sur les passions, à la fois morbides et vivantes...

R. E. : ... du baron de Charlus. On va y venir. Mais, juste avant cela, cette matinée chez la princesse de Guermantes est une matinée au cours de laquelle il découvre l'ambivalence du temps. Le temps, dit-il, est ce qui nous décompose, mais il agit également comme un sculpteur : ce qu'il détruit ici, il l'embellit là-bas. Les cheveux blancs sont autant le signe de la vieillesse qu'un « suc de mélancolie » déposé par les années sur le panorama d'un visage. Le temps est une valeur qu'il appartient à l'artiste de faire jouer à son profit.

M. E. : Le premier moment, que vous évoquez, c'est l'absence de reconnaissance (on est perdu, le temps n'existe plus). Dans le second moment, le temps a sculpté les êtres : il les a à la fois détruits et singularisés à l'extrême et, grâce à cette perception de la singularité des êtres, le temps se recompose peu à peu. Mais il se recompose dans la mélancolie, il se recompose avec la vie qui s'est progressivement, non pas éteinte, mais dont la parole n'est plus qu'un filet. « La vie se tait davantage », et c'est à ce moment-là que le narrateur va pouvoir commencer son œuvre. Il y a donc, là aussi, une ambivalence. La vie, la véritable vie recomposée, c'est la littérature, mais celle-ci surgit au moment où la vie est sur le point de finir. La leçon du *Temps retrouvé* est une sorte de merveilleux pessimisme. C'est la raison pour laquelle la réaction de beaucoup d'écrivains, avec qui il m'arrive d'en parler – et je reconnais que c'est ma propre expérience d'écrivain – consiste à dire : il n'y a pas de temps retrouvé ; lorsqu'on pense soi-même à sa propre vie, il n'y a pas de temps retrouvé, c'est une fable merveilleuse. J'ai toujours lu ce livre comme un récit à la fois joyeux et tragique.

R. E. : J'allais vous dire que l'un ne va pas sans l'autre...

M. E. : Sans doute.

R. E. : Venons-en à la politique, Michel Erman. Vous avez parlé de cette balade à Paris avec le baron de Charlus, dans *Le Temps retrouvé*. C'est le moment où le baron, tapant sur l'épaule du narrateur, compare l'armée allemande au Vésuve et se représente Paris en Pompéi. C'est également, me semble-t-il, l'un des rares moments où le narrateur fait montre d'un patriotisme authentique : il considère que l'Allemagne a « moralement tort », comme le disait Bergson lui-même devant l'Académie au début de la guerre. Mais le narrateur retient de la germanophilie de Charlus une invitation à entrer dans les arguments d'autrui, à se rendre perméable à un autre discours que le sien. C'est un élément politique très intéressant.

M. E. : On peut effectivement partir de cette scène qui témoigne que Proust, quelles que soient ses convictions, ne juge jamais ses personnages ; il les montre dans l'existence. Le baron de Charlus, à ce moment-là, est totalement exclu, et Mme Verdurin est devenue « une des reines du Paris de la guerre » : elle est l'arbitre des élégances, mais cela va bien au-delà, elle est aussi l'arbitre des valeurs, des décisions à prendre ; elle entretient des relations politiques avec le gouvernement. Le baron de Charlus, quant à lui, est totalement exclu, mondainement exclu, à double titre : en raison de sa filiation, en raison de sa noblesse, il a des liens avec les Hohenzollern et la maison d'Allemagne...

R. E. : Et puis, il déteste les Anglais...

M. E. : Oui, et pour des raisons familiales ; on est dans le clan, là aussi, puisque la reine Victoria était une princesse allemande. Ce n'est pas dit explicitement, mais on retrouve là les passions tristes à l'œuvre à l'intérieur d'un clan. Il est en quelque sorte germanophile, et cela lui est évidemment reproché, en particulier par le Tout-Paris de l'époque, dominé par la Verdurin qui menace de le dénoncer comme un ennemi, un traître.

R. E. : Les deux sont mortellement fâchés depuis des années...

M. E. : Tout à fait. Il y avait alors eu une rupture mondaine entre eux. Lorsque Charlus commence à fréquenter la Verdurin et son salon, celle-ci ne sait pas qui il est, il ne le dit pas. Il fréquente son salon parce qu'il espère y trouver bonne fortune...

R. E. : ... bonne fortune sensuelle. Le baron de Charlus est constamment en quête de bonnes fortunes sensuelles. C'est pour cela qu'il affiche une homophobie persistante : il se moque constamment des homosexuels dont il est le représentant le plus digne, si j'ose dire, ou le plus indigne, le plus éminent en tout cas. Le baron de Charlus est un prédateur et, en même temps, la victime de toutes les proies qu'il s'offre. Il raconte même qu'un jour – tout au début de *Sodome et Gomorrhe* – en suivant un conducteur de bus, et voulant le suivre jusqu'à la Porte d'Orléans il s'est retrouvé... à Orléans même, face à la cathédrale la plus laide de France.

M. E. : Ce genre de prédateurs en arrive parfois à cette sorte d'échec. Mais la Verdurin l'a exclu officiellement de son salon, au vu et au su de ses membres, en raison de sa « mauvaise vie ». En réalité, ce n'est pas du tout pour cette raison morale, mais tout simplement parce qu'il a osé lui tenir tête et s'est moqué d'elle, qu'il a fait preuve de beaucoup plus d'esprit qu'elle. C'est pour cette raison qu'elle lui en veut à mort. Bien des années plus tard, devenue influente politiquement, elle se vengera, ou envisagera de se venger en tentant de le faire arrêter pour germanophilie. Charlus est un personnage extraordinaire : c'est un homme-femme, comme le dit Proust, qui tente avec de plus en plus de difficulté, de brider ses pulsions...

« Mais ces traits généraux de toute une famille prenaient pourtant, dans le visage de M. de Charlus, une finesse plus spiritualisée, plus douce surtout. Je regrettais pour lui qu'il adultérât habituellement de tant de violences, d'étrangetés déplaisantes, de potinages, de dureté, de susceptibilité et d'arrogance, qu'il cachât sous une brutalité postiche l'aménité, la bonté qu'au moment où il sortait de chez Mme de Villeparisis, je voyais s'étaler si naïvement sur son visage. Clignant des yeux contre le soleil, il semblait presque sourire. Je trouvai à sa figure vue ainsi au repos et comme au naturel quelque chose de si affectueux, de si désarmé, que je ne pus m'empêcher de penser combien M. de Charlus eût été fâché s'il avait pu se savoir regardé ; car ce à quoi me faisait penser cet homme, qui était si épris, qui se piquait si fort de virilité, à qui tout le monde semblait odieusement efféminé, ce à quoi il me faisait penser tout d'un coup, tant il en avait passagèrement les traits, l'expression, le sourire, c'était à une femme[1]. »

R. E. : Le baron de Charlus est le frère du duc de Guermantes, ce que Mme Verdurin ne peut absolument pas croire (et feint donc de ne pas entendre) le jour où il le lui apprend. C'est donc le frère du duc de Guermantes, le « Jupiter tonnant » qui, lui-même, subordonnant ses opinions à son origine, devient antidreyfusard le jour où il échoue à son élection à la tête du Jockey-Club, et que Chaussepierre est élu, parce qu'on soupçonne Oriane, sa femme, de dreyfusisme, et qu'on le soupçonne, lui, de recevoir les Rothschild et d'être à moitié allemand...

M. E. : Nous sommes alors en 1901 ; le duc de Guermantes ne veut pas s'abaisser à faire campagne. Certes, on allègue le dreyfusisme d'Oriane mais le duc avait pris

---

1. *Sodome et Gomorrhe.*

le parti du condamné au moment de la révision du procès deux ans auparavant.

R. E. : Ce qui est intéressant c'est de voir qu'être dreyfusard ou antidreyfusard dépend d'un épisode tout à fait anodin de la vie du duc de Guermantes.

M. E. : Toujours l'imprévu, c'est cela aussi qui fait la beauté de cette histoire ; c'est l'un des éléments importants de la narration. Ce ne sont pas que des histoires de duchesses, comme l'avait dit Jean Schlumberger, pour refuser le livre de Proust. On sait que la NRF a refusé Proust en 1913 ; on a longtemps dit que c'était Gide, mais ce n'était pas Gide, c'était, Jean Schlumberger ; celui-ci l'avait dit à Gaston Gallimard qui le rapporta dans un entretien publié dans *L'Express*, en 1976 : « C'est plein de duchesses, ce n'est pas pour nous. » Ce ne sont pas que des histoires de duchesses, ce sont des histoires liées aux contingences de la vie. Comment devient-on dreyfusard ? Chez les Verdurin, on devient dreyfusard à la fois d'un point de vue moral et par pur intérêt. La Verdurin a très bien compris qu'on est à une époque où les nouvelles valeurs seront l'art et la politique. Ce ne seront plus les traditions, les bonnes manières, l'héritage. La Verdurin et le salon Verdurin deviennent ainsi dreyfusards, bien que Mme Verdurin ait d'abord manifesté des signes d'antisémitisme, l'antisémitisme de l'époque...

R. E. : ... qu'elle confond d'ailleurs avec son anticléricalisme. Qu'elle noie dans son anticléricalisme...

M. E. : Oui. C'est une laïque obsessionnelle.

R. E. : Et elle adhère aux propos de Cottard à propos de ce qu'il appelle « la confrérie ». Cottard, non content d'être homophobe, est évidemment antisémite.

M. E. : Mais, d'un seul coup, « la Patronne » oblige ses fidèles à changer d'opinion, parce qu'elle a senti que l'avenir était là. À un moment de l'affaire, elle comprend que les choses vont se retourner et que l'avenir appartient aux dreyfusards. Proust aussi l'avait compris, et ça l'a dégoûté au point qu'il a cessé de fréquenter les salons dreyfusards : il a compris que c'étaient des salons où il n'était question que de se faire valoir pour être du prochain gouvernement.

R. E. : Et, surtout, Proust déteste l'idée d'un « art démocratique » : « L'idée d'un art populaire comme d'un art patriotique, écrit-il, si même elle n'avait pas été dangereuse, me semblait ridicule. » De ce point de vue, il est encore flaubertien.

M. E. : Il détestait l'idée d'un art démocratique car pour lui l'artiste est un traducteur...

R. E. : Lui-même était parfaitement démocrate, ce n'est pas la question, en l'occurrence.

M. E. : De ce point de vue, il est assez tocquevillien. Proust ne croit pas à l'égalité absolue : peut-être à celle des conditions devant la loi. Il pense effectivement qu'un art démocratique serait un art du nivellement *via* la littérature de notation et l'exaltation fétichiste des normes du beau. Du point de vue des valeurs à la Bourse mondaine, la Verdurin a compris que faire valoir des idées politiques, médiatiquement, dirait-on aujourd'hui, est une manière d'acquérir le pouvoir. Le salon devient alors dreyfusard. Chez les Guermantes, c'est un peu différent. Globalement, dans le réel et dans le roman, l'aristocratie est antidreyfusarde, tout simplement parce qu'elle est du côté de l'État, de l'ordre et de l'armée : c'est la tradition. Mais les Guermantes vont peu à peu devenir dreyfusards eux aussi. Certains parce qu'ils vont se convaincre que Dreyfus est innocent, et ce qu'il y a en eux d'authenticité les amène à reconnaître la vérité ; d'autres le feront par intérêt. Dans les deux cas de figure, chez les Verdurin et chez les Guermantes, l'intérêt prime. On ne sait pas quelle est exactement la part de la morale : pour les uns, elle est immense, pour les autres, elle semble minime, mais, progressivement, l'opinion se retourne.

R. E. : Il y en a un qui à cet égard est comme une girouette, c'est Saint-Loup...

M. E. : Saint-Loup est dreyfusard à cause de sa maîtresse...

R. E. : Sa maîtresse s'appelle Rachel. Il est dreyfusard jusqu'à un certain point seulement. Saint-Loup est ambigu sur l'affaire Dreyfus.

M. E. : Il est ambigu parce qu'il est dans l'armée : Saint-Loup est un officier. Le narrateur nous emmène d'ailleurs en garnison avec lui, et on voit les différents officiers, ceux qui sont issus de la grande noblesse, et les officiers, comme Borodino, issus de la noblesse d'Empire. Les premiers méprisent les seconds. Effectivement, les seconds vont s'emparer du dreyfusisme ; les premiers, *a priori*, ne sont pas dreyfusards, Saint-Loup, en quelque sorte, échappe aux idées de sa classe grâce à sa maîtresse...

R. E. : ... et aussi pour échapper à sa famille, les Guermantes.

M. E. : Aussi. Proust montre, au fond, le règne de l'opinion. Il dit d'ailleurs quelque part : « Il n'y a pas de vérité en politique, il n'y a pratiquement que des intérêts. »

R. E. : Le règne de l'opinion est encore avéré dans le jugement que portent les mondains sur la guerre elle-même, et le fait que, du jour au lendemain, tout le monde s'improvise expert en stratégie. Odette, par exemple, qui n'a aucune connaissance du terrain, n'en estime pas moins « qu'on pourrait percer » car les Allemands manquent de « cran ». Tous ces gens qui ne sont pas au front se grisent du pouvoir d'en parler sans véritablement savoir de quoi ils parlent. C'est la tyrannie de l'expertise improvisée.

M. E. : Oui, et les quelques propos auxquels vous faites allusion sont extrêmement intéressants, parce qu'ils sont tenus par les reines du Paris de la guerre – vous avez cité Odette, on pourrait citer Mme Verdurin. Elles parlent comme on parlait quelques années auparavant dans les salons Guermantes : elles parlent d'évidence, elles parlent comme si elles savaient tout. Elles parlent de la guerre comme s'il s'agissait de parler d'un évènement mondain ou des résultats d'une course. La légèreté de cette aristocratie de la Belle Époque, qui va des années 1880 à la guerre, cette bêtise confiante de l'aristocratie qui a totalement délaissé les liens de la culture qui auparavant était sa substance, sa nourriture, cette légèreté-là est passée du côté de la bourgeoisie. La bourgeoisie a pris le pouvoir avec ses humeurs plutôt qu'avec ses idées.

La lanterne magique (I)

« Il y avait autour de Combray deux "côtés" pour les promenades, et si opposés qu'on ne sortait pas en effet de chez nous par la même porte, quand on voulait aller d'un côté ou de l'autre : le côté de Méséglise-la-Vineuse, qu'on appelait aussi le côté de chez Swann parce qu'on passait devant la propriété de M. Swann pour aller par là, et le côté de Guermantes. De Méséglise-la-Vineuse, à vrai dire, je n'ai jamais connu que le "côté" et des gens étrangers qui venaient le dimanche se promener à Combray, des gens que, cette fois, ma tante elle-même et nous tous ne "connaissions point" et qu'à ce signe on tenait pour "des gens qui seront venus de Méséglise". Quant à Guermantes, je devais un jour en connaître davantage, mais bien plus tard seulement ; et pendant toute mon adolescence, si Méséglise était pour moi quelque chose d'inaccessible comme l'horizon, dérobé à la vue, si loin qu'on allât, par les plis d'un terrain qui ne ressemblait déjà plus à celui de Combray, Guermantes, lui, ne m'est apparu que comme le terme plutôt idéal que réel de son propre "côté", une sorte d'expression géographique abstraite comme la ligne de l'équateur, comme le pôle, comme l'orient[1]. »

Raphaël Enthoven : Nous sommes avec le philosophe Jacques Darriulat[2], au cœur du lieu où Proust a passé son

---

1. *Du côté de chez Swann.*
2. Son site Internet : http://www.jdarriulat.net

enfance, à Combray, en Eure-et-Loir, dans la maison de Tante Léonie. Avec lui nous allons arpenter les contre-allées du panoptique proustien et partir de ces deux « côtés » : le côté de Guermantes et le côté de Méséglise, cette bipartition spatiale qui s'opère dans *À la recherche du temps perdu*, à la fin de « Combray », qui est, pour mémoire, le premier temps de *Du côté de chez Swann*. Quel rôle jouent cette répartition dans l'espace, ces deux promenades possibles du narrateur ?

Jacques Darriulat : Merci de m'inviter dans la maison de Tante Léonie, à Combray, puisque nous parlons depuis ce centre optique de la lanterne magique de la *Recherche* : nous sommes donc bien placés pour penser les perspectives imaginaires qui s'y déploient.

R. E. : Bien ou mal placés, d'ailleurs...

J. D. : Nous nous tenons en ce moment dans la maison familiale, mais nous parlons plutôt depuis le site romanesque de la chambre de la Tante Léonie. Léonie pouvait épier par sa fenêtre tout le village de Combray, qui défilait devant son observatoire. La fenêtre de la pièce où nous sommes donne sur une petite rue et la maison d'en face est à trois mètres : nous n'avons pas du tout le point de vue sur la place du village, et même sur tout le microcosme de Combray, qui se déploie sous les yeux de Tante Léonie. Quoi qu'il en soit c'est un centre, depuis lequel on voit défiler la lanterne magique du monde et à partir duquel on peut le recomposer et l'écrire. Je parlerai toujours de la topologie du livre, non de la topologie réelle : je crois qu'il faut éviter, comme le dit Proust lui-même, le péché d'idolâtrie, qui consiste à confondre le réel et l'imaginaire, c'est-à-dire à oublier le désir, vecteur qui fait d'un espace un espace imaginaire. On vient de lire ce texte fondateur. C'est une topologie subjective, imaginaire.

R. E. : C'est le point de vue d'un enfant...

J. D. : Oui, c'est-à-dire un point de vue très juste : contre la vérité objective, c'est l'enfant qui a raison. C'est lui qui détient – sans le savoir encore puisqu'il n'est qu'un enfant – la vérité de la littérature. D'un point de vue romanesque, il faudra tout le parcours d'une vie pour que soient retrouvées, dans toute leur puissance, la charge du désir et la signification de cette double orientation du monde. Mais il y a dans le livre un autre regard, objectif, qui rétablit une sorte de rationalité de l'espace, et qui s'oppose à ce qui est dit dans cette bifurcation entre Méséglise et Guermantes, autant d'ailleurs dans le temps que dans l'espace. C'est le point de vue du père, véritable maître de l'espace. Il y a un passage magnifique où le père, au retour de Méséglise, fait un détour par l'allée des tilleuls, depuis la gare, et étonne la mère qui n'a pas du tout cette connaissance pratique de l'espace en ouvrant la porte arrière de la maison alors que tous se croyaient perdus.

« Tout à coup, mon père nous arrêtait et demandait à ma mère : "Où sommes-nous ?" Épuisée par la marche, mais fière de lui, elle lui avouait tendrement qu'elle n'en savait absolument rien. Il haussait les épaules et riait. Alors, comme s'il l'avait sortie de la poche de son veston avec sa clé, il nous montrait debout devant nous la petite porte de derrière de notre jardin qui était venue avec le coin de la rue du Saint-Esprit nous attendre au bout de ces chemins inconnus. Ma mère lui disait avec admiration : "Tu es extraordinaire !" Et à partir de cet instant, je n'avais plus un seul pas à faire, le sol marchait pour moi dans ce jardin où depuis si longtemps mes actes avaient cessé d'être accompagnés d'attention volontaire :

l'Habitude venait de me prendre dans ses bras et me portait jusqu'à mon lit comme un petit enfant[1]. »

R. E. : Il est intéressant de noter ici que Proust écrit Habitude avec un grand H.

J. D. : L'Habitude est presque une puissance maternelle, qui reconduit l'enfant au lieu de son repos, épuisé par une trop longue promenade. Quand le père demande : « Où sommes-nous ? », on devine qu'il connaît la réponse. Quand on va du côté de Guermantes ou du côté de Méséglise, on ne sait jamais très bien où on est, justement, et c'est dans la mesure où il y a ce vertige de l'espace, du temps, transfiguré par le désir et par la charge de mémoire, qu'on éprouve cette sensation de désorientation. On a raison de ne pas savoir où on est et le père a tort de croire qu'il sait s'orienter dans l'espace et qu'il maîtrise les chemins de la vie. Il y a d'autres points de vue, d'autres moments, dans le livre, où l'on a un panorama, comme lorsque le curé de Combray vient voir Tante Léonie, chez elle, après la messe, et lui parle de son église ; il lui dit que du sommet du clocher on voit d'une vue le plan de Jouy-le-Vicomte, ville qui se transforme en labyrinthe pour le promeneur qui, au sol, se perd dans le dédale des canaux : l'espace se recompose logiquement, d'un point de vue panoramique. Il n'y a plus cette antinomie fondamentale qui est celle du désir, qui va structurer le livre, de Méséglise et de Guermantes, mais il y a une carte de géographie grâce à laquelle la profondeur de l'espace-temps, de ce que Proust nomme lui-même la « perspective déformante du temps », est miraculeusement redressée et aplatie sur le plan de la carte. Si l'on pense à Bergson, l'entendement sert l'action, poursuit les fins qui

---

1. *Du côté de chez Swann.*

nous sont utiles, rationalise l'espace, spatialise le temps pour le maîtriser et, parallèlement, par là même, refoule l'espace de la mémoire, l'espace-temps qui est, pour Bergson, celui de la véritable mémoire, et pour Proust, je crois, l'unique objet de cet immense livre. L'espace-temps est, pour le père, la construction de l'entendement ; pour l'enfant, le labyrinthe du désir ; et pour l'écrivain, l'élément de la réminiscence.

R. E. : C'est une expérience qu'on peut d'ailleurs faire quand on vient à Illiers-Combray. Illiers est devenu Illiers-Combray en 1971, pour le centenaire de la naissance de Proust. Illiers a donc endossé, d'une certaine manière, le nom qu'il avait inspiré au narrateur, à l'auteur de la *Recherche*.

J. D. : C'est ce qui est suggéré par le curé de Combray, précisément, dans cette même séquence où il propose à Tante Léonie ce projet – qui paraît totalement fou à la vieille recluse – de monter au sommet du clocher. Le curé de Combray est un grand amateur d'étymologies – qui se révéleront toutes fantaisistes quand elles seront critiquées par l'universitaire Brichot. Le curé dérive alors Hilaire – le nom du saint auquel l'église de Combray est consacrée – d'Illiers, saint Hilaire étant vénéré dans certaines régions sous le nom de saint Illiers... Proust joue avec la réalité et l'imaginaire, les souvenirs d'enfance et la topologie du roman.

R. E. : Il suffit de regarder la carte d'Illiers-Combray : il est indiqué d'un côté « Côté de Guermantes » et, de l'autre, « Côté de Méséglise ». Ce qui est deux fois intéressant : d'une part, on a sous les yeux une représentation synoptique de l'espace. Une représentation utilitaire des choses, alors qu'en réalité, c'est-à-dire chez Proust, seul compte le temps où les hommes occupent une place proportionnelle au nombre d'années sur lesquelles ils sont juchés. D'autre part, quand on regarde la carte, on se dit qu'en un sens la littérature a repris ses droits sur la réalité, qu'elle est venue contaminer celle des patronymes imaginaires qui la hantent. Il y a la « rue du Docteur Proust », le salon de thé qui s'appelle « Le temps retrouvé »... C'est l'univers Marcel Proust...

J. D. : C'est ce que Bergson appelle, puisqu'on parle de lui, « le mouvement rétrograde du vrai » : Illiers prend l'aspect de Combray...

R. E. : Illiers se « combérise »...

J. D. : ... se « combérise » du fait de la puissance du texte de Proust. Il y a un texte essentiel sur la découverte « désillusionnante » (dans la mesure où elle humilie le désir, qui est le secret qui détient la vérité de l'existence) que l'apparente vérité de cet espace logique est une fausseté romanesque. C'est le magnifique passage, au début du *Temps retrouvé*, où Gilberte (le narrateur est revenu à Combray, il est fort déçu par l'église, il trouve que la Vivonne est un fleuve médiocre, dont la source jaillit dans un quelconque lavoir) dit que la plus jolie façon d'aller à Guermantes, c'est de passer par Méséglise, bouleversant en cela totalement la topologie imaginaire de l'enfance au nom de cet espace logique sur lequel règne le père. Le père est à la fois le maître de l'espace de l'entendement, espace qu'il croit maîtriser, ce qui est une folle illusion humaine, et maître d'un temps qu'il croit de la même façon maîtriser, puisqu'il consulte en permanence son baromètre : il se réfère à un temps mesurable, qu'on peut quantifier, dont on peut être maître. Le père connaît également parfaitement les horaires des chemins de fer : c'est lui qui prépare l'itinéraire de ce voyage à Florence et à

Venise qui n'aura jamais lieu. Le narrateur, encore enfant, tombe en effet malade du fait de l'excitation nerveuse que provoque en lui l'attente du voyage, et le médecin de famille met en garde les parents contre la fatigue que ne manquerait pas d'entraîner un séjour en Italie. Et puis il y a cette autre topologie qui oppose les deux côtés telles deux dimensions incommensurables. C'est pourquoi le fait qu'on puisse aller de l'une en passant par l'autre est incompréhensible d'un point de vue romanesque, et l'enfant, encore une fois, a raison contre le père, tout le livre le démontrera.

R. E. : À l'image d'un enfant, par exemple, dont les parents divorcés habiteraient deux espaces différents. On imagine volontiers l'enfant maussade prenant le bus avec son gros cartable pour changer d'espace-temps, mais qui découvrirait, en grandissant, qu'en fait les deux lieux ne sont pas si distants l'un de l'autre.

J. D. : Quand on pense au sens imaginaire de cette double orientation, le fait de découvrir qu'ils sont proches l'un de l'autre est en vérité une découverte terrifiante : le plus grand bonheur que nous puissions connaître dans la vie est de recomposer la totalité de cet espace imaginaire selon, je dirais, sa division fatale... Restent les véritables questions : Qu'est-ce que Méséglise ? Qu'est-ce que Guermantes ? Commençons par Méséglise...

R. E. : C'est-à-dire par Swann.

J. D. : Chacun rêve, comme Proust le fait, sur les noms qu'il donne aux personnages et, ici, aux lieux, puisque, encore une fois, il n'y a pas de Méséglise réelle autour d'Illiers. J'ai, pour ma part, toujours entendu « Méséglise », comme on dirait « mésentente » ou « mésalliance »...

R. E. : ... ou « mésusage »...

J. D. : Je pense que le préfixe « mé » implique l'expérience d'une distance vis-à-vis de l'église, celle-ci étant, à mon sens, le lieu de la proximité absolue ; et la proximité absolue, c'est celle de l'éternité, celle qui totalise les quatre dimensions de l'espace, dont la quatrième est le temps et dont le sanctuaire, qui est le noyau de sens duquel part tout l'imaginaire de la *Recherche*, est la nef de saint Hilaire de l'église de Combray. Le temps y est comme ramassé, accumulé, dans une proximité qui a triomphé de la distance. Je crois donc que le côté de Méséglise est celui où l'on fait l'expérience de la distance. Il y a bien des signes qui le laissent entendre. Distance, bien sûr, géographique, mais aussi distance ontologique, distance qui fait, par exemple, que vous et moi sommes distants d'un peu moins de deux mètres alors qu'en vérité il y a des milliards d'années lumière qui nous séparent, chacun, dans cette sphère d'espace-temps...

R. E. : ... distance de l'altérité.

J. D. : ... distance de l'altérité, qui rend illusoire l'abolition de la distance ou d'une fusion véritable des êtres.

R. E. : Parler, à cet égard, de milliards d'années lumière, c'est déjà réduire les distances puisque c'est en faire un objet de calcul. Aucune quantité n'épuise l'abîme qui sépare deux êtres, deux autres. La distance qui sépare le narrateur d'Albertine n'est pas quantifiable.

J. D. : Mais le « milliard » n'était là que pour dire l'infini. N'oublions pas toutefois que le roman de Proust fonctionne à la manière d'un télescope, l'instrument de l'astronome, qui sonde l'univers en prenant pour mesure l'année-lumière, qui évalue l'espace avec le temps, puisque l'année-lumière est la distance que parcourt la lumière pendant une année entière. Il n'y a pas de jonction possible, et lorsque l'enfant se précipite vers sa mère pour l'embrasser (rien de plus proustien que cela), c'est toujours le moment où la mère vient d'apprendre qu'il a volé de la confiture, le moment où il a fait telle ou telle faute, et elle veut alors le repousser, le gronder ; il n'y a jamais d'accord parfait entre ces univers d'espace-temps au sein desquels nous vivons, où nous mourons lentement, et qui font autour de nous comme un vide immense, au sommet duquel nous chancelons de plus en plus avant de tomber dans l'abîme.

R. E. : … « dans le Temps ». Les trois derniers mots de *À la recherche du temps perdu*.

J. D. : Exactement. Mais revenons à Méséglise. Je crois que du côté de Méséglise l'enfant va faire l'expérience de la distance absolue que l'illusion de l'amour, par la proximité des corps, croit pouvoir vaincre. C'est le rêve de chaque homme, franchir cette distance que seules peuvent abolir la réminiscence romanesque et le travail d'écriture, dans une solitude totalement assumée puisqu'elle ressemble à celle d'un mort qui s'ensevelit dans une pièce, hors du monde, n'écrivant que la nuit, tel Saint-Simon écrivant ses Mémoires, comme Shéhérazade distille ses contes, et qui, se vouant à une nuit de l'écriture accepte son indépassable solitude.

R. E. : En même temps, cette solitude est la condition, justement, d'une ultime réunion des êtres. Une façon de les mettre dans ce grand cimetière qu'est la *Recherche*. Si solitude il y a, elle est la condition, peut-être l'unique possibilité, de réunir ceux qui, sans cela, demeureraient dispersés dans l'espace.

J. D. : Vous avez raison. C'est le verbe et l'écriture qui font que chaque lecteur est son propre lecteur, et qui rendent possible cette rencontre de galaxies séparées par des distances infinies et incommensurables.

Du côté de Méséglise, c'est une promenade où l'on prend un peu de hauteur. C'est là qu'on jouit de la plus belle vue de plaine que le père connaisse. Là aussi, il y a un panorama. Mais ce n'est pas le panorama qui permet de tracer la carte, c'est plutôt le sentiment de la distance, le sentiment de l'expansion de l'espace et de la séparation. Ce qui révèle cela, dans le texte de Proust, c'est le vent. Le vent est une puissance qui permet à l'espace de s'ouvrir à l'infini. Ce n'est jamais le cas du côté de Guermantes : on ne va du côté de Guermantes qu'en compagnie des parents, et l'enfant les suit, toujours en retard, en regardant les différents détails, les différentes turbulences du cours de la Vivonne. Du côté de Méséglise, en revanche, il va seul, recouvert de ce plaid que Françoise trouve horrible, et rêvant à une femme que le paysage pourrait enfanter, comme si cette immensité venteuse pouvait être abolie par la venue d'une présence imaginaire qui ferait oublier par la grâce de l'amour, la souffrance de la distance. Il y a donc cette ouverture, il n'y a pas de limites au côté, ce n'est qu'un côté, comme un orient, c'est un espace ouvert sur l'infini. Et comme on va en hauteur, il y a le vent, il y a la pluie, il y a cette solitude où l'on éprouve ce qu'il y a d'infime et de dérisoire dans notre existence individuelle. Et surtout, cette distance, c'est celle qui désigne comme illusoire le bonheur de l'amour, de la fusion, de la rencontre, de la proximité des corps. On va donc faire l'apprentissage d'un amour, disons perverti, ou d'un amour faussé. Perverti au sens où il avoue la vérité de l'amour dans la distance.

Je pense à la scène de Montjouvain, qui est évidemment centrale, du côté de Méséglise, sur laquelle il nous faut revenir. Le narrateur passe par le raidillon d'aubépines, à côté de la propriété de Swann, donc du côté de chez Swann, il s'avance dans cette vaste plaine ouverte sur un espace venteux dont on ne voit pas les limites. Il passe près de la propriété de Vinteuil, dont on ne sait encore rien : Swann veut toujours demander à ce professeur de piano s'il est parent avec un compositeur dont il admire la musique, mais il oublie toujours de le lui demander, n'arrivant pas à faire le lien entre ce personnage d'apparence médiocre et la richesse extraordinaire de la phrase de la sonate. Un thème récurrent, on le sait, dans la *Recherche*. Lorsqu'il fait mauvais, on va plutôt du côté de Méséglise parce que, si l'on est pris par le mauvais temps (et il pleut souvent), on se réfugie dans le bois de Roussinville. C'est une promenade assez courte et, en même temps, ouverte sur l'infini, alors que, paradoxalement, le côté de Guermantes est une promenade beaucoup plus longue, et plus repliée dans l'intimité, la proximité. Le narrateur passe donc, fatigué d'avoir rêvé à cette femme qui devait le sauver de cette douleur de la distance qu'il éprouve du côté de Méséglise, cette femme qui ne vient jamais, ou qui vient à contretemps, comme toujours chez Proust. En effet, lorsqu'une paysanne apparaît sous le porche de Saint-André-des-Champs, l'église proche de Roussinville, dans la direction de Méséglise, il est toujours en compagnie de ses parents et ne peut lui parler ; en revanche, quand il est seul et qu'il attend des heures qu'enfin une jeune paysanne qui ressemble aux sculptures du porche de Saint-André vienne s'y protéger, il n'y rencontre jamais personne. Il rentre, donc, fatigué, cherchant à dire ce sentiment de l'espace et de l'étendue qui est une sorte de vertige dans l'infini, et ne parvient pas à l'écrire. Il frappe les herbes avec son parapluie et dit : zut, zut, zut, il faudra quand même qu'un jour je ne me contente pas seulement de ces mots opaques, il faudra que je réussisse à en faire une œuvre véritable. Fatigué par cette errance, il s'arrête dans un buisson, juste devant la maison de Vinteuil, le compositeur, dont il ne soupçonne pas alors le génie, n'ayant encore jamais entendu la merveilleuse sonate. Il voit alors la fille de M. Vinteuil, qui est homosexuelle et qui vit avec son amie... C'est une scène terrible, sadique. La fille de Vinteuil est seule dans un premier temps, quand elle entend la voiture dans laquelle arrive son amie, elle met la photo du père mort en évidence (M. Vinteuil est mort de douleur, de la souffrance que sa fille lui a infligée). Lorsque l'amie arrive, il y a une scène d'amour devant la fenêtre ouverte et, au moment où Mlle Vinteuil va fermer la fenêtre, son amie lui dit : « Mais non, c'est bien meilleur quand on est vu. » Dans la *Recherche*, il y a d'autres scènes de voyeurisme : celle de Jupien et Charlus, au début de *Sodome et Gomorrhe*, celle de la maison de passe où il voit Charlus fouetté, tel Prométhée enchaîné à son rocher, dans *Le Temps retrouvé*. Ces trois grandes scènes de sadisme sont chaque fois très théâtrales : le sadisme est une forme de sexualité qui se vit dans la distance, qui s'organise dans un apparat théâtral, exige une mise en scène et un spectateur. Un espace théâtral qui nécessite un rituel, des artifices, par exemple la photo du père de Mlle Vinteuil sur laquelle elle défie son amie de cracher, pour offenser ce père qui n'a vécu que pour sa fille (tel est l'amer « salaire » – le mot de Proust lui-même, ou plutôt de la mère du narrateur – qui est le lot du père humilié). C'est du théâtre dans la mesure où il y a dissociation et voyeurisme, dissociation entre un acteur qui s'exhibe et un voyeur qui se dissimule dans la pénombre et jouit de cette distance pour ce spectacle qui n'existe que pour lui. Il en jouit d'autant plus – c'est peut-être une des raisons pour lesquelles on fait le noir dans les salles de spectacle – qu'il se croit seul à le regarder, ce qui est effectivement le cas : les actrices ne savent pas qu'elles sont vues, même si elles le désirent. Par conséquent, ici, c'est un amour impossible, un amour qui sera toujours malheureux en quelque sorte, puisqu'il ne peut se composer que dans la distance théâtrale qui le met en scène.

R. E. : On a effectivement toute la prescience d'un amour malheureux dans cette scène. Et le germe de tout ce qui, ensuite, constituera l'épreuve de l'amour, que d'autres appellent « l'horreur de l'amour », chez Proust. Mais le fait même que les deux jeunes filles désirent être vues – sans savoir qu'elles le sont – distingue quand même cette scène de l'autre que vous avez évoquée, celle du début de *Sodome et Gomorrhe* où Charlus et Jupien se reconnaissent sans s'être vus jusqu'ici, voient immédiatement qu'ils appartiennent – l'expression est de Proust – à la même « race », en l'occurrence celle des invertis, et se découvrent immédiatement l'un à l'autre...

J. D. : ... comme deux oiseaux...

R. E. : ... comme deux oiseaux, comme le bourdon et la fleur – c'est un texte extraordinaire, l'un des plus beaux de la *Recherche* probablement. Ils s'empressent de faire l'amour. Le narrateur retient alors des hurlements qu'il entend la certitude que seul le plaisir fait autant de bruit que la douleur. Mais la grande différence c'est que Charlus et Jupien n'ont aucune envie d'être vus, en particulier Charlus, dont le narrateur-spectateur s'aperçoit, à la lumière du soleil, sous l'effet de Jupien, qu'il lui fait penser à une femme. Cette mise à nu de Charlus n'aurait pas eu lieu si Charlus – qui aime qu'on le contemple, mais pas à son insu – était conscient du fait qu'il y a un spectateur.

J. D. : C'est la raison pour laquelle, dans cette scène de l'accouplement de Charlus et Jupien, le narrateur saisit le secret du plaisir, qui est une espèce de point aveugle de la *Recherche*. On ne trouve pas cela dans la scène de Montjouvain dans laquelle on éprouve le rituel artificiel, la mise en scène de l'amour. Comme dans les maisons de passe, d'ailleurs : un bordel est un théâtre. Chez Proust, lorsque l'amour se met en scène, la vérité du plaisir se sophistique ou se masque, et en même temps se dit là une vérité puisque tout amour se résout, en fin de compte, dans cette distance indépassable, sinon par le travail de l'écriture ; ce sera seulement là, dans le recueillement de la composition que nous pourrons retrouver la proximité et le plus grand bonheur qu'il nous est donné de connaître dans la vie. Par conséquent, il ne voit pas le plaisir à Montjouvain : il voit plutôt le malheur existentiel de l'amour, la distance essentielle dans laquelle tout amour finit par retomber. Dans l'hôtel des Guermantes, dans la scène de Jupien et Charlus, il saisit au contraire le mystère de la fusion des corps, et ce râle...

R. E. : ... ce râle auquel s'ajoutent, précise-t-il, « des soucis immédiats de propreté ». À la fin de *Sodome et Gomorrhe*, il y a peut-être le plus beau passage de la *Recherche* : le moment où Albertine, voulant impressionner son amant, lui dit qu'elle « connaît très bien Mlle Vinteuil », ce qui le plonge dans le désespoir car cela prouve, à ses yeux, qu'elle est gomorrhéenne. Un peu plus tard, quand le soleil se lève, le narrateur fond en larmes en songeant que, désormais, chaque aurore sera comme le renouvellement de sa plaie. C'est à ce moment précis, alors qu'il s'apprêtait, quelques heures plus tôt, à la quitter, qu'il décide d'annoncer à sa mère, contre toute attente, qu'il faut absolument qu'il épouse Albertine.

J. D. : Le moment où la distance de Montjouvain s'instaure entre le narrateur et Albertine, c'est la distance théâtrale du sadisme. Le premier baiser donné à Albertine, qui réduit progressivement toutes les perspectives qui maintenaient la jeune fille dans une fascinante indétermination, se conclut ironiquement par une sorte de fiasco : « J'appris, à ces détestables signes, qu'enfin j'étais en train d'embrasser la joue d'Albertine[1]. » Le narrateur, séparé de l'objet de son désir, croit atteindre le point de la plus grande proximité, et réalise qu'en vérité il en est infiniment éloigné. Méséglise est le lieu d'apprentissage de la distance. Comme vous disiez qu'il écrit Habitude avec un grand H, on peut mettre un grand D au mot Distance : elle n'est pas mesurable quantitativement.

R. E. : C'est-à-dire qu'en somme l'erreur serait non seulement de spatialiser le temps mais même, ici, de spatialiser l'espace. La distance étant incommensurable, on ne peut même pas l'évaluer.

J. D. : Absolument. C'est une erreur de spatialiser l'espace pour une raison simple, c'est qu'il n'existe pas. N'existe que l'espace-temps. Et l'espace-temps est précisément ce qui demeure dans le sanctuaire de l'église, une totalité, rassemblée sous un seul regard. Il dit, dans *Le Temps retrouvé*, que ce recueillement a « valeur d'éternité ».

R. E. : Restons encore un instant sur... Méséglise, justement, avant l'église. Venons-en au « mésusage » de l'église,

---

1. *Le Côté de Guermantes*.

ou à la « mésentente » de l'église. Est-ce que la distance de Montjouvain, que le narrateur découvre entre Albertine et lui, des années plus tard, à la fin de *Sodome et Gomorrhe*, ne condamne pas d'emblée à l'échec et n'explique pas justement, à rebours, toute la souffrance qui est celle de l'amoureux ? Est-ce que l'épisode de Montjouvain ne condamne pas d'emblée à l'échec toute l'entreprise de *La Prisonnière*, c'est-à-dire la séquestration d'Albertine fondée sur l'illusion de combler la distance en enfermant l'être qu'on aime, alors que l'écriture seule parvient, mieux qu'une maison close, à meubler une telle distance ?

J. D. : Effectivement, *La Prisonnière* est une entreprise folle. La jalousie est une entreprise folle, puisqu'elle est le délire de la suppression de la distance. C'est la raison pour laquelle, lorsque Gilberte dit au narrateur, au début du *Temps retrouvé*, que le plus joli chemin pour aller à Guermantes c'est de passer par Méséglise, elle le dit sans en comprendre le sens, puisqu'elle parle d'un espace objectif, mais elle révèle une vérité : dans le côté de la proximité et de la fusion, est présent le côté de Méséglise, et la distance hante, obscurément, l'illusion de l'étreinte. Dans *La Prisonnière*, le narrateur sait, et c'est ce qui motive le délire de la jalousie, il le pressent à chaque instant, il sent la menace de la distance – ce n'est même pas l'étreinte – sous le plaisir, l'illusion de la proximité telle que l'amour nous l'inspire.

R. E. : En même temps, cette menace de la distance, c'est Gilberte qui la lui enseigne dans *Le Temps retrouvé*, montrant au narrateur le sentier qui permet de rejoindre les deux côtés, les deux bouts...

J. D. : Ils ne sont pas si éloignés l'un de l'autre...

R. E. : Peu importe, en un sens, qu'ils ne soient pas éloignés objectivement, puisque, du point de vue de l'enfant, ils sont aux antipodes.

J. D. : Du point de vue de celui qui souffre dans *La Prisonnière*, ils sont plus proches qu'il ne l'avait cru quand il était enfant.

R. E. : Mais Gilberte, c'est également celle dont il croise le visage, sous une haie d'aubépines – ce passage est beau comme un opéra –, ce qui montre également à quel point le désir est tributaire du filtre qui s'interpose entre deux personnes.

« Tout à coup je m'arrêtai, je ne pus plus bouger, comme il arrive quand une vision ne s'adresse pas seulement à nos regards, mais requiert des perceptions plus profondes et dispose de notre être tout entier. Une fillette d'un blond roux, qui avait l'air de rentrer de promenade et tenait à la main une bêche de jardinage, nous regardait, levant son visage semé de taches roses. Ses yeux noirs brillaient et, comme je ne savais pas alors, ni ne l'ai appris depuis, réduire en ses éléments objectifs une impression forte, comme je n'avais pas, ainsi qu'on dit assez "d'esprit d'observation" pour dégager la notion de leur couleur, pendant longtemps, chaque fois que je repensai à elle, le souvenir de leur éclat se présentait aussitôt à moi comme celui d'un vif azur, puisqu'elle était blonde : de sorte que, peut-être, si elle n'avait pas eu des yeux aussi noirs – ce qui frappait tant la première fois qu'on la voyait – je n'aurais pas été, comme je le fus, plus particulièrement amoureux, en elle, de ses yeux bleus[1]. »

J. D. : Effectivement, nous avons parlé de Montjouvain, de la vastitude de l'espace du côté de Méséglise, mais enfin il

---

1. *Du côté de chez Swann.*

y a un sphinx qui se dresse comme une stèle à l'entrée des contrées de Méséglise, des contrées de la mésalliance, du pays de la distance : c'est Gilberte, par-delà la haie d'aubépines. La scène est extraordinaire… Dans le silence, il n'y a qu'un oiseau, je crois, qui répète une note, comme s'il voulait nous en distraire, mais cette note nous fait, par sa répétition lancinante, entendre davantage le silence intense que l'on éprouve, comme dans l'*Apocalypse* où il est dit qu'avant qu'on ouvre le septième sceau il y eut un silence d'environ une demi-heure… On a l'impression que l'univers entier retient son souffle : « Divisant la hauteur d'un arbre incertain, un invisible oiseau s'ingéniait à faire trouver la journée courte, explorait d'une note prolongée la solitude environnante, mais il recevait d'elle une réplique si unanime, un choc en retour si redoublé de silence et d'immobilité qu'on aurait dit qu'il venait d'arrêter pour toujours l'instant[1]… »

R. E. : … qu'on s'attache à prolonger d'une « note d'éternité », le mot est là.

J. D. : Oui. Il y a aussi, dans la propriété de Swann, une petite pièce d'eau, un pêcheur y a laissé sa ligne, le flotteur de liège tremble à la surface de l'eau, l'enfant pense que le poisson est sur le point de mordre, alors que c'est lui-même, l'enfant, qui va bientôt mordre à l'hameçon du regard de Gilberte. Et puis il y a tout un paragraphe où il décrit cette merveilleuse haie d'aubépines, qui ornent aussi l'autel de Marie dans l'église et sont donc sacrées : c'est vraiment une sorte de révélation, du moins l'enfant va le vivre ainsi et, là encore, la désillusion, ou le sens objectif, sera rétablie par *Le Temps retrouvé*. Les aubépines sont décrites avec un art littéraire extraordinaire, elles deviennent

---

1. *Ibid.*

une sorte de fleur charnelle, rose, qui appelle à la gourmandise, quelque chose que l'on veut manger, que l'on veut incorporer... Au fond, je crois que l'amour est assez cannibale chez Proust. Il faut incorporer l'autre pour vaincre cette infinie distance, qui est vraiment l'élément au sein duquel nous mourons, au sein duquel nous sommes mourants, faudrait-il dire : l'eau dans laquelle nous nous noyons. Je ne connais aucun texte, autant que celui de Proust, qui nous fait sentir à quel point nous nageons dans cette eau mortelle où nous coulons progressivement. C'est suffocant. En lisant Proust, on comprend ce que c'est qu'être dans le temps, dans ce moment suspendu, dans ce décor floral qui est un décor sacré, la gloire qui environne l'apparition d'une vierge, de la Vierge sur l'autel : apparaît cette jeune fille rousse, ou blonde – Albertine est brune, Gilberte est blonde –, avec des yeux noirs...

R. E. : ... Albertine a les yeux bleus.

J. D. : Oui, et Gilberte a les yeux noirs. Ces yeux noirs sont des yeux qui fixent, des yeux hypnotiques pour ainsi dire. Gilberte est là, et l'enfant est saisi. Elle fait un signe qu'il ne comprend pas, on en comprendra le sens beaucoup plus tard. Ses parents l'appellent bientôt ; il ne faut pas parler à Swann, qui a fait un mariage catastrophique : les honnêtes gens de Combray doivent éviter ce côté.

R. E. : Rappelons que Gilberte est l'enfant de Swann et d'Odette.

J. D. : Ce qui ajoute encore davantage à la force de surprise et au miracle de l'apparition de Gilberte, c'est justement que l'on est allé du côté de Tansonville, où se trouve la propriété de Swann (on passe par Tansonville pour aller à Méséglise), parce qu'on pensait que les Swann n'étaient pas là, qu'il n'y

aurait personne. Et voilà que dans ce vide supposé sur-
gissent, tout à coup, les yeux noirs de Gilberte. Cette cristallisation amoureuse sera à l'origine de l'amour du narrateur
à l'âge adulte. Précisons que Proust excelle à mélanger les
âges, tant l'enfance est présente dans l'âge adulte : on se
demande parfois s'il s'agit d'un enfant de six ans ou d'un
jeune homme de vingt ans. Mais tout l'épisode, dans les
Jeunes filles en fleurs, de l'amour du narrateur pour
Gilberte, dans les jardins des Champs-Élysées, trouve là sa
source ; il ne sera que le commentaire de cette première
rencontre muette, de ce mutuel saisissement de leurs
regards.

Et Gilberte, la petite fille blonde aux yeux noirs, fait un
signe au narrateur, qu'il ne comprend pas. Il pense que
c'est un signe de mépris, tout comme elle croira aussi qu'il
la méprisait, qu'il ne voulait pas s'arrêter, alors que cet instant est chargé de désir. On apprendra qu'en fait c'était un
geste où elle l'invitait à aller à Roussinville, dans les souterrains du donjon, pour se livrer à des jeux sexuels, dont le
grand metteur en scène, le grand maître, était Théodore,
celui qui travaille chez l'épicier Camus, si je ne me trompe.
Un geste, par conséquent, dont le sens est trivial et obscène.
Le regard de l'enfant, dans sa naïveté, est plus lucide en un
certain sens, il est romanesquement plus lucide dans *Le
Temps retrouvé*. Il y a le porche de Saint-André-des-Champs,
où l'on attend sans fin cette femme qui doit naître du paysage et résoudre par l'étreinte la souffrance de la distance,
puis le souterrain du donjon de Roussinville, où se joue
ce râle de plaisir qu'il entendra au début de *Sodome et
Gomorrhe*, qui est comme une espèce de menace d'effroi et
de désir – on ne désire que ce qui nous effraie – qui est déjà
latent dans le récit de Combray.

La lanterne magique (II)

Raphaël Enthoven : Marcel Proust est l'écrivain métaphysique par excellence qui traque, sous la devanture des phénomènes, l'essence divine de ses amours décomposées. Mais c'est également l'artiste qui sut, mieux que tous les autres, ne pas séparer tel ou tel personnage du lieu où il apparaît pour la première fois. De sorte qu'*À la recherche du temps perdu* accomplit à chaque page le tour de force de fuir ce qu'il appelle la tyrannie du particulier, mais au profit du singulier et non pas de l'abstrait, à l'image de l'« oiseau invisible s'ingéniant à faire trouver la journée courte, explorait d'une note prolongée la solitude environnante et recevait d'elle une réplique si unanime, un choc en retour si redoublé de silence et d'immobilité qu'on aurait dit qu'il venait d'arrêter pour toujours l'instant qu'il avait cherché à faire passer plus vite[1]. »

Il faut repartir, Jacques Darriulat, du geste de Gilberte, dont le narrateur découvre, bien des années après, qu'il est un geste obscène. Ce geste, ce que le narrateur en conserve en s'en tenant juste à ce qu'il perçoit, a, disiez-vous, plus de vérité que son sens lui-même : à quel titre ? et de quelle façon ? Est-ce que cela tient simplement au génie du narrateur qui parvient à préserver l'altérité de l'autre tout

---

1. *Du côté de chez Swann.*

en parlant à la première personne ? En quoi la perception qu'a l'enfant du geste de Gilberte est-elle plus juste, plus exacte, que l'intention véritable qui préside à ce geste ?

Jacques Darriulat : C'est une question difficile. Tout d'abord, la vérité du geste, en l'occurrence son obscénité, est plus exacte que l'illusion – ou que le rêve – que l'enfant va tisser autour de lui. Sinon, nous serions conduits à dire que la littérature est une sorte de rêverie artificielle que nous inventons à seule fin de refouler le réel. Cela reviendrait finalement à faire de la littérature un mensonge et nous éloignerait considérablement du projet proustien. On ne peut pas penser en ces termes : la matérialité de l'étreinte est la vérité de l'amour, Proust ne le niera pas. Dans la scène de *Sodome et Gomorrhe*, cela est exprimé de façon plus crue, et plus crue encore dans la flagellation de Charlus. Il y a donc une vérité dans cet aveu brutal de la matérialité de notre condition : il ne s'agit pas de nier le réel en faisant de la littérature, au sens où les Goncourt font de la littérature, au sens où Legrandin fait de la littérature, avec de belles phrases...

R. E. : Legrandin, c'est le snob, rappelons-le. C'est un personnage extraordinaire, dont le langage fleuri affecte le nihilisme en permanence.

J. D. : C'est l'incarnation de la mauvaise littérature, dans la mesure où il ne parle bien que pour ne jamais dire la vérité, en l'occurrence l'adresse du château des Cambremer.

R. E. : Legrandin est parent des Cambremer, qui possèdent une villa à Balbec. Quand le narrateur se rend là-bas pour la première fois, ses parents demandent à Legrandin l'adresse des Cambremer, que ce dernier néglige délibérément de leur donner parce qu'il ne les trouve pas assez chics.

J. D. : Exactement. Donc il ne s'agit pas du tout de dire qu'être écrivain c'est faire du Legrandin, en l'occurrence faire des phrases pour esquiver la vérité, car rien n'est plus opposé au point de vue proustien. L'obscénité du geste de Gilberte est une vérité. En même temps, je crois que cette vérité est quasiment indicible : elle est le fait même de notre matérialité charnelle, le langage étant peut-être, par essence, une sorte de refoulement de la pure présence, qui est ce en quoi, ce dans l'espérance de quoi, le plaisir peut être vécu.

R. E. : Pardon, mais il y a deux choses : il y a effectivement un geste qui révèle la vérité de l'effroi charnel et, de ce point de vue, Proust n'est pas bégueule, au contraire : il serait faux de penser qu'il fait partie de ces écrivains précieux qui dissimulent la vérité des corps alors qu'il ne cesse de la chercher et d'en faire l'expérience. Mais quelle est la différence entre la charge de vérité que contient la perception pure du geste de Gilberte et l'illumination du narrateur qui s'aperçoit, longtemps après, qu'en vérité ce geste était obscène ?

J. D. : Le geste de Gilberte n'a de vérité que dans la mesure où il est vu par l'effroi ou le romanesque qu'il refoule. Je pense que Théodore voit les choses beaucoup plus simplement et qu'il va dans les souterrains de Roussinville pour s'amuser avec les filles de la région. Mais Théodore a tort : il n'a pas compris ce qu'est l'angoisse et la vérité du désir chez les hommes, il n'a pas vu la charge de temps, justement, accumulée sur le point de regard du désir. En ce sens, celui qui ne voit que la matérialité du désir ne voit pas le désir, il passe à côté de la réalité. C'est au contraire la véritable littérature qui saura restituer toute la charge affective qui se cristallise sur ce surgissement du réel que le langage, à moins d'être très artiste, refoule. Et c'est tout le travail du langage artiste de faire « venir », justement, le réel. Par exemple, le visage de Gilberte : on le voit surgir, il y a un effet de réel, presque d'hallucination, que réussit Proust, et cette hallucination n'est possible que par le biais de la littérature. C'est à ce moment-là qu'on prend conscience de la gravité du désir, alors que si le geste de Gilberte avait été immédiatement compris comme un jeu agréable et ne prêtant pas à conséquence – ce qui serait une frivolité et passerait à côté de ce qui fait l'essence du désir humain, de son occulte vérité –, on serait dans l'erreur. La littérature ne « recouvre » pas le désir, au contraire, elle exprime la charge affective qui en fait un point d'appui, un centre aveugle autour duquel gravite toute existence humaine. Ce travail de remémoration littéraire est nécessaire pour donner toute sa puissance au désir, alors que sa simple littéralité le fait tomber dans une apparente banalité qui est le pire des mensonges, le désir étant tout sauf banal.

R. E. : Dans *À l'ombre des jeunes filles en fleurs* le narrateur voit, tel un hiéroglyphe, l'ombre de ces jeunes filles se découper sur l'horizon de la plage et dessiner des lettres incompréhensibles. L'incompréhension délimite le terrain du désir. Vous avez évoqué, Jacques Darriulat, ces moments où les individus passent à côté les uns des autres, se ratent. Or, dans les *Jeunes filles en fleurs*, il y a un peintre, Elstir, qui excelle à montrer les choses telles qu'elles sont, c'est-à-dire telles que sa perception les maintient paradoxalement dans l'altérité. Ce peintre est aussi un familier des jeunes filles en question. L'unique artiste abouti de la *Recherche* est donc également celui qui permet au narrateur de rentrer en contact avec les jeunes filles en fleurs et, par là-même, de faire tomber quelques-uns des masques où le désir trouvait à se loger. Il y a notamment une scène où les jeunes filles croisent le peintre qui marche avec le narrateur ; ce dernier tourne le dos pour n'avoir pas l'air de réclamer ce qu'il pressent, à savoir que le peintre va l'appeler pour les lui présenter. Il fait mine de regarder ailleurs, il attend le moment où, les salutations étant faites, Elstir se tournera vers lui pour l'appeler, pour lui présenter ces jeunes filles dont il lui avait dit qu'il souhaitait les connaître. Mais ce moment n'arrive pas...

J. D. : Le regard d'Elstir... Il laisse entendre qu'on peut abolir la distance. Ce qu'Elstir sait, en peintre, ce que le narrateur va ressentir lorsqu'il va rencontrer la petite bande, c'est que cette troupe encore mêlée, de laquelle va peu à peu se dégager, dans une sorte de quintessence...

R. E. : ... deux figures. Enfin, une et demie : Albertine et Andrée.

J. D. : Je pensais surtout à Albertine, même si effectivement Andrée sera un double intellectuel qui, toujours, se super-pose à Albertine. Ce qu'Elstir sait c'est qu'elles ne sont pas dissociables de ce milieu de ciel et d'eau de la plage de Balbec, et qu'elles naissent pour ainsi dire du paysage. Le peintre voit toujours un visage dans la totalité d'un monde, d'un cosmos, d'un espace-temps, qui le réconcilie, en quelque sorte, si l'on parvient à entrer dans ce monde, avec tout un entourage qu'il rend plus accueillant.

R. E. : Comme l'enseigne Spinoza, pour connaître les choses dans leur singularité, il faut les inscrire dans l'ensemble auquel elles appartiennent. Revenons donc à la matrice :

hier, nous parlions de Méséglise, parlons maintenant de Guermantes. Que se passe-t-il de ce côté et que ne se passe-t-il pas ?

J. D. : Autant le côté de Méséglise est ouvert sur un vaste panorama, avec le vent qui s'engouffre dans ce vide et les promenades solitaires, autant le côté de Guermantes, qui est un paysage d'eau (le père lui-même distingue paysage de terre et paysage d'eau), est une promenade qui se fait dans un milieu beaucoup plus fermé. On imagine une sorte de tunnel végétal longeant le cours de la Vivonne, qui donne l'idée d'une sorte de fleuve de vie allant vers une source qu'on ne connaîtra pas, du moins tant qu'on vit subjectivement cette dimension de l'espace : c'est dans *Le Temps retrouvé* qu'on verra la source de la Vivonne, un petit lavoir carré avec quelques bulles...

R. E. : ... où il s'attend à voir l'entrée des Enfers...

J. D. : Pour le côté de Guermantes, on passe par l'église. Elle est en quelque sorte la grande initiatrice de ce côté, dans la mesure où sa nef, il faudrait s'y arrêter assez longtemps, forme une totalité close. C'est une totalité qui n'est pas spatiale mais temporelle. Par exemple, les vitraux – il y a Gilbert le Mauvais, il y a les ancêtres des Guermantes – fonctionnent comme les images d'une lanterne magique, comme Golo poursuivant Geneviève de Brabant, ancêtre des Guermantes, dont la généalogie se perd dans la « nuit mérovingienne », les deux silhouettes lumineuses se déplaçant dans le cadre de la fenêtre, dans la chambre de l'enfant et se déformant sur les plis des rideaux...

R. E. : ... c'est dans « Combray » : l'enfant s'endort et on lui projette comme un film l'image de Golo poursuivant Geneviève de Brabant.

J. D. : L'image d'une chasse, qui est à la fois celle du désir et du meurtre, jamais achevée puisque, dans une lanterne magique, les figures étant fixes, il n'arrivera jamais à rejoindre Geneviève de Brabant. L'église est elle-même une sorte de lanterne magique (il utilise parfois le mot « kaléidoscope », mais le mot juste est « lanterne magique »), et les vitraux fonctionnent exactement de la même façon : on obtient cette déformation des silhouettes qui est, je crois, le propre de ce qu'il appelle, d'une formule qui m'a toujours frappé dans *Le Temps retrouvé* : « la perspective déformante du temps ». Cela veut dire que les visages, les corps, ont été tellement torturés, suppliciés par le temps que, lors de cette matinée chez les Guermantes à laquelle il se rend après avoir été longtemps absent de Paris, il peut à peine reconnaître ceux qui étaient les familiers de sa vie à l'époque du *Côté de Guermantes* et de *Sodome et Gomorrhe* –, le temps a travaillé les visages en les rendant quasi monstrueux, et c'est ainsi, par exemple, que M. d'Argencourt s'est transformé en la caricature de lui-même. Et ce travail, cette malaxation de toutes les formes par le temps, est aussi une révélation. On voit par exemple apparaître le visage d'une mère sous le visage du fils, ou bien un homme qui se disait très viril et qui, tout d'un coup, devient féminin, comme si le temps faisait resurgir tous les visages enfouis.

Il y a une mémoire du temps comme il y a une mémoire subjective, et tout le passé qui est en nous émerge à la surface du visage ou du corps, par le travail, la torture, le supplice lent que le temps fait subir aux corps et aux formes. De même que Golo se déforme, s'allonge irréellement sur les plis du rideau, de même les vitraux, dans cette boîte à lumière, dans cette sphère de l'espace-temps que contient l'enceinte de Saint-Hilaire, projettent leurs images distendues sur le pavage de la nef, de même les noms des morts illustres, ancêtres des Guermantes, qui dorment sous les dalles que foulent les vivants, s'allongent et se déforment par l'effet de l'usure. Ce qui est frappant dans cette église, c'est que tout y est en voie de transformation, tout y est malléable : c'est une pierre meuble, élastique. Par exemple, le bénitier dans lequel les paysannes viennent prendre un peu d'eau bénite a tellement été usé par le geste pieux que ses pierres en sont devenues rondes, déformées, tout comme les inscriptions sur les pierres tombales qui pavent la nef de l'église. Cette dernière altération est d'ailleurs parfaitement imaginaire : l'usure efface les inscriptions, elle ne saurait les déformer. Proust imagine qu'elles ont « coulé comme du miel ». La pierre dure devient ainsi, par l'effet du travail du temps, cette quatrième dimension de l'espace, comme un or liquide, une lumière devenue malléable, un condensé de matière fluide. Tout l'espace de l'église est donc une sorte de lumière intérieure : il est dit que les vitraux ne sont jamais aussi beaux que quand il n'y a pas trop de lumière dehors, parce que l'église crée elle-même sa propre lumière, ce qui est l'essence même de l'intériorité : le lieu où la pensée s'éclaire elle-même en son intimité.

R. E. : C'est de l'intérieur que le temps passe. C'est en nous même qu'on peut sentir et saisir ce travail du temps qui alterne destruction et reconstruction.

J. D. : Ou bien une révélation.

R. E. : Il y a souvent d'ailleurs, en amont des grandes expériences temporelles que fait le narrateur dans la *Recherche*, des premières « sommations », si j'ose dire, comme des astéroïdes dont la chute précède la fin du monde.

J. D. : Oui. Une superposition ou surimpression des visages, qui fait que la vérité du désir comprend combien l'espace est malléable, en voie de transformation.

« Que je l'aimais, que je la revois bien, notre Église ! Son vieux porche par lequel nous entrions, noir, grêlé comme une écumoire, était dévié et profondément creusé aux angles (de même que le bénitier où il nous conduisait) comme si le doux effleurement des mantes des paysannes entrant à l'église et de leurs doigts timides prenant de l'eau bénite, pouvait, répété pendant des siècles, acquérir une force destructive, infléchir la pierre et l'entailler de sillons comme en trace la roue des carrioles dans la borne contre laquelle elle bute tous les jours. Ses pierres tombales, sous lesquelles la noble poussière des abbés de Combray, enterrés là, faisait au chœur comme un pavage spirituel, n'étaient plus elles-mêmes de la matière inerte et dure, car le temps les avait rendues douces et fait couler comme du miel hors des limites de leur propre équarrissure qu'ici elles avaient dépassées d'un flot blond, entraînant à la dérive une majuscule gothique en fleurs, noyant les violettes blanches du marbre ; et en deçà desquelles, ailleurs, elles s'étaient résorbées, contractant encore l'elliptique inscription latine, introduisant un caprice de plus dans la disposition de ces caractères abrégés, rapprochant deux lettres d'un mot dont les autres avaient été démesurément distendues[1]. »

Lorsque Proust nous dit, à propos des pierres tombales, que les lettres sont sorties et que, déformées fantastiquement, elles se déplacent, comme si c'était un miel liquide pouvant s'étaler, c'est évidemment délirant : lorsque

---

1. *Du côté de chez Swann.*

nous marchons sur un sol, nous usons, nous effaçons, mais nous ne pouvons pas déplacer le dessin d'une pierre. C'est donc un espace entièrement fantasmatique qu'il est en train de nous décrire ; c'est le signe de l'inscription de la quatrième dimension, celle du temps, qui est la vérité du monde de l'expérience dans les trois dimensions de l'espace. Tout ce temps est comme totalisé dans le verre de l'église. Cette église est un lieu qui n'est ni dans l'espace ni dans le temps ; c'est une sorte de bulle d'éternité. On pourrait même dire que l'écriture de la *Recherche* n'est rien d'autre qu'une tentative de donner à cette bulle d'éternité la dimension de toute une vie : mettre toute sa vie dans l'église de Combray, en la totalisant par le travail d'écriture, dans ce long soliloque qui s'adresse à ce qu'il y a de plus essentiel en nous et qui est, peut-être, le véritable dialogue de la *Recherche*. Il dit lui-même, à propos du travail de réminiscence, dans *Le Temps retrouvé*, qu'il a « une valeur d'éternité ». Je crois qu'il faut bien comprendre qu'il s'agit là d'éternité...

R. E. : ... et non de perpétuation de la durée.

J. D. : Absolument. L'éternité n'étant pas l'immortalité.

R. E. : On retrouve l'image de l'oiseau dont la note prolongée inscrivait justement l'éternité dans le temps.

J. D. : Le suspens du temps... Il y a une merveilleuse légende, dans l'Antiquité, qui permet de comprendre cela, c'est celle de la Sibylle de Cumes. On la trouve rapportée dans les *Métamorphoses* d'Ovide. La Sibylle de Cumes fut, jeune fille, aimée d'Apollon, qui, pour la remercier de cet amour, lui proposa de satisfaire un souhait, quel qu'il soit. La jeune fille lui répond : « Je ne veux pas mourir, je veux être immortelle. » Ce don d'immortalité lui est accordé et le résultat est qu'elle vieillit infiniment, ce qui est l'idée même de l'enfer, le pire des supplices. À la fin – on trouve cela aussi dans le *Satiricon* de Pétrone – la Sibylle de Cumes est si vieille qu'elle se dessèche, qu'elle est devenue une cigale enfermée dans une petite cage, à la porte du temple de Cumes. Les enfants lui demandent : « Sibylle, que veux-tu ? », et la cigale répond – en grec, il y a une sorte d'allitération qui évoque le crissement des élytres de la cigale – et répète, ratatinée et ossifiée : « Je veux mourir, *apothanein thelô.* »

Il y aurait beaucoup à dire sur l'éternité. Je crois que les Grecs, d'ailleurs, n'ont jamais connu que l'immortalité. Mais cet exemple suffit à nous faire comprendre que l'éternité n'est certainement pas un temps illimité : si on donnait un temps illimité aux hommes, ils ne sauraient sans doute qu'en faire et finiraient tous par choisir, après un délai plus ou moins long, le suicide.

R. E. : Ce n'est pas non plus le temps de l'œuvre d'art, puisque le narrateur prévoit que, tôt ou tard, même l'œuvre d'art disparaîtra.

J. D. : La lucidité de l'écriture dilate le moment présent jusqu'à ce qu'il soit si grand qu'il puisse accueillir en son sein la totalité du passé, et donner ainsi à la réalité vécue « une valeur d'éternité[1] », hélas momentanée. L'éternité n'est donc pas un temps qui se prolonge à l'infini, mais plutôt à l'indéfini. Un tel temps serait celui de l'ennui mortel qu'aucun homme ne serait en mesure de suppor-ter : je crois que tous finiraient, comme la Sibylle de Cumes, par désirer la mort. L'éternité n'est donc pas l'illi-mitation du temps, mais plutôt le rassemblement du temps dans la totalité d'un présent. L'éternité est un acte

---

1. *Le Temps retrouvé.*

de mémoire, elle est le prodige réussi par l'acte de la réminiscence. C'est ce que va faire l'écrivain en étendant toujours davantage l'horizon de sa mémoire : il rassemble le
temps dans l'unité d'une œuvre. Il est important que cette
œuvre soit circulaire : il faut que cela constitue un tout,
car c'est ce tout qui est exactement l'horizon de l'éternité.
Mais, bien entendu, dès qu'on sort de cette bulle – on peut
sortir de l'église de Combray –, on ne cesse de mourir.
L'éternité ne nous sauve pas de la mort, mais elle nous
offre le bonheur d'une totalité retrouvée, au sein de
laquelle la distance est abolie.

R. E. : Être mortel est une condition de l'art, sinon la
seule.

J. D. : Je pense que quand Proust écrit la *Recherche*, il est
hors du temps. Il fait l'expérience effective de l'éternité. Il
n'est pas dans un au-delà, et c'est peut-être ce qu'il y a de
plus bouleversant dans la révélation de l'écriture : le mot
« éternité » a un sens, j'allais dire après la mort de Dieu,
même si l'expression est très mélodramatique. Mais, dans
l'horizon d'une existence qui est fatalement vouée à la
mort, l'idée d'éternité continue d'avoir un sens, ce qui est
quand même assez extraordinaire.

R. E. : Au sens littéral du terme : extra-ordinaire...

J. D. : Lorsque le narrateur se voit enfin devenu Proust, et
travaillant sur sa grande table de bois blanc, il sait qu'il
travaillera comme travaille Françoise, lorsqu'elle cuisine
divers ingrédients pour en faire un plat dont la saveur est
unique, ou lorsqu'elle coud patiemment les diverses pièces
qui composent une robe ou un costume. Le travail de
l'écrivain semble ingrat et fastidieux à ceux qui n'en ont
jamais eu l'expérience. Mais Françoise, sans rien dire,

comprendra la joie intense qui illumine le compositeur. Les autres le plaindront de tant d'efforts qui leur paraîtront inutiles. Et Françoise sera la seule à comprendre, en ces moments, le plus grand bonheur qu'il soit possible d'éprouver en cette vie et qui nous fait goûter, ici et maintenant, la liqueur d'éternité. C'est une chose qui paraît tellement renversante qu'on a du mal à le croire, mais la force du texte montre la vérité de cette thèse. L'éternité comme sommation du temps, comme *tota simul*, c'est-à-dire une totalité donnée dans son ensemble, et pourtant en un instant. C'est ainsi que Thomas d'Aquin définit l'éternité, d'un point de vue de théologien, mais il n'y a plus chez Proust aucune théologie, il n'y a pas d'au-delà de la mort, mais la mémoire authentique – pas la mémoire-habitude, qui n'est qu'une récitation –, qui restitue toute la puissance d'un instant passé, l'odeur, la couleur, la singularité de l'instant...

R. E. : ... le bruit d'un carillon...

J. D. : ... la sonorité de la petite phrase... Nous avons ce pouvoir d'une mémoire authentique qui suppose qu'on prenne retrait de l'action pour laisser naître ces bouffées de passé qui vont revenir avec la puissance du présent. C'est alors qu'on peut dire – puisque vous évoquiez Spinoza – que nous sentons et que nous éprouvons que nous sommes éternels.

R. E. : « De loin en loin, dit Bergson, par distraction, la nature suscite des âmes plus détachées de la vie. » Ce « détachement » est en même temps une conscience aiguë de l'existence, l'art de sentir le monde sans le filtrer ni l'interpréter, à l'image du narrateur avide de préserver en lui le tintement « rebondissant, ferrugineux, interminable, criard et frais » de la petite sonnette qui est à sa porte. C'est en lui-même qu'il retrouve un bruit tel qu'il est.

J. D. : ... c'est le présent restitué en son intégralité.

R. E. : Il arrive à voir le monde, et peut-être est-ce là, finalement, l'ambition de la *Recherche*, indépendamment de lui.

J. D. : Oui. Il a une expression étonnante à propos de la cuillère qui frappe contre une assiette et lui rappelle le bruit du marteau qu'un mécanicien cogne contre la roue d'une locomotive, alors qu'il se trouve dans un train arrêté en rase campagne, à son image en quelque sorte, puisqu'il se pense lui-même en panne, et croit avoir raté la vocation d'écrivain que l'enfant qu'il fut avait pourtant imaginée véritable. Par la grâce de ces coïncidences, il croit saisir ce qu'il nomme alors lui-même « un peu de temps à l'état pur », comme quelques gouttes quintessenciées de la liqueur d'éternité. Je me suis longtemps demandé ce que cela voulait dire. Je pense qu'il veut dire que dans le temps de l'action, précisément, nous sommes dans la succession. C'est exactement ce que dit Bergson : l'*homo faber* se construit un programme, il s'invente un avenir par un passé qu'il recompose lui-même par le mouvement rétrograde du vrai, en fonction des intérêts de son présent...

R. E. : ... c'est l'homme qui fabrique, c'est l'homme qui se sert des outils, qui compose le monde à son intention...

J. D. : Ce temps-là, on ne le saisit pas, on le poursuit. C'est comme une eau qui nous glisse entre les doigts. Comment voulez-vous « saisir » du temps ? Pour saisir du temps il faut avoir un réceptacle. L'église est ce réservoir de temps, cette réserve de la mémoire où le temps va s'accumuler et devenir œuvre, elle est vraiment la matrice de l'œuvre – « matrice » montre à quel point elle est aussi maternelle –, elle est le lieu où s'abolit la distance. Saisir un peu de temps pur c'est parvenir à accumuler une quantité de temps dans le réceptacle de l'éternité.

R. E. : On a ici le secret de l'attention que le narrateur porte à tout ce qui semble inutile : la forme d'une fleur, une haie d'aubépines, la couleur des nuages, l'odeur des plantes, le bruit d'un carillon, etc. Pourquoi le fait-il ? Parce que, précisément, il dépouille les objets de leur utilité, du filtre de l'utilité dont les recouvre l'*homo faber* qui se sert ordinairement des choses pour marcher avec assurance en cette vie.

J. D. : Et aussi parce que, dans cette accumulation du temps dans le réservoir de l'éternité, ce qui est rendu, c'est la singularité. Celle de l'ici-maintenant, ce qu'on perd justement dans le temps inattentif de l'action (celui des gens sérieux qui s'imaginent qu'ils ont des choses plus importantes à faire qu'écrire la *Recherche*). Cette extrême singularité se reconnaît à la qualité du détail. C'est ce qui distingue le souvenir abstrait, celui de l'agenda si vous voulez, de cette bouffée de présence du passé qui émerge du passé dans l'éternité de la mémoire et qui, par là-même, devient la matière de l'œuvre d'art. Tel est pour Proust le travail d'écriture. Le moindre détail doit être restitué : le grain de la matière, le velouté de la chair, la couleur de la lumière, les sons vibrant, tout un présent éternisé par la magie de l'art.

R. E. : On comprend à cet égard que redonner chair et vie aux objets c'est précisément les voir sous le filtre, révélateur cette fois-ci, de l'œuvre d'art. Redonner chair aux objets c'est précisément les affranchir de leur chair particulière pour en trouver le corrélat, l'équivalent artistique. Quand Swann voit la *Charité* de Giotto sous l'allure d'une aide-cuisinière torturée par Françoise, quand le narrateur écoute comme à l'opéra les harangues des marchands de sa rue, il rend leur chair aux événements eux-mêmes, loin de s'en éloigner au profit d'un monde imaginaire qui serait le monde de l'art.

J. D. : Voir artistiquement une œuvre d'art...

R. E. : ... c'est lui rendre sa chair.

J. D. : ... dans l'éternité d'un présent. C'est la fonction même de l'art et, en même temps, c'est sa force et son mystère. J'aimerais dire encore un mot sur ce thème du jeu des perspectives : au fond, on est dans cet espace dont la quatrième dimension est celle du temps. Proust a écrit : « L'expression "roman d'analyse" ne me plaît pas beaucoup. Elle a pris le sens d'étude au microscope [...] Pour ma part, mon instrument préféré de travail est plutôt le télescope que le microscope[1]. » Cela vient aussi, bien sûr, de la puissance de la résurrection. La mémoire « résurrectionniste », c'est ce dont parlait Baudelaire dans *Le Peintre de la vie moderne*, c'est ce qui est au cœur de la vérité du geste, qu'on a appelé « esthétique », de cette pensée telle qu'elle s'est constituée au XVIIIe siècle et qui parvient, chez Proust, à une sorte d'accomplissement. Aby Warburg avait coutume de dire que Dieu gît dans le détail : la force des textes de Proust ce ne sont jamais les idées générales mais la puissance de la présence d'un détail. Par exemple, l'extraordinaire présence des aubépines avant la découverte du regard du sphinx, qui a nom Gilberte : ces fleurs sont décrites avec un tel soin... Bien

---

1. « Réponses à une enquête des Annales », *Essais et Articles*.

sûr, si on déteste adhérer au texte on trouve que c'est trop long, que c'est de la littérature, qu'il y a trop de mots. Mais, en fait, il y a là une espèce de magie résurrectionniste qui rend, avec toute sa violence, la présence d'un moment, la mémoire du présent, comme le dit Augustin...

R. E. : ... et le souvenir du présent, comme dit Bergson.

J. D. : Le présent fait acte de présence et c'est au détail qu'on le reconnaît. Ces petites choses sont le signe d'un événement colossal qui se produit, puisque ce n'est rien d'autre que l'émergence de l'éternité : qu'y a-t-il de plus bouleversant que la venue de l'éternité au cœur même du temps ? Dans le village de Combray, il y a ce sanctuaire – c'est bien un sanctuaire, toute la *Recherche* est un sanctuaire –, cette bulle d'éternité qui rassemble le temps et qui est la source du mythe des Guermantes. Les « petites » choses, qui paraissent petites, qu'on croit voir au microscope, ne sont pas seulement petites parce qu'elles sont éloignées dans le temps, elles le sont parce que c'est dans l'extrême acuité du détail que se signale la puissance, quasi hallucinatoire, du présent, dans l'effet résurrectionniste de l'art.

R. E. : Ce qui, en termes poétiques, donne tout simplement la conversion du particulier en singulier. Quand le narrateur, dans les *Jeunes filles en fleurs,* se retrouve face à l'église de Balbec, il est d'abord désolé de voir la statue qu'il avait « mille fois sculptée » en rêve « réduite maintenant à sa propre apparence de pierre ». C'est à ce moment qu'il emploie l'expression de « tyrannie du particulier » pour qualifier ces choses qui ne sont qu'elles-mêmes. Mais toute la *Recherche* consiste à faire de la déception la matière de l'art. Comment rendre la réalité digeste malgré tout l'imaginaire qui la précède, malgré l'idée qu'on en a et l'épreuve de sa pauvre existence matérielle ? Comment faire du cas particulier l'être singulier qui, porteur en lui-même de sa propre loi, ouvre sur un nouveau monde, le nôtre ?

« Ce que j'ai vu jusqu'ici c'était des photographies de cette église et, de ces Apôtres, de cette Vierge du porche si célèbres, les moulages seulement. Maintenant c'est l'église elle-même, c'est la statue elle-même, ce sont elles ; elles, les uniques : c'est bien plus.

C'était moins aussi peut-être. Comme un jeune homme un jour d'examen ou de duel, trouve le fait sur lequel on l'a interrogé, la balle qu'il a tirée, bien peu de chose, quand il pense aux réserves de science et de courage qu'il possède et dont il aurait voulu faire preuve, de même mon esprit, qui avait dressé la Vierge du Porche hors des reproductions que j'en avais eues sous les yeux, inaccessible aux vicissitudes qui pouvaient menacer celles-ci, intacte si on les détruisait, idéale, ayant une valeur universelle, s'étonnait de voir la statue qu'il avait mille fois sculptée réduite maintenant à sa propre apparence de pierre, occupant par rapport à la portée de mon bras une place où elle avait pour rivales une affiche électorale et la pointe de ma canne, enchaînée à la Place, inséparable du débouché de la grand'rue, ne pouvant fuir les regards du café et du bureau d'omnibus, recevant sur son visage la moitié du rayon de soleil couchant – et bientôt, dans quelques heures, de la clarté du réverbère – dont le bureau du Comptoir d'Escompte recevait l'autre moitié, gagnée en même temps que cette succursale d'un établissement de crédit, par le relent des cuisines du pâtissier, soumise à la tyrannie du Particulier au point que, si j'avais voulu tracer ma signature sur cette pierre, c'est elle, la Vierge illustre que jusque-là j'avais douée d'une existence générale et d'une intangible beauté, la Vierge de Balbec, l'unique (ce qui, hélas ! voulait dire la seule), qui, sur son corps encrassé de la même suie que les maisons voisines, aurait, sans pouvoir s'en défaire, montré à tous les admirateurs venus là pour la contempler, la trace de mon morceau de craie et les lettres de mon nom, et c'était elle enfin l'œuvre d'art immortelle et si longtemps désirée, que je trouvais, métamorphosée ainsi que l'église elle-même, en une petite vieille de pierre dont je pouvais mesurer la hauteur et compter les rides[1]. »

J. D. : Ce qui l'a déçu dans la première rencontre de l'église de Balbec, où il s'attendait à l'église persane que lui avait décrite Swann, et qu'il imaginait entourée d'une tempête, c'est l'exemple particulier, justement ; mais il ne voit pas le singulier...

R. E. : Le particulier refoule le singulier...

J. D. : Et la puissance résurrectionniste, pour employer l'expression de Baudelaire – car Baudelaire est pour beaucoup dans la formation de cette esthétique, et il est sans cesse présent, je crois, dans la *Recherche* –, restituera le singulier, bien au-delà de la platitude du particulier qui n'est jamais que l'exemple d'une règle générale.

R. E. : Cela passe aussi par le désir mimétique, puisque Elstir, qu'il admire profondément, est celui qui attire son attention sur la beauté souveraine de l'église. Le narrateur progresse dans la conquête du réel en écoutant les conseils d'un artiste exemplaire.

J. D. : Oui, mais c'est un artiste justement, donc le meilleur éducateur. Alors que Swann n'écrira jamais son livre sur Vermeer.

Pour en revenir au côté de Guermantes, ne pourrions-nous pas comprendre tout le côté de Guermantes comme

---

1. *À l'ombre des jeunes filles en fleurs.*

une sorte de développement dans l'espace-temps de ce qui a été donné dans la totalité intérieure et intime de l'église ? De même qu'un village entier est restitué, comme magiquement, dans ce puits à images qu'est la tasse de thé, ou de tilleul, celle que tend au narrateur la Tante Léonie, et la mère à sa suite, de même toute une vie est comme totalisée dans le cercle de l'œuvre. C'est ce que représente, à mon sens le côté de Guermantes : un côté de l'intimité. Je parlais tout à l'heure d'un tunnel végétal : c'est un monde clos, on n'y va pas seul, il n'y a pas de vent, c'est un air un peu confiné, dont pourtant la limite, tout autant que du côté de Méséglise, d'ailleurs, n'est jamais atteinte, comme s'il y avait une profondeur insondable au centre de l'intimité.

On n'a pas parlé de la crypte de l'église, dans laquelle il y a une pierre qui évoque en quelque sorte un viol. Il y a dans la crypte de Saint-Hilaire de Combray un tombeau mérovingien qui est l'objet d'une vieille légende rapportée par Augustin Thierry dans ses *Récits des temps mérovingiens*. Ce livre est précisément celui que lit le narrateur adolescent dans le jardin de Combray. Il transporte son lecteur dans une époque barbare où les rois pouvaient réaliser à l'instant même leurs désirs, si sauvages fussent-ils, dans un temps qui s'apparente donc à celui du rêve plus qu'à celui de l'histoire, le temps purement onirique où le désir ne connaît plus la résistance du réel. Ce tombeau est celui d'une jeune princesse, Galeswinthe, épousée encore enfant par un roi qui la fait bientôt assassiner, séduit par l'intrigante Frédégonde. On disait que le jour de ses funérailles, une lampe de cristal était tombée sur la pierre du tombeau et qu'elle s'y était enfoncée comme dans une matière molle. L'entaille aurait laissé, de cette pénétration, une « valve » dans la pierre – le mot est étrange, et « valve » sous la plume de Proust évoque bien souvent « vulve ». L'église est une chair molle, une chair qui ne cesse de se métamorphoser à la façon des corps déformés, cette fois terriblement, dans *Le Temps retrouvé*. Je dirais que cette intimité charnelle, où la matière devient fluide, qui est celle de l'intimité de l'intérieur de l'église de Saint-Hilaire, se prolonge du côté de Guermantes, qui est un chemin liquide, où là aussi l'eau domine. Lorsque l'on jette des appâts dans le fleuve de vie, il y a des « têtards inanitiés » – un adjectif bizarre que Proust est peut-être le seul à utiliser dans toute la littérature française – qui s'agglomèrent (ne disons pas « se cristallisent », ce serait les pétrifier), au point où le sens est imminent, un peu comme il y avait un bouchon qui tremblait juste avant qu'il ne rencontre Gilberte, comme un indice d'une présence sur le point d'advenir. Du côté de Guermantes, donc, tout est liquide. C'est un monde végétal, un « jardin d'eau », comme le disait Monet de son jardin de Giverny. C'est une longue promenade, c'est le labyrinthe infini de l'intériorité et de l'intimité, c'est, je crois, le lieu du bonheur. C'est précisément parce que Guermantes est vécu sur ce mode que le château des Guermantes va prendre une dimension idéalisée qui restera comme un pôle inaccessible, l'Orient inaccessible du bonheur, comme si à la limite de la promenade de Guermantes on accédait à un autre monde, puisque l'entrée des Enfers est le passage entre ce bas monde et un autre monde, non celui des morts, mais celui de l'éternité qui est le paradis du temps retrouvé.

Le baiser de paix

Raphaël Enthoven : Nous voici avec Michel Schneider, psychanalyste, à qui l'on doit, entre autres, un très bel essai sobrement intitulé *Maman*[1] et dont le titre dit, sans le dire, qu'il porte sur la relation qui unit un petit enfant à sa mère, ou qui les sépare, ce qui revient au même. À la question : « Quel est pour vous le comble de la misère ? », le jeune Marcel Proust avait répondu : « Être séparé de Maman. » Après la mort de sa mère, il écrivit à Robert de Montesquiou une lettre à la fois de circonstance et de détresse : « Ma vie a désormais perdu son seul but, sa seule douceur, son seul amour, sa seule consolation. J'ai perdu celle dont la vigilance incessante m'apportait en paix, en tendresse, le seul miel de ma vie que je goûte encore, par moments, avec horreur, dans ce silence qu'elle savait faire régner toute la journée, si profond autour de mon sommeil. L'excès même du besoin que j'ai de la revoir m'empêche de rien apercevoir devant mes yeux quand je pense à elle. »

Michel Schneider, bienvenue chez Tante Léonie. Quelle place faites-vous à la relation du narrateur et de sa mère ?

Michel Schneider : Je crois que l'ensemble de la *Recherche*, et l'image est de Proust, est une longue robe, comme les

_____
1. Gallimard, Folio, 2005.

robes de Fortuny, une robe tissée, plissée, brodée par le fils pour couvrir le corps nu, ou le corps mort, de la mère.

R. E. : Les robes de Fortuny, c'est la duchesse de Guermantes qui les porte. Le narrateur veut en offrir une à Albertine.

M. S. : Voilà. C'est à la suite de cette mort, qui intervient en 1905, alors que Proust n'est pas encore écrivain – il est ce que Barthes appellerait un « écrivant », il écrit des textes brillants, mondains, intelligents, qui sont recueillis dans *Les Plaisirs et les Jours* –, c'est donc à la suite de cet effondrement qu'est la mort de Jeanne Weil qu'il va enfin pouvoir devenir un écrivain : trois ans après cette disparition il entame sérieusement la *Recherche*...

R. E. : En 1908.

M. S. : C'est ça. La mort de la mère a été ce qui à la fois a causé et rendu nécessaire, voire inévitable, ce travail de couture, de broderie, de confection d'un vêtement dans lequel il a pu l'éterniser.

R. E. : Parlons du père un instant. Le père du narrateur, on en a déjà parlé avec Jacques Darriulat, c'est celui qui sait toujours « le temps qu'il fait », c'est l'homme-baromètre. C'est aussi celui qui sait toujours où l'on se trouve, qui n'est jamais perdu dans l'espace. C'est également celui qui s'oppose – avec la nonchalante sévérité des gens qui ne savent pas le mal qu'ils font parfois en faisant aveuglément régner la loi – à ce que « Maman » lui apporte le baiser de paix, au moment du coucher... avant d'y céder, ce qui plonge le narrateur, dont les vœux sont exaucés, dans une double mélancolie.

M. S. : Il y a deux aspects : la place du père et de la mère dans la généalogie biographique d'un écrivain : ce n'est pas un sujet en soi très intéressant, et puis il y a la place du père et de la mère comme figures romanesques, telles qu'elles sont incarnées dans le roman. Dans *À la recherche du temps perdu*, une chose m'a frappé (c'est pourquoi j'ai donné ce titre à mon essai sur Proust) : lorsqu'il parle de son père, le narrateur dit toujours « mon père » ; quand il parle de sa mère, il dit presque toujours, à quelques exceptions près, « Maman ». C'est-à-dire qu'il emploie le petit nom, le nom familier, le nom d'enfance, et non le nom qui désigne la fonction, la figure sociale. Je sais bien qu'aujourd'hui on emploie systématiquement « maman », et d'ailleurs aussi « papa », pour désigner ses parents – on a d'ailleurs complètement oublié qu'existait les mots « père » et « mère » pour désigner ces deux personnages –, ce qui aboutit à une forme d'aberration...

R. E. : ... d'infantilisme...

M. S. : ... d'infantilisme généralisé dans la désignation des rôles parentaux, mais, à l'époque de Proust, c'était très marqué, on ne disait « maman » que dans l'espace de la famille, de la lettre qu'on lui adresse, de la prière par laquelle on la supplie de revenir. Et c'est toujours comme ça qu'il l'appelle dans ce roman, avec cette espèce de force sonore, sensuelle, du mot « maman », qui garde un côté lié à la succion, au machouillage de quelque chose...

R. E. : ... et puis il y a un possessif dans « ma-man »...

M. S. : Exactement. C'est le son [m] qui correspond, chez le nouveau-né, à la préhension du sein maternel : il y a quelque chose de la prise de possession de quelque chose de la mère. Très curieusement, à la fin du *Temps retrouvé*, quand il évoque la mort de la mère, il dit à peu près ceci : Maman avait une manière tellement sensuelle de parler que ses paroles étaient un baiser. Il y a une sorte de confusion totale entre ce que font les lèvres quand elles disent, articulent les mots, et ce qu'elles font quand elles posent, donnent, envoient un baiser à l'enfant. Dans ce mot « maman », il y a quelque chose de fusionnel, voire une confusion entre la parole et la caresse : la parole est une caresse, la parole est un baiser, la parole est aussi une dévoration de l'enfant par la mère, de la mère par l'enfant. C'est à cela que renvoie la scène inaugurale.

R. E. : Cette dévoration réciproque se trouve tout entière contenue, ou pressentie, dans la scène cardinale de *À la recherche du temps perdu*, une de ces scènes qu'on connaît même quand on n'a pas lu la *Recherche* : l'épisode du baiser de maman, baiser qu'en principe sa mère lui refuse quand il y a du monde, c'est-à-dire M. Swann, à dîner dans la maison de Tante Léonie. Et puis arrive ce fameux soir, dont on va évidemment citer le texte, où le petit Marcel, ne supportant plus l'absence de sa mère, l'attend dans l'escalier et tombe sur ses parents.

« Ma seule consolation, quand je montais me coucher, était que maman viendrait m'embrasser quand je serais dans mon lit. Mais ce bonsoir durait si peu de temps, elle redescendait si vite, que le moment où je l'entendais monter, puis où passait dans le couloir à double porte le bruit léger de sa robe de jardin en mousseline bleue, à laquelle pendaient de petits cordons de paille tressée, était pour moi un moment douloureux. Il annonçait celui qui allait le suivre, où elle m'aurait quitté, où elle serait redescendue. De sorte que ce bonsoir que j'aimais tant, j'en arrivais à souhaiter qu'il vînt le plus tard possible, à ce que se prolongeât le temps de répit où maman n'était pas encore venue. Quelquefois quand, après m'avoir embrassé, elle ouvrait la porte pour partir, je voulais la rappeler, lui dire "embrasse-moi une fois encore", mais je savais qu'aussitôt elle aurait son visage fâché, car la concession qu'elle faisait à ma tristesse et à mon agitation en montant m'embrasser, en m'apportant ce baiser de paix, agaçait mon père qui trouvait ces rites absurdes, et elle eût voulu tâcher de m'en faire perdre le besoin, l'habitude, bien loin de me laisser prendre celle de lui demander, quand elle était déjà sur le pas de la porte, un baiser de plus[1]. »

M. S. : Il y a ensuite évidemment cette scène du baiser, et Proust le dit lui-même avec une très grande clairvoyance de ce qu'il appelle « l'inconscient »… Je suis frappé par le fait que Proust, qui n'avait pas lu Freud – celui-ci commençait à peine à être connu dans les années vingt en France – emploie très couramment, et très justement, le concept d'inconscient. Et, quand il parle des baisers d'Albertine ou des baisers de Gilberte, ou même des baisers d'Odette, il est clair qu'en toile de fond, en arrière-plan, se joue cette scène matricielle, pourrait-on dire, inaugurale effectivement, cette scène infiniment répétée du baiser refusé, incomplet, insatisfaisant, qui à la fois le fait exister, fait cesser son angoisse, et la relance vers davantage de souffrance. Ce n'est pas pour rien, évidemment, que cette scène se trouve au tout début de la *Recherche* : c'est de là qu'éclot le livre lui-même.

R. E. : Il en parle comme d'un « baiser de paix »…

M. S. : Comme d'un « baiser de paix », mais aussi comme de la plus grande souffrance qui ait jamais été subie.

---

1. *Du côté de chez Swann.*

R. E. : Vous diriez, en analyste du narrateur, qu'il reconduit, dans ses histoires d'amour, la souffrance née du manque de Maman au début de la *Recherche* ?

M. S. : Bien sûr. Il la prête aussi à Swann avec Odette, cette même souffrance du catleya, cette espèce de contact sensuel avec la bouche, qui peut être représentée par une orchidée, par une fleur, mais aussi par le sexe de la femme. Il y a toujours cette hantise des lèvres qui s'ouvrent, de la langue. Il parle pendant des paragraphes entiers, de la langue d'Albertine qui sort de sa bouche pour pénétrer celle du narrateur.

R. E. : « [...] chaque soir, fort tard, avant de me quitter, elle glissait dans ma bouche sa langue, comme un pain quotidien, comme un aliment nourrissant et ayant le caractère presque sacré de toute chair à qui les souffrances que nous avons endurées à cause d'elle ont fini par conférer une sorte de douceur morale[1]... »

M. S. : ... Oui. Il y a quelque chose de nourricier dans ce baiser. La première fois qu'il est évoqué, ce baiser est un non-baiser, ce baiser est refusé. Et quelle est la réponse à ce refus ? Cela passe par la bonne qui va transmettre à la mère le message de l'enfant. Et c'est un message écrit – c'est très important – pour la supplier de venir l'embrasser. Déjà, l'écriture est une réparation de la blessure, de la défusion corporelle, de la cassure entre les deux corps. Quand Françoise, la bonne, revient en lui disant que « la réponse, c'est qu'il n'y a pas de réponse », je crois que c'est ce moment-là qui va le constituer comme écrivain : nous commençons à écrire quand nous comprenons qu'il

---

1. *La Prisonnière*.

n'y aura pas de réponse, et cela permet de poser, sans cesse et sans fin, nos questions.

R. E. : Vous avez parlé des catleyas. Rappelons ici que les catleyas ornent le corsage d'Odette de Crécy le jour où elle fait l'amour avec Swann pour la première fois. Dans le lexique de leur histoire, « faire catleya » signifie « faire l'amour ».

M. S. : Voilà. La formule devient un langage privé, un idiolecte de leur amour, un « hymne national », comme le dit Proust de leur amour. C'est d'ailleurs presque à cela, probablement, que se résument les pratiques sexuelles entre Odette et Swann : « faire catleya », cela veut dire humer, sentir, approcher les lèvres du corsage d'Odette. On n'a pas l'impression qu'il y ait entre eux une sexualité érotique très intense, très complète, un corps à corps.

R. E. : Comme entre le narrateur et Albertine d'ailleurs, dont il dit qu'ils « ne font pas l'amour », au sens technique du terme.

M. S. : L'essentiel passe effectivement par la bouche : le baiser, les lèvres, la langue, les odeurs, les joues...

R. E. : Les joues, justement, « le beau globe rose de ses joues », les joues d'Albertine sont comparées à un vase. Vous racontez, et c'est passionnant, que le narrateur voit avec horreur ce visage se défaire sous un baiser, ce qui lui inspire une étrange image : « [...] une déviation de lignes infinitésimale mais dans laquelle peut tenir toute la distance qu'il y a entre le geste de l'homme qui achève un blessé et d'un qui le secourt[1] [...] ». Autrement dit, la

---

1. *Le Côté de Guermantes.*

variation infime d'un visage, au clair obscur de la nuit et sous la loi d'un baiser, le fait passer de la générosité à ce qu'il y a de pire, à ce qu'il y a de plus méchant, de plus sadique.

M. S. : Ce qui est extraordinaire dans ce fragment, c'est qu'on a l'impression d'assister, non pas à un paragraphe littéraire, linéaire, mais à quelque chose de cinématographique : il y a un déplacement de l'angle de la prise de vue. Quand il la voit de profil, il découvre, dit-il, ce profil plein d'avidité, de méchanceté, de dureté ; il lui tourne le visage pour retrouver le profil probablement plus maternel...

R. E. : ... il la remet en place.

M. S. : Oui, comme s'il voulait rectifier quelque chose qu'il ne fallait pas voir. Qu'est-ce qu'il ne faut pas voir à ce moment-là ? Les images qu'il emploie correspondent aux stéréotypes du « nez juif » : quand il dit « ce nez aquilin », « cette vision d'avidité » de son visage, il y a quelque chose du rapport entre F..., entre Proust et ses origines juives.

R. E. : ... vous avez failli dire « Freud »...

M. S. : J'ai failli dire « Freud », oui. Je pense que Proust assumait moins bien ses origines juives que Freud...

R. E. : ... qui n'y tenait pas tant que ça...

M. S. : ... qui n'aurait pas aimé qu'on le définisse comme un penseur juif. Mais, chez Proust, il y a des paragraphes, ou des fragments, qui sont carrément... on ne peut pas dire antisémites, ce serait stupide de les définir ainsi, mais enfin qui reprennent un certain nombre de stéréotypes. Alors, quelle est cette horreur qui le saisit devant le visage d'Albertine ? C'est quand le visage cesse d'être totalement bon, totalement nourricier, totalement pur, comme les joues ou comme les seins de la mère, et qu'il devient, au contraire, quelque chose de dangereux, de sombre, de pénétrant, de mortel. Ce qui est admirable, c'est ce glissement d'une image sur l'autre : on a tout à coup l'impression qu'il travaille vraiment avec le temps, dans le déroulement de la phrase elle-même. Quand Proust dit qu'il ne travaille pas avec un microscope mais avec un télescope, il veut dire : je rapproche les choses éloignées, et je ne mets pas, au contraire, l'infiniment petit en grand. Là, je crois qu'il travaille plutôt avec une caméra, au sens où le cinéaste travaille, c'est-à-dire toujours avec cette matière, ce feuilleté de temps : dans chaque plan d'autres plans viennent se fondre, se coaguler, se superposer et, dans le visage d'Albertine vient se superposer, évidemment, le visage de la mère.

R. E. : La mère n'aime pas beaucoup Albertine... Elle a la délicatesse de ne pas trop le montrer à son fils, tout en ayant, malgré tout, l'honnêteté de le lui faire savoir. À la fin de *Sodome et Gomorrhe*, le narrateur, croyant vérifier qu'Albertine est homosexuelle, décide immédiatement non plus de la quitter mais, au contraire, de la tenir captive près de lui, et l'annonce ainsi à sa mère, qui prend le visage impassible des gens incrédules...

« [...] je dis à ma mère, sachant la peine que je lui faisais, qu'elle ne me montra pas et qui se trahit seulement chez elle par cet air de sérieuse préoccupation qu'elle avait quand elle comparait la gravité de me faire du chagrin ou de me faire du mal, cet air qu'elle avait eu à Combray pour la première fois quand elle s'était résignée à passer la nuit auprès de

moi, cet air qui en ce moment ressemblait extraordinairement à celui de ma grand'mère me permettant de boire du
cognac, je dis à ma mère : "Je sais la peine que je vais te
faire. D'abord, au lieu de rester ici comme tu le voulais, je
vais partir en même temps que toi. Mais cela n'est encore
rien. Je me porte mal ici, j'aime mieux rentrer. Mais écoute-
moi, n'aie pas trop de chagrin. Voici. Je me suis trompé, je
t'ai trompée de bonne foi hier, j'ai réfléchi toute la nuit. Il
faut absolument, et décidons-le tout de suite, parce que je
me rends bien compte maintenant, parce que je ne change-
rai plus, et que je ne pourrais pas vivre sans cela, il faut
absolument que j'épouse Albertine[1]. »

M. S. : Et, trente pages plus tard, on apprend qu'elle le lui
reproche chaque jour et qu'elle lui fait savoir par bien des
biais qu'il ne faut surtout pas qu'il l'épouse. Ce qui est
admirable dans la fin de *Sodome et Gomorrhe*, c'est qu'il
est avec sa mère à Balbec, – là aussi par une espèce de
superposition : il a superposé fantasmatiquement à l'amie
de la fille de Bergotte, l'amie homosexuelle, l'image
d'Albertine, prêtant à celle-ci aussi une homosexualité –,
et venant d'apprendre ce qu'il appelle la trahison d'Albertine, au lieu de dire : « Je la quitte », il se rue vers sa mère
en disant...

R. E. : ... « Je dois l'épouser. Il faut absolument que
j'épouse Albertine. » C'est la dernière phrase de *Sodome et
Gomorrhe*.

M. S. : C'est la dernière phrase, comme si le fait même
qu'Albertine lui manque commençait à la faire exister.
Comme si l'autre n'existait que quand il ment, quand il
meurt ou quand il manque.

---

1. *Sodome et Gomorrhe*.

R. E. : N'y a-t-il pas quand même une différence fonda-mentale entre Maman et Albertine, dans la mesure où « Maman » – j'emploie ici le mot à dessein, puisque c'est être fidèle au texte que de le dire ainsi – serait l'être de l'endormissement, le baiser de paix qui permet le som-meil, alors que, quand il décrit le sommeil d'Albertine, notamment dans *La Prisonnière*, il dit que le bonheur de la voir endormie est parfois remplacé par celui, tout à fait comparable, de la voir s'éveiller, parce qu'à l'instant où elle s'éveille elle retrouve sans crainte les meubles du narrateur, le décor de sa cage. Peut-on considérer qu'il y a, d'un côté, le crépuscule de Maman et, de l'autre, l'aube d'Albertine ?

M. S. : Bien sûr. Proust ne devait jamais voir sa mère s'endormir, pour une raison très simple, c'est qu'elle s'appelait Weil (prononcé : « veille »), ce qui n'est pas sans écho signifiant...

R. E. : ... amis lacaniens, bonjour...

M. S. : ... et qui « veillait » sur tout : sur son corps, sur ses humeurs, ses sécrétions, ses excrétions, mais aussi sur son sommeil, son rythme circadien. Qui veillait à ce que sa nuit dure longtemps : c'était son rôle, dans la maison, de faire en sorte que le petit Marcel, son « petit loup », puisse dormir le plus longtemps possible. C'est donc elle, très probablement, qui le regardait dormir. Et c'est proba-blement cela qu'il inverse...

R. E. : ... quand il regarde Albertine dormir...

M. S. : Et, d'ailleurs, il dit très souvent : je la regardais comme ma mère ou ma grand-mère me regardaient, et je lui parlais comme ma mère ou ma grand-mère me parlaient. C'est vraiment d'une intelligence prodigieuse d'être capable de comprendre que le regard qu'on porte sur l'être aimé a quelque chose à voir, c'est le cas de le dire, ou à regarder, avec le regard que portaient ceux qui nous ont mis au jour, ceux qui nous ont mis *à* jour, à savoir nos parents et nos mères.

R. E. : Vous avez parlé tout à l'heure non pas de l'antisémitisme de Proust, mais de quelques pointes de judéophobie présentes dans la *Recherche*. On a pu brandir ces passages à l'appui de la thèse excessive d'un antisémitisme proustien. Il y a, néanmoins, d'autres passages où Proust compare l'homophobie à l'antisémitisme.

M. S. : ... avec le même mot de « race maudite »...

R. E. : Il emploie en effet cette expression. C'est un parallèle intellectuellement très pertinent : on peut en effet considérer que l'homophobie, comme l'antisémitisme, relève de la haine de soi, plus encore que de la haine de l'autre, dans la mesure où rien ne distingue l'homosexuel de l'hétérosexuel, comme rien ne distingue le « juif » de qui que ce soit. Néanmoins, c'est le même homme qui, parlant de l'homosexualité présumée d'Albertine, appelle cela « faire le mal »...

M. S. : Il y a un jeu très complexe entre le juif et l'homosexuel. C'est quand même très lourd de parler de l'homosexualité comme d'une « race », ce qui est d'ailleurs a été fait ensuite par les mouvements de libération homosexuelle disant : si c'est une race, c'est génétique, et si c'est génétique, ça n'a rien à voir avec la psyché. Mais parler de « race maudite » – il y a des pages très dures, au début de *Sodome et Gomorrhe*, sur les homosexuels – n'est pas incompatible avec le fait que, s'agissant de l'homosexualité féminine, il prête à celle-ci (qui à mon sens n'a pas grand-chose à voir avec l'homosexualité masculine, ni dans ses ressorts ni dans ses formes) des traits qui viennent très clairement de l'homosexualité masculine. Quant à dire que l'homosexualité c'est « faire le mal », je crois que pour Proust, comme pour Baudelaire d'ailleurs, la sexualité c'est intrinsèquement, fondamentalement, le désir, le besoin de « faire mal » et de « faire le mal ». C'est une idée qui n'est pas applicable uniquement à la forme homosexuelle de la sexualité...

R. E. : Dans la scène de Montjouvain, la scène de saphisme de Mlle Vinteuil, les femmes crachent sur la photo du père avant de passer à l'acte. Au début de *Sodome et Gomorrhe*, les hommes hurlent de plaisir comme ils hurleraient de douleur...

M. S. : Les deux sont pour moi des scènes baudelairiennes. Dans la scène de Montjouvain, il y a le thème des « lesbiennes », selon Baudelaire, le thème des mères profanées, avec ce poème *Bénédiction* et qui est une « malédiction » des mères, et dans la scène de Jupien-Charlus, il y a effectivement l'idée de damnation, de rapports homosexuels qui n'ont pas, par essence et par définition, de visée procréative.

« Je n'osais bouger. Le palefrenier des Guermantes, profitant sans doute de leur absence, avait bien transféré dans la boutique où je me trouvais une échelle serrée jusque-là dans la remise. Et si j'y étais monté j'aurais pu ouvrir le vasistas et entendre comme si j'avais été chez Jupien même. Mais je craignais de faire du bruit. Du reste c'était inutile. Je n'eus même pas à regretter de n'être arrivé qu'au bout de quelques minutes dans ma boutique. Car d'après ce que j'entendis les premiers temps dans celle de Jupien et qui ne furent que des

sons inarticulés, je suppose que peu de paroles furent pro-
noncées. Il est vrai que ces sons étaient si violents que, s'ils
n'avaient pas été toujours repris une octave plus haut par
une plainte parallèle, j'aurais pu croire qu'une personne en
égorgeait une autre à côté de moi et qu'ensuite le meurtrier
et sa victime ressuscitée prenaient un bain pour effacer les
traces du crime. J'en conclus plus tard qu'il y a une chose
aussi bruyante que la souffrance, c'est le plaisir[1] [...] »

M. S. : C'est une conception de l'homosexualité qui est
sans doute datée mais qui, à mon avis, s'inscrit plus dans
la lignée littéraire baudelairienne que dans la psychopa-
thologie qui naissait à cette époque sur l'homosexualité,
avec Krafft-Ebing. Le mot « homosexualité » est très
récent au moment où Proust écrit ; d'ailleurs, il ne
l'emploie pratiquement jamais.

R. E. : Il l'emploie quand il dit qu'on parle « à tort »
d'homosexualité : il l'emploie pour le désavouer.

M. S. : Mais il parle plutôt d'« invertis », voire de « pédé-
rastes », peu d'« homosexualité » : c'est un mot trop médical, trop savant, pour lui.

R. E. : Il emploie également le mot – cette fois pour le
condamner – d'« anormaux ». Ce qui donne lieu, d'ailleurs,
à l'un des passages les plus drôles de la *Recherche*, pour
remercier le docteur Cottard d'avoir accepté d'être son
témoin dans un duel qui, finalement, n'a pas lieu, le
baron de Charlus approche sa chaise de lui et, malgré la
répulsion physique que lui inspire Cottard, se met à lui
caresser la main « avec une bonté de maître flattant le
museau de son cheval et lui donnant du sucre ». Le seul

---

1. *Sodome et Gomorrhe.*

problème est que Cottard, sachant les mœurs de Charlus, est terrifié, pense que tout cela n'est que le prélude à un viol, redoute d'être pris sur place, séance tenante, par celui dont il pense qu'il appartient à « la race des anormaux ».

M. S. : « La race des anormaux ». C'est terrible, cette conception. Elle contient à la fois l'idée d'une élite (quand on parle de race, il y a l'idée implicite d'une race d'élus) et, en même temps, de maudits, de perpétuels errants, et particulièrement dans le titre, *Sodome et Gomorrhe*, qui renvoie effectivement à la désignation biblique des homosexuels.

R. E. : L'autre épisode intéressant, c'est le docteur Cottard qui emploie le mot de « confrérie » pour désigner les homosexuels, comme les juifs. On retrouve ici une homologie, une homophonie...

M. S. : Bien sûr. Il y a cette métaphore, ce langage, ce lexique qui est commun au narrateur lui-même, à Cottard, à Pozzi, qui est probablement l'inspirateur du personnage de Cottard, qui aboutit à l'idée que les homosexuels sont en quelque sorte des anormaux formant une confrérie, une société secrète, avec ses rites de reconnaissance internes, ce qui est quand même très constant dans la dénonciation faite par le narrateur : finalement tous les personnages de la *Recherche* sont homosexuels, ou ont été homosexuels, sauf le narrateur lui-même.

R. E. : Lequel, si l'on s'en tient à l'identité du narrateur et de l'auteur, n'a jamais connu d'amour avec les femmes...

M. S. : Probablement jamais.

R. E. : De son propre aveu. Dans *Sodome et Gomorrhe*, Proust parle de Charlus en disant qu'il est *lady like*, qu'il ressemble physiquement à sa mère et qu'il a « toutes les séductions d'une grande dame », avant d'ajouter cette phrase, c'est vous qui le précisez Michel Schneider : « Les fils n'ayant pas toujours la ressemblance paternelle, même sans être invertis et en recherchant les femmes, ils consomment dans leur visage la profanation de leur mère. » Que veut dire « consommer dans son visage la profanation de sa mère » ?

M. S. : C'est une phrase qui m'a très longtemps intrigué : la profanation des mères, qui fait symétrie avec la profanation du portrait paternel de Mlle Vinteuil... Comme s'il y avait, chez l'homosexuel masculin, la volonté, le désir de dérision, de moquerie, qu'on retrouve dans la catégorie des homosexuels qui singent, en poussant à l'extrême ce qu'ils imaginent être les signes du féminin, comme s'il fallait dévaloriser la féminité en la poussant à l'extrême, en la ridiculisant, en la profanant jusque dans son propre visage. On voit bien ce qu'il exprime par là : probablement sa peur que son propre visage, à lui, Marcel Proust, trahisse une ressemblance avec sa mère. Ce qui était d'ailleurs le cas : il ressemblait plus à sa mère qu'à son père.

R. E. : On peut observer, dans la pièce où nous trouvons, un portrait de la mère, du père et du fils. Effectivement, il est incontestable que le fils ressemblait davantage à sa mère qu'à son père. Néanmoins, quel rapport faut-il faire entre ces ressemblances, ces dissemblances, la place de la mère et le rôle qu'elle occupe à l'égard du narrateur comme initiatrice à la lecture ?

M. S. : Je pense que le vrai secret de son écriture ce ne sont pas ses rapports avec la sexualité, l'homosexualité, finalement très secondaires, et qui sont des déplacements vers la seule et vraie question : qu'est-ce qui, dans ses rapports avec sa mère, explique, non pas qu'il soit devenu homosexuel, ou que son frère soit devenu au contraire un homme à femmes comme l'était le père, mais qu'est-ce qui a fait – pour moi c'est une véritable énigme – qu'il est devenu cet immense écrivain ? Je crois qu'il ne serait pas devenu cet écrivain-là sans cette mère-là, qui échangeait avec lui des tirades de Racine ou des lettres de Mme de Sévigné à Mme de Grignan, sans ces petits déjeuners possibles qu'il met en scène, dans cette préfiguration de la *Recherche* qu'est la « Conversation avec Maman » qu'on découvre dans *Contre Sainte-Beuve*, et dans cet assaut de citations qu'on retrouve dans les lettres qu'ils échangent, et dans la *Recherche*, avec sa mère et sa grand-mère, ou entre la mère et la grand-mère maternelle où surgit Racine...

R. E. : ... Mme de Sévigné...

M. S. : ... Mme de Sévigné tout le temps, et le rapport très singulier et passionnel de Mme de Sévigné avec sa fille, et la dureté de cette fille avec sa mère. Tout cela est présent dans le rapport entre la mère de la mère et Maman. Alors, certes, elle lui a donné la littérature, les mots, mais pour autant, c'est le père qui lui a donné le livre. Je pense que les mères donnent les mots, avec ce qu'on appelle non sans raison « la langue maternelle », mais devenir écrivain, faire un livre, faire une œuvre, c'est justement se détacher de cette appartenance-là, c'est se forger une langue qui ne soit pas la langue maternelle. Qui n'en soit pas non plus totalement éloignée : on n'est pas obligé de faire comme Joseph Conrad ou Samuel Beckett, d'écrire dans une langue étrangère pour devenir écrivain. Mais d'une certaine façon, je crois que l'écrivain écrit toujours dans une langue étrangère, étrangère à celle à laquelle il appartient.

R. E. : C'est d'ailleurs une phrase de Proust... dans *Contre Sainte-Beuve* : « Les beaux livres sont écrits dans une sorte de langue étrangère. Sous chaque mot, chacun de nous met son sens, ou plutôt son image, qui est souvent un contresens. Mais dans les beaux livres, tous les contresens qu'on fait sont beaux. »

M. S. : C'est un thème fort chez Proust : écrire, c'est rompre avec toutes ses appartenances. C'est pourquoi il est insupportable de le voir ramener à... son homosexualité. Dans certaines enseignes de librairie on met Proust au rayon « Écrivains homosexuels » ; pourquoi ne pas mettre alors Chateaubriand au rayon « Écrivains aristocrates » ou Flaubert au rayon « Écrivains normands » ? Être écrivain se suffit à soi-même. C'est justement rompre avec toutes les appartenances qui constituent ce qu'on appelle aujourd'hui, d'un mot bien approximatif, l'« identité » d'un être ou d'un peuple. Cette idée qu'il a écrit « contre sa mère »... On pense à Sacha Guitry : « Je suis contre les femmes. Tout contre. » Proust a écrit « tout contre » le corps de Maman et, en même temps, pour s'en distancer le plus possible, n'oublions pas cette phrase : « La réponse est qu'il n'y a pas de réponse. » Il lui a fallu deux mille et quelque pages pour répondre, par une longue lettre, à cette non-réponse de sa mère.

R. E. : Est-ce que le sens de la lecture ne lui vient pas également du fait que sa mère lui fait don de la solitude ? Après tout, quand il parle de la lecture, même dans les textes préparatoires à la *Recherche* (*Sur la lecture*), il décrit le bonheur de lire comme un plaisir solitaire, or, quelle expérience prépare davantage à la solitude que l'épisode du baiser, par exemple ? Est-ce qu'on ne peut pas penser que sa mère est, en l'occurrence, l'initiatrice de la solitude du narrateur ?

M. S. : Elle en est l'initiatrice, c'est certain. Elle lui donne le goût de la langue, et surtout de la langue classique, qui était le fond de leurs échanges, tout en lui disant « Je ne suis pas aussi intelligente que toi, je ne sais pas de quoi je parle », en lui laissant la tâche de mettre en forme, de mettre en mots. Elle a cette phrase dans « Conversation avec Maman » : « Fais comme si je ne le savais pas. » Elle « savait » très bien, elle était très cultivée : bonne musicienne, littérairement très avertie. Mais elle lui a laissé la place pour jouer avec ce qu'elle lui a donné, avec *Esther*, avec tous les thèmes raciniens et c'est en ce sens, encore une fois, que sans elle, sans cette femme-là, sans cette mère-là, il ne serait pas devenu écrivain. Si elle n'était pas morte, il serait probablement resté un Robert de Montesquiou, quelqu'un qui écrit de charmantes pages, bien tournées mais aujourd'hui illisibles et complètement démodées. Il serait resté dans la conversation, justement. C'est un thème très puissant, dans toute la *Recherche*, la différence entre conversation et écriture. C'est le drame de Swann, toujours attaché à son livre sur Vermeer...

R. E. : ... c'est aussi, d'une certaine manière, le drame de Bergotte.

M. S. : ... de Bergotte aussi...

R. E. : ... qui a écrit, pourtant, mais uniquement des conversations, au fond...

M. S. : ... voilà, et de Charlus, qui est aussi un homme de conversation. Ils prétendent tous être écrivains, mais ils sont ce que Proust appelle les « célibataires de l'art », c'est-à-dire qu'ils n'épousent pas : ils ne vont pas dans la chair des mots. Ils ne font pas un livre avec leurs propres mots. Ils restent avec des mots-baisers, des mots-caresses, des mots séduisants, des mots entendus, pas des mots écrits dans le silence. Proust dit : « Les livres sont l'œuvre de la solitude et les enfants du silence. » C'est parce qu'il s'est confié, qu'il a dû se confier, à ce silence qu'il est devenu écrivain et non pas un mondain ayant une belle conversation.

« Comment ! vous ne connaissez pas *Les Illusions perdues* ? C'est si beau, le moment où Carlos Herrera demande le nom du château devant lequel passe sa calèche : c'est Rastignac, la demeure du jeune homme qu'il a aimé autrefois. Et l'abbé alors de tomber dans une rêverie que Swann appelait, ce qui était bien spirituel, la Tristesse d'Olympio de la pédérastie. Et la mort de Lucien ! Je ne me rappelle plus quel homme de goût avait eu cette réponse, à qui lui demandait quel événement l'avait le plus affligé dans sa vie : "La mort de Lucien de Rubempré dans *Splendeurs et Misères*." – Je sais que Balzac se porte beaucoup cette année, comme l'an passé le pessimisme, interrompit Brichot. Mais, au risque de contrister les âmes en mal de déférence balzacienne, sans prétendre, Dieu me damne, au rôle de gendarme des lettres et dresser procès-verbal pour fautes de grammaire, j'avoue que le copieux improvisateur, dont vous me semblez surfaire singulièrement les élucubrations effarantes, m'a toujours paru un scribe insuffisamment méticuleux. J'ai lu ces *Illusions perdues* dont vous nous parlez, baron, en me torturant pour atteindre à une ferveur d'initié, et je confesse en toute simplicité d'âme que ces romans-feuilletons, rédigés en pathos, en galimatias double et triple ("Esther heureuse", "Où mènent les mauvais chemins", "À combien l'amour revient aux vieillards"), m'ont toujours fait l'effet des mystères de Rocambole, promus par inexplicable faveur à la situation précaire de chef-d'œuvre. – Vous dites cela parce que vous ne connaissez pas la vie, dit le baron doublement agacé, car il sentait que Brichot ne comprendrait ni ses raisons d'artiste, ni les autres[1]. »

R. E. : Pour en revenir à ce rôle d'initiatrice de la mère, qui lui donne le sens de la lecture, c'est-à-dire dire également le sens de l'interprétation, de l'écriture, de la sublimation littéraire des perceptions, est-ce que « Maman » n'est pas également celle qui lui enseigne à la fois le sens du deuil et le mélange des usages ? Le sens du deuil dans la mesure où elle fait une apparition au moment précis où le narrateur, comprenant enfin que sa grand-mère est morte pour toujours, comprend également la douleur de sa mère, et souffre pour elle. Ce texte est magnifique (ce sont les dernières pages de *Sodome et Gomorrhe*) : il souffre à en mourir, sa propre douleur se double d'une douleur qui, sans être la sienne, lui est transmise par la confusion qu'il opère entre les visages de sa mère et de sa grand-mère.

M. S. : Il y a une différence très importante entre les lettres que Proust écrit au moment de la mort de sa mère – un peu convenues, un peu mondaines dans lesquelles il ne laisse pas passer, à une ou deux exceptions près, une émotion bouleversante –, et ce qu'il écrit dans la *Recherche*, quand il prête à sa mère, à Jeanne Weil, des réactions à la mort de sa propre mère, qui sont très probablement beaucoup plus proches de celles qu'il a eues. Il dit notamment : quand la mère de ma mère est morte, ma mère n'a pas manifesté d'émotion, n'a pas pleuré, n'a pas

---

1. *Sodome et Gomorrhe.*

versé de larmes. Ce qui est peut-être la marque du plus grand chagrin qu'on puisse avoir quand on perd un proche : être dans l'incapacité de verser des larmes qui seraient trop faciles ou trop consolantes. Je pense qu'il prête à la mort de la grand-mère, et à la réaction de sa fille à cette mort, toute une thématique d'affects, d'émotions, d'images, de représentations de son propre visage : pleurant, ou ne pleurant pas la mort de sa mère. Il a eu besoin, comme on le dirait en psychanalyse, d'un déplacement, d'une condensation sur cette mort, une génération avant, pour pouvoir exprimer la douleur du narrateur dans la *Recherche*, où la mère ne meurt pas...

R. E. : Qu'en est-il alors, Michel Schneider, de la figure de Françoise, figure maternelle s'il en est, qui va l'accompagner toute sa vie et dont les fautes de français, comme celles du directeur du Grand-Hôtel, constituent un langage à part entière ? Quelle place faire, dans cet édifice, à la personne de Françoise qui, pour mémoire, travaille au départ chez Tante Léonie, qu'elle appelle « Mme Octave », et qui rentre au service des parents du narrateur, puis du narrateur lui-même, qui déteste Albertine, torture ses acolytes, mais devine, seule, son bonheur à écrire, alors que les autres le plaignent d'être aux prises avec un tel casse-tête littéraire ?

M. S. : Il y a dans toute l'œuvre de Proust une multiplicité d'idiolectes, de langages, de ce qu'il appelle les « cuirs » à propos de Legrandin, à propos de Mme Verdurin...

R. E. : ... de chaque maître d'hôtel de Balbec...

M. S. : Chacun a ses défauts de syntaxe ou de lexique. Il y a une extraordinaire galerie de « portraits syntaxiques », faite autour de la façon dont les personnages s'expriment.

En ce qui concerne Françoise, c'est très différent : ce ne sont pas les « cuirs », les impropriétés, qui la caractérisent, ce sont vraiment des inventions langagières, populaires (certaines arrivent à faire des télescopages, des raccourcis extraordinairement puissants pour exprimer une émotion tout en la masquant ou pour transgresser quelque chose de difficile à dire), mais la grande force de Françoise dans la *Recherche*, sa grande vertu, au sens propre du terme, son grand courage, c'est d'assumer ce que Proust appelle, non sans la louer, sa « bêtise ». Il y a dans le langage de Françoise quelque chose de la vivacité des bêtes, au sens de l'animalité chez l'être parlant. Quand il commence le *Contre Sainte-Beuve* par : « Chaque jour j'attache moins de prix à l'intelligence », je crois qu'il faut le prendre très au sérieux. *À la recherche du temps perdu* est un livre extraordinairement intelligent, parce que Proust a fait confiance à sa bêtise...

R. E. : À sa bêtise, au sens où l'enfant fait des bêtises, au sens aussi où la sexualité est une grande bêtise, au sens enfin où l'on ne comprend rien à nos vies, ce qui les rend passionnantes. Françoise incarne la vie dans sa force de continuité, de bavardage mais également de silence. C'est un personnage très important, dont on a bizarrement oublié de parler jusqu'ici. Grâce à Françoise, le narrateur dispose d'un contrepoint aux personnages brillants, intelligents mais tellement suffisants qu'ils en deviennent insuffisants. Françoise connaît ses limites, c'est peut-être pour cela qu'elle a le fin mot de l'histoire.

M. S. : Peut-être, oui. C'est elle la messagère de cette vérité qui est que dans les familles on se parle sans mots, qu'on possède une espèce de langage de gestes, de silences, de sons, de caresses, qui sont ceux de cette maison.

« Ah ! Combray, quand est-ce que je te reverrai, pauvre terre ! Quand est-ce que je pourrai passer toute la sainte journée sous tes aubépines et nos pauvres lilas en écoutant les pinsons et la Vivonne qui fait comme le murmure de quelqu'un qui chuchoterait, au lieu d'entendre cette misérable sonnette de notre jeune maître qui ne reste jamais une demi-heure sans me faire courir le long de ce satané couloir ? Et encore il ne trouve pas que je vais [prononcé : "vas"] assez vite, il faudrait qu'on ait entendu avant qu'il ait sonné, et si vous êtes d'une minute en retard, il "rentre" dans des colères épouvantables. Hélas ! pauvre Combray ! peut-être que je ne te reverrai que morte, quand on me jettera comme une pierre dans le trou de la tombe. Alors, je ne les sentirai plus tes belles aubépines toutes blanches. Mais dans le sommeil de la mort, je crois que j'entendrai encore ces trois coups de la sonnette qui m'auront déjà damnée dans ma vie[1]. »

---

1. *Le Côté de Guermantes.*

À la recherche du temps perdu

II

Les personnages

Albertine

Raphaël Enthoven : « Les Nouveaux Chemins de la connaissance » vous proposent, une fois de plus, de partir à la recherche du temps perdu. Dans cette deuxième partie, nous parlerons des personnages de la *Recherche* et évoquerons Mme Verdurin, le baron de Charlus, Charles Swann, Albertine, et le narrateur en personne. Cinq personnages cardinaux qui seront, pour nous, l'occasion d'ouvrir à nouveau le plus grand livre de tout *le* temps. Et cinq invités : Nicolas Grimaldi, d'abord, notre invité permanent, grand connaisseur de Proust, qu'il lit en philosophe et dont il parle à merveille[1] ; Jacques Darriulat, philosophe, amoureux d'Albertine, avec lequel nous évoquerons aussi l'étrange figure du baron de Charlus ; Michel Erman, expert en sociologie proustienne, nous dira ce qu'il pense de Mme Verdurin, Mireille Naturel, secrétaire général de la Société des Amis de Marcel Proust et maître de conférences en littérature à l'Université Sorbonne-Nouvelle[2] parlera de Charles Swann ; Adèle Van Reeth participera à l'entretien qui a pour thème le narrateur. Pour terminer cet ouvrage nous parlerons du « snobisme » dans la *Recherche*, avec Donatien Grau.

---

1. Auteur de *Proust, les horreurs de l'amour*, PUF, 2008.
2. Auteur de *Proust et le fait littéraire*, Honoré Champion, 2010.

« Nous étions pressés l'un contre l'autre. Les gens de la ferme apercevaient à peine Albertine dans la voiture fermée, je leur rendais les bouteilles ; nous repartions, comme afin de continuer cette vie à nous deux, cette vie d'amants qu'ils pouvaient supposer que nous avions, et dont cet arrêt pour boire n'eût été qu'un moment insignifiant ; supposition qui eût paru d'autant moins invraisemblable si on nous avait vus après qu'Albertine avait bu sa bouteille de cidre ; elle semblait alors, en effet, ne plus pouvoir supporter entre elle et moi un intervalle qui d'habitude ne la gênait pas ; sous sa jupe de toile ses jambes se serraient contre mes jambes, elle approchait de mes joues ses joues qui étaient devenues blêmes, chaudes et rouges aux pommettes, avec quelque chose d'ardent et de fané comme en ont les filles de faubourgs. À ces moments-là, presque aussi vite que de personnalité, elle changeait de voix, perdait la sienne pour en prendre une autre, enrouée, hardie, presque crapuleuse. Le soir tombait. Quel plaisir de la sentir contre moi, avec son écharpe et sa toque, me rappelant que c'est ainsi toujours, côte à côte, qu'on rencontre ceux qui s'aiment[1]. »

Voilà l'un des rares textes de la *Recherche*, Nicolas Grimaldi, où l'amour n'a rien d'horrible. Même en admettant que l'amour soit un malentendu, que nos protagonistes confondent, sous l'effet de l'alcool, le désir, le manque, un besoin provisoirement satisfait, une attente provisoirement exaucée, même en additionnant tous ces malentendus qui rendent l'amour suspect, n'est-on pas en droit de penser qu'on est ici, le temps d'un moment, face à un amour véritable ?

Nicolas Grimaldi : Vous avez certainement raison. Le lecteur qui aborderait la *Recherche* par ce texte, croirait que le narrateur et Albertine sont des jeunes gens parfai-

---

1. *Sodome et Gomorrhe.*

tement heureux. Il broncherait toutefois, presque dès le début du texte, lorsque le narrateur nous confie que ceux qui les auraient vus de l'extérieur, ceux qui se fient aux apparences, auraient pu supposer qu'ils étaient amants. Donc ils ne l'étaient pas réellement. Néanmoins, quoiqu'ils ne fussent pas véritablement amants, Albertine se presse contre lui avec une ardeur qu'elle n'a jusqu'alors jamais manifestée. Sans doute le narrateur en est-il surpris, et il ne comprendra que bien plus tard, rétrospectivement, quand, Albertine étant déjà morte, il enverra Aimé à Balbec, à Nice...

R. E. : Il faut préciser qu'« Aimé », ici, est un prénom.

N. G. : Oui, c'est le maître d'hôtel de Balbec que le narrateur chargera d'aller enquêter sur le comportement et les relations d'Albertine lorsque celle-ci était à Balbec et à Nice, où le narrateur ne pouvait la voir.

R. E. : Et où, par conséquent, il imagine qu'elle a « fait le mal » avec d'autres femmes.

N. G. : Cette voix soudain enrouée, j'insiste sur la voix enrouée et quasiment crapuleuse, cette voix qui ressemble si peu à celle d'Albertine, cette jeune fille sémillante, primesautière, etc., cette voix c'est celle qu'elle a à Nice avec la petite blanchisseuse, le matin, ou quand elle dit : « Je préfère me faire casser le pot. » Le texte révèle donc – rien que par cette supposition – l'ambiguïté de leurs rapports. Albertine est à la fois cette exquise jeune fille qui se presse contre quelqu'un qu'elle aime, presque voluptueusement déjà, et, en même temps, celle qui a été déniaisée par des rapports sexuels d'une autre nature et dont nous saurons bien plus tard qu'elle pouvait avoir déjà cette voix crapuleuse.

R. E. : « "Grand merci ! dépenser un sou pour ces vieux-là, j'aime bien mieux que vous me laissiez une fois libre pour que j'aille me faire casser..." Aussitôt dit sa figure s'empourpra, elle eut l'air navré, elle mit sa main devant sa bouche comme si elle avait pu faire rentrer les mots qu'elle venait de dire et que je n'avais pas du tout compris. » Le narrateur mettra effectivement quelques minutes à comprendre qu'en vérité elle disait : « casser le pot ». Limpide métaphore pour une étrange métamorphose, Jacques Darriulat, puisque Albertine, cette « caméléone », ce personnage primesautier, la petite Simonet, la jeune fille en fleurs qui se découpe d'abord sur l'horizon à Balbec, dispense ici des baisers crapuleux en parlant un langage inouï (« Il n'y avait pas de propos si pervers, de mots si grossiers que nous ne les prononcions tout en nous caressant », précise le narrateur). Pour une fois, néanmoins, à rebours d'une des figures les plus fréquentes de la jalousie dans la *Recherche*, le narrateur ne reçoit pas ses baisers en songeant qu'elle les a déjà donnés à d'autres ou qu'elle les donnera à d'autres, ou, pire, qu'un autre lui a appris à les donner.

Jacques Darriulat : En effet, Albertine est un personnage très énigmatique, c'est celui qui met le plus de temps à s'agréger, à s'incarner, à faire acte de présence tout au long de la *Recherche*. Lorsqu'elle fait allusion à « se faire casser le pot », ne terminant pas l'expression, qui signifie « être sodomisée » – ce qui laisse entendre de la part d'Albertine une relation hétérosexuelle et non homosexuelle –, elle avoue sa vérité latente et constante qui est l'intensité du plaisir physique qu'elle prend dans l'étreinte. Je dirais qu'Albertine est en quelque sorte le principe de plaisir personnifié. C'est la raison pour laquelle elle ne parle guère, sinon pour imiter ou prendre la voix du narrateur, se livrant à un pastiche étourdissant du style de Proust, à propos d'une scène de gourmandise où elle décrit les glaces du Ritz, qu'elle déguste avec un appétit proche du cannibalisme. Quand elle parle, c'est pour imiter les autres, tant son corps se modèle au corps de l'autre. Dans la scène du cidre, tout d'abord, il me semble que le cidre est là pour...

R. E. : C'est la scène de la calèche que nous venons de lire.

J. D. : Oui, il me semble que le cidre qui est pourtant un alcool léger, suffit à déclencher ou à faire apparaître la tribade, la bacchante en Albertine, c'est-à-dire à révéler ce qui est sans cesse latent chez elle, l'intensité d'une jouissance qui fascine le narrateur. Jouissance qui est, me semble-t-il, dans la *Recherche*, le privilège du plaisir féminin. C'est la raison pour laquelle le narrateur, qui est toujours aliéné, est fasciné par cette plénitude charnelle qui jouit d'elle-même. Je ne crois pas que la scène soit nécessairement amoureuse. Ce n'est pas parce que les corps s'étreignent ou se caressent qu'ils fusionnent ou se rejoignent. Il y a cette formule extraordinaire dans *Un amour de Swann*, où Proust parle de la possession physique, et il ajoute aussitôt, en une parenthèse terrible, qu'elle ne possède qu'un néant... « l'acte de la possession physique – où d'ailleurs l'on ne possède rien[1]. » Cela fait penser à Lacan selon lequel il n'y a pas d'acte sexuel. Les corps peuvent donc s'étreindre autant qu'ils veulent, il y aura beaucoup de plaisir, mais il n'y aura aucune possession. Jamais on ne trouvera d'issue à l'infinie solitude qui fait de chacun de nous une constellation perdue dans les abîmes du temps. Si Albertine est à ce point experte en jouissance, si elle parvient, tel un chat – le narrateur la

---

1. *Un amour de Swann.*

compare souvent à un chat qui ronronne, qui jouit de la perfection de sa jeunesse, de la souplesse de son corps –, à se mouler si bien au désir de l'autre, ce n'est pas du tout parce qu'elle aime l'autre, c'est parce qu'elle – et je dirais que pour Proust c'est là que réside la stratégie féminine du désir – a compris que le plus court chemin pour atteindre sa propre jouissance c'était précisément d'accéder au désir de l'autre. Mais elle se sert du désir de l'autre pour vivre ce qui, pour elle, est l'intensité et la justification de l'existence, en l'occurrence la jouissance physique.

R. E. : De là, l'étonnante docilité d'Albertine. « Mais le plus souvent aussi, écrit le narrateur, elle était plus colorée, et alors plus animée ; quelquefois seul était rose, dans sa figure blanche, le bout de son nez, fin comme celui d'une petite chatte sournoise avec qui l'on aurait eu envie de jouer[1]. » Néanmoins – je me demande d'ailleurs, si on n'est pas là justement au cœur du problème –, est-ce que ce n'est pas la possession en tant que telle qui est soit impossible, soit une impasse ? Quand le narrateur tient Albertine captive dans *La Prisonnière*, son désir succombe à cette captivité qu'il a pourtant organisée. Et quand il dit : « D'ailleurs l'on ne possède rien », ne résume-t-il pas en quelques mots l'impasse dans laquelle se trouve celui qui par amour, par désir, par manque, par douleur – peu importent les motifs d'ailleurs, l'amour est une cause perdue –, essaie de posséder quelqu'un jusqu'à le séquestrer, et, à l'instant où il le séquestre, lui coupe les ailes et, par conséquent, n'a plus qu'une envie : qu'il s'en aille ?

N. G. : Je voudrais faire remarquer une chose, qui n'est pas explicitement écrite dans la *Recherche*, mais qui me paraît évidente : même quand une femme dort et qu'elle est entre

---

1. *À l'ombre des jeunes filles en fleurs*.

nos bras, que, par conséquent, rien ne la sépare de nous (elle nous appartient tout entière, nous pouvons la tenir, la prendre de toutes les façons, elle ne bouge pas, elle ne se rétracte pas, elle ne s'échappe pas), eh bien, même là, elle nous échappe sans cesse car, par ses rêves, ses désirs, sa mémoire, elle vit ailleurs qu'avec nous. Nous ne pouvons pas séquestrer sa conscience. Toutefois, il y a un moment où chacun est entièrement réuni à lui-même, et qui n'arrive presque jamais, c'est dans la transe voluptueuse, précisément, où l'intensité du plaisir suspend tout rapport au passé et à l'avenir : l'instant se dilate et devient fascinant, nous obnubile, nous obsède. Mais ce moment n'arrive jamais dans *À la recherche du temps perdu*.

R. E. : Il n'arrive jamais *via* l'amour.

N. G. : Autre chose est l'amour, autre chose le plaisir qu'on retire d'une présence voluptueuse. L'amour est toujours suscité – c'est le grand paradoxe proustien – par le désir, le désir par l'absence et l'absence par l'inquiétude ou l'angoisse qu'elle suscite. Aussi dira-t-il que nos amours sont filles de nos angoisses ou de nos souffrances. Quand une personne est présente, nous n'en voyons généralement que la banalité : elle est un des objets du monde parmi l'infinité des autres. Mais il suffit qu'elle soit absente pour que nous sentions qu'elle nous manque. Ce manque nous fait souffrir et nous avons alors besoin d'elle. Ce besoin d'une personne absente c'est ce que Proust appelle l'amour. C'est pourquoi il n'y a pas d'amour sans souffrance.

« Albertine continuait de dormir. Je pouvais prendre sa tête, la renverser, la poser contre mes lèvres, entourer mon cou de ses bras, elle continuait à dormir comme une montre qui ne s'arrête pas, comme une bête qui continue de vivre,

quelque position qu'on lui donne, comme une plante grim-
pante, un volubilis qui continue de pousser ses branches
quelque appui qu'on lui donne. Seul son souffle était modifié
par chacun de mes attouchements, comme si elle eût été un
instrument dont j'eusse joué et à qui je faisais exécuter des
modulations en tirant de l'une, puis de l'autre de ses cordes,
des notes différentes. Ma jalousie s'apaisait, car je sentais
Albertine devenue un être qui respire, qui n'est pas autre
chose, comme le signifiait ce souffle régulier par où s'exprime
cette pure fonction physiologique, qui, tout fluide, n'a l'épaisseur ni de la parole, ni du silence ; et dans son ignorance de
tout mal, son haleine, tirée plutôt d'un roseau creusé que
d'un être humain, était vraiment paradisiaque, était le pur
chant des anges pour moi qui, dans ces moments-là, sentais
Albertine soustraite à tout, non pas seulement matérielle-
ment mais moralement[1]. »

J. D. : Il me semble qu'il y a une grande différence, dans *À
la recherche du temps perdu*, entre la sexualité masculine et
la sexualité féminine, comme entre Sodome et Gomorrhe.
Et ce passage merveilleux dans lequel le narrateur décrit
le sommeil d'Albertine, au début de *La Prisonnière*, nous
montre Albertine jouissant d'elle-même. Le corps dormant
d'Albertine est un corps totalement réconcilié avec lui-
même, inaccessible à l'homme. Seule la femme atteint cette
plénitude, elle seule a le pouvoir de se posséder elle-même
dans l'achèvement de la jouissance, à l'inverse de l'homme,
qui imagine posséder l'âme et le corps qu'il étreint, et qui,
comme le déclare avec violence le texte, ne possède en réalité « rien ». Mais, cette plénitude de soi et, surtout, ce corps
qui donne la vie comme un fruit issu de ses entrailles, ce
mystère organique, fascine le narrateur, fascine Proust, et lui
donne une existence complète, à laquelle le corps viril, le
corps masculin, ne peut jamais accéder, à l'exception peut-

1. *La Prisonnière.*

être de l'écriture. C'est en ce sens qu'il y a aussi une rédemption par l'écriture dans *Le Temps retrouvé*. Dans sa correspondance, Proust parle toujours de son œuvre comme de son enfant, telle une mère. Son corps alité, nié – mais pas tout à fait nié, car il est hors du monde –, n'est plus qu'un instrument de l'écriture qui produit cette immense œuvre, et je crois que cette œuvre il la possède.

R. E. : Le narrateur lui-même ne cesse de décrire les affres de la parturition. Il ne cesse de se mettre en situation d'accouchement. Je me demande, pour rester sur ce passage – le sommeil d'Albertine –, si ce personnage ne lui est pas deux fois hermétique au fond… Elle lui est hermétique quand elle est éveillée, puisqu'elle est pour lui un mystère, une énigme, une énigme parfois de bonheur, le plus souvent de chagrin ; mais elle est hermétique aussi quand elle dort, puisqu'à la clôture de l'altérité s'ajoute le mur du sommeil. Et pourtant, c'est autour de cette double énigme que le narrateur – le prodige de ces quelques pages sur le sommeil d'Albertine tient peut-être à cela – décrit à merveille Albertine, en fait une œuvre d'art, un Stradivarius, au point qu'on en vient même à la sentir respirer… La voilà ouverte, offerte à l'infini dont il est exclu, mais ce sommet d'étrangeté est en même temps pour lui l'occasion d'un pur moment de poésie. Moins on connaît quelqu'un, mieux on le touche et, si j'ose dire, mieux on le dépeint. Or, je me demande, à vous entendre l'un et l'autre, si nous ne sommes pas là en présence des deux points de vue sur Albertine : vous, Jacques Darriulat, regardez Albertine de l'intérieur, c'est-à-dire paradoxalement Albertine en tant qu'autre, en tant que chair, tandis que vous, Nicolas Grimaldi, donnez le sentiment d'adopter le point de vue du spectateur qui, n'arrivant pas à dépasser cette position, continue de voir l'autre à la fois comme une énigme et comme la source de la douleur et des malentendus qu'elle suppose.

N. G. : Je crois qu'en employant ce mot de « spectateur » vous caractérisez parfaitement le rapport du narrateur et d'Albertine. Il me semble que tout le malheur dans lequel se développe *À la recherche du temps perdu* est le malheur de la représentation, où le sujet ne peut être qu'exclu de ce qu'il se représente. Et cela, me semble-t-il, nous explique l'ambiguïté de la notion de possession. Le lecteur se tromperait s'il comprenait le mot « possession » de façon univoque, car posséder n'a rien de sexuel, au sens strict du terme. Lorsque le narrateur est à Balbec et que dans ses promenades en calèche avec Mme de Villeparisis il croise les petites jeunes filles sur une charrette de foin ou d'autres à bicyclette, il veut chaque fois les « posséder ». Il s'en explique aussitôt en disant : je voulais entrer dans leur conscience, en être envié, admiré, devenir pour elles inoubliable, de façon qu'elles ne puissent plus se détacher de moi. Il s'agit donc bien plus de hanter, de marquer, que de posséder. Il voudrait qu'elles ne puissent plus penser à elles-mêmes sans penser à lui. Cette possession procurerait à sa propre existence un surcroît d'existence. C'est ainsi qu'il n'aperçoit jamais une midinette ou une crémière dans une boutique sans souhaiter en être aimé, pour participer de la sorte à cette vie inconnue dont elle est l'expression vivante.

R. E. : Le fait que les filles existent ou non n'a pas d'importance, c'est le syndrome de la femme de chambre de la baronne Putbus, qu'on ne voit jamais dans le livre et dont il rêve tout le temps.

N. G. : Il nous dit avoir aimé trois personnes : Mme de Stermaria, qu'il n'a fait qu'entrevoir, mais qu'il n'a pas vue depuis cinq ou six ans…

R. E. : ... avec qui il n'a pas déjeuné, finalement...

N. G. : La femme de chambre de la baronne Putbus, et Mlle d'Éporcheville.

R. E. : Qui n'est pas son nom, justement : c'est d'Orgeville, il me semble.

J. D. : Je partage tout à fait ce qui vient d'être dit sur la distance incommensurable qui fait souffrir le narrateur, dans la mesure où elle le sépare irrémédiablement de l'objet qu'il rêve de posséder. Cela dit, entre tous ces objets, Albertine est un objet tout de même assez particulier. Par exemple, si Gilberte fait son apparition – parce que chaque personnage a son épiphanie dans la *Recherche* : « tout d'un coup elle apparut, tout d'un coup je vis ses yeux, nos regards se croisèrent » –, Albertine, elle, se constitue progressivement, non pas d'un seul coup mais par une sorte d'agrégation, comme à partir d'un limbe ou à partir de la mer, brillante comme de l'émeraude, dont une petite bande se détache. Albertine se détache elle-même de la petite bande, et ce détachement n'est pas une division, mais la complétude marine de l'origine contenue tout entière dans Albertine. Par exemple, il nous dit : Albertine a les yeux bleus – ce qui me fait toujours penser au vers de Rimbaud : « C'était bon, elle avait le bleu regard qui ment » ; et, en général, dans la *Recherche*, ce sont les personnages qui mentent qui ont les yeux bleus, comme Norpois ou Legrandin –, et le narrateur compare les yeux bleus d'Albertine à la mer. Il dit, en une phrase magnifique, que lorsqu'elle ferme les yeux il a l'impression que la mer s'efface, se retire.

Pour revenir à la scène du sommeil, Albertine, quand elle dort, revient à son élément premier, elle est la spora d'un madrépore, comme dit Proust, c'est-à-dire un ensemble végétal sous-marin, et son souffle, sa respiration, font penser au balancement de la houle, ce qui est d'ailleurs très baudelairien. De même que la chevelure noire d'Albertine prend de plus en plus d'importance dans *La Prisonnière*, elle est beaucoup moins soulignée dans les *Jeunes filles*. Par ce souffle, Albertine redevient la mer : « Je m'étais embarqué sur le sommeil d'Albertine », c'est une croisière sur l'infini. Elle devient la mer, c'est-à-dire un dieu : elle est néréide, elle est naïade, elle a gardé cet élément fluide, elle est faite d'eau. Elle est, elle-même, insaisissable et métamorphosable, un peu comme un arc-en-ciel irisé que produirait l'eau sous le soleil. Elle est cette sorte de déesse, un corps parfaitement incarné qui contient l'infini, qui contient l'océan, dont le souffle est la respiration même des vagues qui fascinent le narrateur.

Albertine, c'est peut-être un paradoxe, mais il me semble qu'elle ne désire pas. C'est le narrateur qui désire. Elle ne désire pas, elle jouit. Elle ne désire pas posséder les autres, elle les utilise comme des auxiliaires de sa propre jouissance. Elle reproduit, en ce sens peut-être, l'imaginaire – c'est peut-être aller trop loin, mais enfin... –, l'imaginaire que l'enfant peut avoir du corps de la mère, le seul corps qui est absolument complet puisqu'il peut englober, réunir avec lui le corps de l'enfant, dans une unité qui a été malheureusement perdue.

R. E. : Vous avez dit, Jacques Darriulat, qu'Albertine avait les yeux bleus ou les yeux noirs ?

J. D. : J'ai dit qu'elle avait les yeux bleus.

R. E. : Ce n'est pas seulement un hommage à Flaubert qui, alternativement, donne à Mme Bovary des yeux bleus ou des yeux noirs. Il me semble que c'est plus important que cela. Albertine a effectivement les yeux bleus quand il écrit :

> « Ses longs yeux bleus – plus allongés – n'avaient pas gardé la même forme ; ils avaient bien la même couleur, mais semblaient être passés à l'état liquide. Si bien que, quand elle les fermait, c'était comme quand avec des rideaux on empêche de voir la mer. C'est sans doute de cette partie d'elle-même que je me souvenais surtout, chaque nuit, en la quittant[1]. »

Or, un peu plus haut, Albertine a les yeux noirs :

> « Non, décidément, me dit Albertine, je ne l'aime pas ; j'aime son nom d'Orgueilleuse. Mais ce qu'il faudra penser à demander à Brichot, c'est pourquoi Saint-Mars s'appelle le Vêtu. On ira la prochaine fois, n'est-ce pas ? Me disait-elle en me regardant de ses yeux noirs sur lesquels sa toque était abaissée comme autrefois son petit polo. Son voile flottait. Je remontais en auto avec elle, heureux que nous dussions le lendemain aller ensemble à Saint-Mars, dont, par ces temps ardents où on ne pensait qu'au bain, les deux antiques clochers d'un rose saumon, aux tuiles en losange, légèrement infléchis et comme palpitants, avaient l'air de vieux poissons aigus, imbriqués d'écailles, moussus et roux, qui, sans avoir l'air de bouger, s'élevaient dans une eau transparente et bleue[2]. »

Albertine a donc tantôt les yeux noirs, tantôt les yeux bleus. Or, je voudrais ici vous soumettre cette hypothèse, puisque vous avez également parlé de Gilberte – Gilberte, dont il faut rappeler qu'elle est la fille d'Odette et de Swann, le premier amour du narrateur. Gilberte est celle dont le narrateur lequel, contemplant ses yeux noirs et y voyant très exactement un azur bleuté, dit ceci : « Peut-être si elle

---

1. *La Prisonnière.*
2. *Sodome et Gomorrhe.*

149

n'avait pas eu des yeux aussi noirs, je n'aurais pas été, comme je le fus, plus particulièrement amoureux, en elle, de ses yeux bleus[1]. » Ainsi, le narrateur métamorphose l'œil de Gilberte et prête ensuite à Albertine tantôt des yeux noirs, tantôt des yeux bleus. On retrouve aussi, un peu plus loin, un passage dans lequel il dit : « Albertine, grosse et brune, ne ressemblait pas à Gilberte, élancée et rousse. Mais, pourtant, elles avaient la même étoffe de santé et dans les mêmes joues sensuelles, toutes les deux, un regard, dont on saisissait difficilement la signification[2]. » Le lien entre les deux se dénoue lorsque le narrateur, alors qu'Albertine est morte depuis longtemps, reçoit un télégramme avec sa signature et mentionnant : « Il faut qu'on parle mariage. » Sur le coup, il pense : « Mon Dieu, elle n'est pas morte » mais, en fait, il s'en moque car il ne l'aime plus. Il rend le télégramme en considérant que ça ne le concerne plus, qu'il a traversé son deuil, qu'elle soit vivante ou morte. Or, il va découvrir un peu plus tard qu'en fait Gilberte avait mal formé ses lettres et que le télégraphiste avait lu « Albertine » au lieu de Gilberte.

N. G. : Je voudrais revenir sur la possession et vous rappeler un texte qui me paraît très caractéristique par l'ambiguïté, voire l'équivoque même du vocabulaire. Le narrateur accompagne Mme de Villeparisis sur les routes de Bretagne, ils arrivent dans un village et une grande jeune fille est à demi-assise sur un pont. Aussitôt qu'il la voit, il veut s'en faire remarquer. Je vous prie d'être attentif à l'ambiguïté, à l'équivoque, car les mots renvoient à des opérations physiques, alors qu'ils ont une signification strictement psychologique. Posséder, c'est obséder : ce n'est pas posséder charnellement, c'est psychologique-

---

1. *Du côté de chez Swann.*
2. *Albertine disparue.*

ment obséder. « [...] ce n'est pas seulement son corps que j'aurais voulu atteindre, c'était aussi la personne qui vivait en lui et avec laquelle il n'est qu'une sorte d'attouchement, qui est d'attirer son attention, qu'une sorte de pénétration, y éveiller une idée. » Une idée ? « J'aurais voulu que l'idée de moi qui entrerait en cet être, qui s'y accrocherait, n'amenât pas à moi seulement son attention, mais son admiration, son désir[1] [...] » Tout cela est strictement psychologique. Comme si l'amour physique n'était qu'un succédané, ou un médium, pour obtenir une possession proprement psychologique.

R. E. : En même temps il se dit qu'il faut bien s'aimer pour s'embrasser comme ça, toute la nuit. On n'embrasse pas impunément quelqu'un toute la nuit...

N. G. : Le narrateur, si.

J. D. : Il est vrai qu'il est toujours frustré dans son désir de possession. Mais ne pourrions-nous pas parler d'Albertine en elle-même, et non du point de vue du narrateur ?

R. E. : C'est tout l'enjeu justement.

J. D. : C'est ce que j'essaie de faire. Et, en ce sens, je crois effectivement qu'elle incarne le mystère d'une jouissance et d'une complétude parfaites. Revenons sur ses yeux. Quand elle a les yeux fermés, cela évoque des rideaux qui vous empêchent de voir la mer. Et c'est d'ailleurs sur cette image des rideaux que Françoise écarte, découvrant l'or de la plage, à la fin des vacances, que se termine *À l'ombre des jeunes filles en fleurs*. Comme si on était toujours timide, comme si on n'osait pas se risquer devant l'incan-

---

1. *À l'ombre des jeunes filles en fleurs.*

descence du réel. Il y a une surimpression entre Gilberte et Albertine, à tel point que les deux noms sont presque les anagrammes l'un de l'autre, détail que vous avez rappelé dans le télégramme de Venise : il est dit très tôt, au début des *Jeunes filles en fleurs,* que Gilberte a une écriture particulière qui fait que son « G » peut être pris pour un « A », et qu'on peut lire « Gilberte » comme « Albertine », d'autant plus qu'elle termine par un long trait qui peut représenter les dernières lettres du nom d'Albertine.

R. E. : Anagramme-télégramme...

J. D. : Gilberte est une Albertine plus intense, plus dominatrice – du moins en apparence, car, sous son allure impérieuse, Gilberte est plutôt docile, tandis qu'à l'inverse Albertine cache, sous une manière douce, une résistance qui ne cède jamais –, c'est pourquoi elle fait peur, d'autant plus qu'elle fait peur à celui qui n'est encore qu'un enfant. Le désir féminin peut faire peur. Le désir en général. Il n'y a pas de désir sans peur. C'est ainsi que le sens du geste que fait au narrateur Gilberte par-delà la haie d'aubépines, sens qui ne sera formulé que bien plus tard dans *Le Temps retrouvé*, par une adulte devenue sans désir et qui n'éprouve plus, par conséquent, la peur qui inhibait l'aveu, est refoulé ou esquivé par l'enfant qui ne veut pas comprendre.

R. E. : Précisons cette scène pour nos lecteurs qui n'ont pas tous les détails de la *Recherche* en tête.

J. D. : Le narrateur, enfant, sortant de Combray du côté de Méséglise et longeant la propriété de Swann, rencontre Gilberte, très jeune, qui est la fille de Swann et d'Odette de Crécy, il est saisi par cette apparition. Voilà une des nombreuses épiphanies des personnages proustiens. Elle le regarde avec ses yeux noirs, intenses, et lui fait un signe...

R. E. : ... obscène...

J. D. : ... dont on découvrira vraiment, à la fin de la *Recherche*, le sens réel, donc pauvre, et non le sens riche et poétique qui nourrit le texte.

R. E. : Ce geste symbolise la représentation enfantine de la pénétration...

J. D. : Oui. Justement je pensais à ce mot, « pénétration ». Je crois qu'on ne « pénètre » pas Albertine. On la « caresse ». Elle est impénétrable parce qu'elle est une totalité jouissant d'elle-même. Ce qui fait, il me semble, que la relation sexuelle qu'a le narrateur avec Albertine est assez enfantine. De cet érotisme chaste, c'est-à-dire d'autant plus pervers qu'il n'est pas consommé, Albertine elle-même force l'aveu : « Albertine m'effrayait en me disant que j'avais raison, pour ne pas lui faire tort, de dire que je n'étais pas son amant, puisque aussi bien, ajoutait-elle, "c'est la vérité que vous ne l'êtes pas". Je ne l'étais peut-être complètement en effet[1]. » Et le seul moment où le narrateur a un orgasme avec Albertine, c'est précisément quand il la caresse alors qu'elle dort. Donc pas du tout par pénétration, mais par cette douceur de se fondre dans un corps qui n'est plus que le rythme marin d'une respiration, d'un souffle, qui devient le mystère incarné de la vie, aussi grand que l'océan, qui, après tout, est la matrice de toute vie.

---

1. *La Prisonnière.*

« Une fillette d'un blond roux qui avait l'air de rentrer de promenade et tenait à la main une bêche de jardinage, nous regardait, levant son visage semé de taches roses. Ses yeux noirs brillaient et comme je ne savais pas alors ni ne l'ai appris depuis, réduire en ses éléments objectifs une impression forte, comme je n'avais pas, ainsi qu'on dit, assez "d'esprit d'observation" pour dégager la notion de leur couleur, pendant longtemps, chaque fois que je repensai à elle, le souvenir de leur éclat se présentait aussitôt à moi comme celui d'un vif azur, puisqu'elle était blonde de sorte que, peut-être si elle n'avait pas eu des yeux aussi noirs – ce qui frappait tant la première fois qu'on la voyait – je n'aurais pas été, comme je le fus, plus particulièrement amoureux, en elle, de ses yeux bleus[1]. »

J. D. : Les yeux noirs – c'est un thème littéraire évidemment, c'est un film aussi – expriment la violence du désir. Les yeux noirs fixes apparaissent comme deux taches noires, comme deux ocelles sur les ailes d'un papillon qui forment comme un masque qui suffit, dit-on, à effrayer les prédateurs. Quand le narrateur sonde le regard de Gilberte, il voit que ce noir est comme l'azur : l'azur est le bleu des cimes, puisque le bleu est la couleur de l'air, tout simplement ; c'est la lumière du soleil qui se réfracte dans le prisme de l'atmosphère ; quand nous montons, la pression de l'atmosphère diminue, nous découvrons alors, peu à peu, la vérité qu'on oublie toujours : que le ciel n'est pas bleu, mais noir, comme on peut le constater pendant la nuit. Le mirage du bleu découvre peu à peu le noir. Au fond du noir des yeux de Gilberte, il y a l'azur. Et les yeux d'Albertine sont bleus dans la mesure où elle ment toujours. Ses yeux bleus reflètent donc le temps, les nuages, ils sont insaisissables. Norpois, Legrandin, parlent pour dissimuler ce qu'ils pensent et non pour l'exprimer...

---

1. *Du côté de chez Swann.*

R. E. : Précisons que Norpois, c'est le diplomate et Legrandin, le snob. La plus grande apparition de Legrandin, c'est dans *Du côté de chez Swann,* où il affecte d'être misanthrope face au tout jeune narrateur qui, déjà, n'est pas dupe. Quant à Norpois, c'est le diplomate dans toute son horreur et sa suffisance.

J. D. : Exactement. Je pense donc que les yeux bleus d'Albertine, sont certes l'océan, la mer, mais qu'ils sont presque sans intériorité, insaisissables, impénétrables. Et lorsqu'ils deviennent noirs c'est, me semble-t-il, quand on la contrarie, quand on dresse un obstacle entre elle et la possibilité de l'assouvissement le plus immédiat possible de son désir.

R. E. : L'épisode du sommeil, Nicolas Grimaldi, le moment où le narrateur est attentif au sommeil d'Albertine et la décrit endormie – il précise qu'il ne la pénètre pas – est également le moment où il constate qu'elle a laissé son kimono sur la chaise – elle dort nue manifestement et, dans ce kimono, se trouvent très certainement les lettres qu'elle a dû recevoir de ses amantes et qu'il meurt d'envie de lire : celles qu'Andrée, peu importe d'ailleurs laquelle des jeunes filles en fleurs, lui a écrites. Il y a peut-être, probablement, là-dedans, le fin mot de l'histoire, la solution, la vérité de sa jalousie. Or, comme c'est un vrai jaloux, il ne veut pas courir le risque soit d'épuiser la jalousie en vérifiant qu'il a raison, soit, au contraire, d'être détrompé, ce qui aurait pour effet d'alimenter sa propre souffrance. De sorte que, alors qu'il a peut-être sous la main la solution au problème insoluble que lui pose sa jalousie, en tout cas la réponse aux questions douloureuses qu'il se pose sur le comportement d'Albertine quand elle n'est pas là, sur cet infini qu'elle déploie quand il n'en est pas le spectateur, alors même qu'il a cette solution à portée de main, il ne se lève pas. Plus exactement, il se lève mais ne va pas fouiller le kimono. De la même manière qu'il ne la pénètre pas parce qu'elle est le principe de plaisir, il ne fouille pas dans ses affaires parce qu'elle est le principe de jalousie.

N. G. : Il me semble que cela renvoie à une remarque que fait le narrateur bien plus tard sur la nature de sa jalousie. Chez Proust, la jalousie n'est pas une conséquence de l'amour et c'est peut-être le seul romancier à en faire la *cause* de l'amour, de sorte qu'on aime parce qu'on est jaloux et non l'inverse. Pensez aux soupçons qui taraudent le narrateur, qui l'obsèdent, qui le mettent sans cesse sur le gril, qui font de chaque absence d'Albertine, si furtive soit-elle, une douleur – où est-elle ? avec qui ? que fait-elle ? il faut absolument que je le sache –, et un fait qu'au moment même où il pourrait être instruit sur la réalité de ce qu'il soupçonne, il s'abstienne de le découvrir. Ce fait est expliqué par le narrateur beaucoup plus tard, lorsqu'il dit : je ne doutais pas qu'Albertine fût une bonne fille, n'eût pas de mauvaises pensées, n'eût pas un comportement aberrant, et c'est précisément parce que j'étais entièrement persuadé de ce qu'il n'y avait rien à soupçonner que je me livrais à ces soupçons, comme quelqu'un qui serait auprès d'un âtre dans la chaleur d'une pièce, imaginerait la bourrasque, la neige, le froid, précisément pour se réjouir de n'avoir pas à les craindre. Paradoxalement, la jalousie du narrateur est d'abord une sorte de jeu auquel il se livre avec lui-même, s'effrayant, s'angoissant de tous les possibles, d'autant plus qu'il est réconforté par le réel. D'un tel jeu, nous avons ici la première manifestation. Aussi frénétiquement qu'il s'efforcera de traquer la vérité, on voit qu'au moment où il serait tellement aisé de la découvrir il n'en a plus envie, car le propre du jeu est qu'on a envie de continuer à jouer, quitte à ce que le jeu soit pour nous déchirant.

R. E. : Je me demande quand même si le refus de savoir, propre au jaloux, pour qui l'innocence provisoire n'est qu'une preuve supplémentaire de la duplicité, n'est pas également le propre de l'artiste. C'est le jaloux, bien sûr, qui ne veut pas connaître la vérité, mais c'est aussi l'artiste, que le mystère ou l'énigme d'un être, dans sa plénitude, intéresse sans doute davantage que la vérité. Au fond, le narrateur traite Albertine comme une œuvre d'art. Je me demande d'ailleurs, de ce point de vue, si nous n'avons pas avec les jalousies de Swann et du narrateur le curseur de leur génie respectif. On dit bien souvent que la *Recherche* fonctionne par homothétie, que l'histoire d'Albertine et du narrateur conserve les mêmes rapports que celle de Swann et d'Odette, mais étendus à une échelle plus vaste. Prenons juste un exemple. Dans *Un amour de Swann*, Swann est amoureux d'Odette. La mère maquerelle – Mme Verdurin – décide finalement que Swann n'est pas assez bien pour Odette, et veut « brancher » Odette avec M. de Forcheville, qu'elle trouve beaucoup plus sympathique. D'autorité, elle fait donc monter Odette dans sa calèche pour l'emmener à Chatou, avec M. de Forcheville, alors même que Swann avait prévu de la raccompagner. Je cite l'épisode de mémoire, mais Swann dit, en gros : Enfin, c'est moi qui vous raccompagne... Odette lui répond : Bah, non... La Verdurin réplique : Écoutez, vous la raccompagnez tous les jours, ce soir, c'est moi. Et Swann s'incline ! Dans *Sodome et Gomorrhe*, trente ans plus tard, le narrateur souhaite rentrer avec Albertine. Il quitte la Raspelière, la maison que louent en été les Verdurin, monte dans sa calèche et se réjouit à la perspective de ce voyage avec Albertine. Là encore, la Verdurin veut être de la partie, car elle trouve ces petits jeunes très sympathiques. D'autorité, elle s'invite en disant : Moi, je vous raccompagne. Et le narrateur a beau essayer de l'en empêcher, elle s'en fiche complètement. Or, au risque d'être parfaitement discourtois, il finit par le lui interdire, ce qu'elle lui pardonne immédiatement, avant de leur apporter des sablés à manger en chemin, et de leur dire de « ne pas manquer » le mercredi suivant. Le narrateur n'a pas cédé à Mme Verdurin. Il traite Albertine mieux que Swann ne traite Odette, qui la laisse, finalement, qui l'abandonne aux Verdurin, qui n'a probablement pas la force de caractère du narrateur. Or, le narrateur, c'est aussi l'écrivain que Swann n'est pas. Que dites-vous de cette hypothèse, Jacques Darriulat ?

J. D. : Il y a beaucoup de choses. La scène où Swann est lâché par Odette qui lui préfère l'invitation de Sidonie Verdurin est une scène pathétique, terrible. Swann rentre seul en marchant dans le bois, il cherche à s'apaiser en libérant une violence trop longtemps contenue : « Verdurin ! Quel nom ! Ah ! On peut dire qu'ils sont complets, qu'ils sont beaux dans leur genre ! Dieu merci, il n'était que temps de ne plus condescendre à la promiscuité avec cette infamie, avec ces ordures[1]. » Éclate alors sa colère. C'est une scène très forte. Swann a tout fait pour garder Odette, mais on peut dire aussi que Mme Verdurin la lui vole parce qu'elle veut la marier à un autre.

R. E. : Peut-être aussi qu'Odette n'est pas Albertine : elle a eu de grands rôles mais ne savait pas les jouer, dit le narrateur.

J. D. : Odette est une grande courtisane. Albertine ne l'est pas, elle est un animal jouissant. Mme Verdurin veut voler

---

1. *Un amour de Swann.*

en quelque sorte Odette à Swann pour la marier à Forche-ville. Tandis qu'elle entend juste s'immiscer dans l'autre couple qui l'attire, en raison de la personnalité d'Albertine. N'a-t-elle pas, elle aussi, quelque penchant du côté de Gomorrhe, elle qui se flatte de « dégeler » la pourtant fort peu frigide Odette[1] ? Mais ce qui, plus encore, pousse la Verdurin à s'immiscer dans le couple que forment Alber-tine et le narrateur, c'est la pensée torturante pour elle d'une intimité dont elle serait exclue. Toujours et partout, il faut qu'elle « fasse clan ». Cela dit, pour en revenir au kimono et aux lettres qui ne seront jamais lues, je suis votre suggestion : il y a une continuité, bien entendu, entre Swann et le narrateur puisque *Un amour de Swann*, qui est la première expérience de la jalousie, préfigure de toute évidence ce que va vivre le narrateur dans *La Prisonnière* et *La Fugitive*.

R. E. : *La Fugitive,* c'est *Albertine disparue...*

J. D. : J'aime bien ce mot de « fugitive », qui veut dire à la fois celle qui fuit et en même temps se défait. Je pense que l'idée de cristallisation amoureuse ne convient pas à Alber-tine, car la cristallisation implique une forme fixe et que je la vois comme une turbulence provisoire, fugitive, dans le fleuve du temps. N'oublions jamais qu'elle est, pour le nar-rateur, toujours, fluide et insaisissable, « comme une grande déesse du temps[2]. » Albertine est donc une forme fuyante, qui ne cesse de se dénouer, telle une chevelure, un courant, ou des nénuphars dans l'eau, ou des algues se balançant au gré du courant. Si le narrateur ne lit pas les lettres qui sont dans le kimono c'est, à mon avis, parce qu'il aime sa jalou-sie. Il est, en ce sens, très proche de Proust, cet écrivain

---

1. *Un amour de Swann.*
2. *La Prisonnière.*

dont on a le sentiment qu'il n'a vécu *que* pour écrire *À la recherche du temps perdu*. Telle une abeille qui fabrique du miel (il commence par écrire des scènes, des fragments, dont l'accumulation aboutira à *Jean Santeuil*). Dans *Contre Sainte-Beuve* il prélève de sa vie des éléments pour produire ce texte. Son existence n'a de sens qu'à travers le prisme de l'écriture. Le narrateur est une sorte de mollusque cérébral qui secrète la littérature, le romanesque, et, pour ce faire, secrète la toxine la plus efficace pour produire un roman : la jalousie. Il ne veut donc pas en connaître le fin mot car ce serait la fin du livre. Ainsi fait-il grossir son œuvre de l'intérieur, indéfiniment. Les trois lettres du mot FIN qui tombent quand le texte s'achève et qui réalisent très exactement cette figure de rhétorique qu'on nomme une « chute », sonnent comme le coup de grâce qui achève le condamné. Seule la mort en effet peut achever un tel livre. Proust, tel Shéhérazade, écrit pour conjurer le sort.

Encore une chose à propos d'Albertine, je voudrais parler de ses joues, que le narrateur évoque souvent. La joue est une chair lisse, transparente : elle prend différentes carnations selon les scènes, et sa chair est prodigieusement vivante. En même temps, il n'y a rien qui permette de la pénétrer : on ne peut que l'embrasser ou la caresser. Je pense que l'essence d'Albertine se résume à cette joue, sous laquelle court un réseau veineux infini. N'oublions pas aussi que, selon le vers de Vigny repris par Proust, Albertine est « du côté de Gomorrhe ». Ce qui bouleverse le narrateur, c'est précisément la révélation que Mlle Vinteuil et son amie ont été les initiatrices d'Albertine. Que dit Gomorrhe, sinon le mystère d'une jouissance féminine à laquelle l'homme n'a pas accès ? Et l'aveu d'Albertine, dans le petit train, du côté de Montjouvain, disant qu'elle est très proche de cette Mlle Vinteuil, qui pourrait en quelque sorte être emblématique de l'homosexualité féminine dans la *Recherche*, fait brusquement découvrir à l'homme avec une violence extrême – c'est une seconde, une troisième, une quatrième épiphanie d'Albertine – qu'il ne partagera jamais cette plénitude de jouissance, qui n'est pas sans rapport avec la chair lisse et gonflée de l'irrésistible joue d'Albertine.

Mme Verdurin

Raphaël Enthoven : C'est aujourd'hui de Mme Verdurin, l'artiste snob, que nous allons parler, en compagnie de Michel Erman et de Nicolas Grimaldi.

« Mme Verdurin, souffrant pour ses migraines de ne plus avoir de croissant à tremper dans son café au lait, avait obtenu de Cottard une ordonnance qui lui permettait de s'en faire faire dans certain restaurant dont nous avons parlé. Cela avait été presque aussi difficile à obtenir des pouvoirs publics que la nomination d'un général. Elle reprit son premier croissant le matin où les journaux narraient le naufrage du *Lusitania*. Tout en trempant le croissant dans le café au lait et donnant des pichenettes à son journal pour qu'il pût se tenir grand ouvert sans qu'elle eût besoin de détourner son autre main des trempettes, elle disait : "Quelle horreur ! Cela dépasse en horreur les plus affreuses tragédies." Mais la mort de tous ces noyés ne devait lui apparaître que réduite au milliardième, car tout en faisant, la bouche pleine, ces réflexions désolées, l'air qui surnageait sur sa figure, amené probablement là par la saveur du croissant, si précieux contre la migraine, était plutôt celui d'une douce satisfaction[1]. »

Michel Erman, ce texte qui se trouve dans *Le Temps retrouvé*, en dit long sur Mme Verdurin qui a de temps en

---

1. *Le Temps retrouvé.*

temps le génie de prendre au sérieux ce qu'elle affecte. C'est elle qui s'est décroché la mâchoire à force de rire pour être aimable (elle a d'ailleurs trouvé un subterfuge, on en parlera tout à l'heure, qui lui permet de ne pas rire tout en donnant l'impression qu'elle rit). Mais Mme Verdurin est également celle qui, quand elle entend un peu trop Chopin, a des migraines et doit garder le lit – un peu comme cette femme de Guitry qui avait du chagrin parce qu'elle se croyait inconsolable. Ici, en revanche, Mme Verdurin, tout au délice de son croissant, se trouve littéralement dans la position humienne de celui qui considère qu'« il n'est pas contradictoire à la raison de préférer la destruction du monde à une égratignure de son petit doigt ».

Michel Erman : Il y a beaucoup d'ironie, bien sûr, dans ce texte. Mme Verdurin est sans doute l'un des personnages de *À la recherche du temps perdu* à propos duquel on se pose la question de la sincérité et de la morale. On ne sait jamais si ce qu'elle prévoit de faire et ce qu'elle fait relève du pur égoïsme ou, parfois, d'une forme d'attention à autrui. Et j'ai toujours eu l'impression en lisant ce texte que Proust se moquait un peu de son personnage. Tout ce que vous avez dit est juste : elle se prend parfois au jeu, au piège de son imagination, mais, d'une certaine façon, on sent là le fameux *suave mari magno* de Lucrèce...

R. E. : Rappelons que *suave mari magno*, c'est le début du chant du poème de Lucrèce *De la nature des choses*, qui dit ceci : « Il est doux, quand sur la grande mer les vents soulèvent les flots, d'assister depuis le rivage aux rudes épreuves d'autrui. »

M. E. : Oui, « il y a de la douceur à voir les maux auxquels soi-même on échappe », dit encore Lucrèce dans le *De rerum natura*. Le malheur d'autrui renforce le sentiment de plaisir que l'on peut éprouver pour soi et sa propre vie. À plusieurs moments Proust fait allusion à ce début du poème de Lucrèce, et il le fait toujours avec une certaine ironie. Il le fait parfois à propos de Swann également. C'est pour cela que ce texte nous enseigne qu'il faut à la fois croire et ne pas croire la Verdurin. Il faut la prendre pour ce qu'elle est, c'est-à-dire, au fond, un personnage de comédie.

R. E. : Nicolas Grimaldi, il y a peut-être aussi dans le personnage de Mme Verdurin quelque chose d'essentiel à la *Recherche* : quoi qu'il arrive on reste en position de spectateur, quand bien même on serait soi-même un spectacle.

Nicolas Grimaldi : Je suis entièrement d'accord avec Michel Erman. Le passage cité précédemment manifeste ce que Mme Verdurin a d'assez singulier parmi les autres personnages de la *Recherche*, en l'occurrence qu'elle n'a aucune imagination. À condition d'entendre par « imagination » cette faculté qu'on a de s'affecter soi-même de ce qu'on voudrait se représenter : tout notre corps joue ce que nous nous efforçons d'évoquer. C'est précisément parce qu'elle ne sent rien qu'elle fait jouer à son corps ce qu'elle ne ressent pas. Elle en livre le spectacle aux autres. Alors qu'elle lit son journal et dit : « Ah, quelle horreur », elle n'est pas du tout horrifiée, elle ne sent rien, c'est juste le mot qu'il convient de dire dans cette situation-là. De même qu'il convient de rire, de faire entendre son rire, quand on assiste à une farce, de même il convient de mettre sa main sur les yeux et de dire : « Quelle horreur ! » lorsqu'on assiste à une tragédie. Elle va devenir duchesse de Duras, puis princesse de Guermantes. Elle stigmatise néanmoins tous ces gens qu'elle a connus et tous ceux qui fréquentent les autres salons. Elle les qualifie de « bandes de planqués », alors qu'ils sont dans les tranchées, et alors qu'elle même s'est appliquée à faire nommer au ministère tous ceux qu'elle connaissait. Mme Verdurin ne sent, n'éprouve que ce qui touche ses plus proches. Ce qui ne la touche pas ne l'intéresse pas. Aussi informée qu'elle soit et à propos de tout ce qu'elle apprend, elle dit n'importe quoi. Car il faut toujours dire quelque chose. C'est une comédie.

R. E. : La comédie humaine de Proust… L'arrivée, l'irruption, de Mme Verdurin précède chronologiquement la naissance du narrateur, puisque c'est dans *Un amour de Swann* que les Verdurin apparaissent, à l'époque où Swann et Odette sont encore jeunes. Un point quand même. Vous dites parfois Mme *de* Verdurin, Nicolas Grimaldi…, pourquoi cette particule ?

N. G. : C'est un lapsus fâcheux.

R. E. : Mais un lapsus intéressant, même si je n'ai pas l'intention de « lacaniser » vos propos. Néanmoins, Mme Verdurin, snob entre toutes, est d'abord celle qui fait profession de camaraderie et méprise tous ceux qui l'ignorent du haut de leur particule, à commencer évidemment par les Guermantes. Ensuite, Sidonie Verdurin épouse M. de Duras, et devient donc la duchesse de Duras, prenant l'identité de celle dont elle avait dit pis que pendre auparavant au jeune Morel, en lui interdisant d'aller jouer du violon dans son salon sous peine d'être immédiatement taxé d'amateurisme. À la fin, elle devient princesse de Guermantes en épousant le vieux prince. Autrement dit, le dernier volume de la *Recherche* qui raconte une « matinée chez la princesse de Guermantes » raconte en fait une matinée chez la Verdurin.

M. E. : Oui, si je devais le résumer d'un mot, je dirais que c'est la victoire du noyau bourgeois contre la caste aristocratique. Mme Verdurin investit à la bourse mondaine avec une tactique tout à fait particulière qui s'appelle « faire clan », et elle le confirme encore à ses fidèles lorsqu'elle est devenue princesse de Guermantes : « Nous ferons clan. » Comme si l'animal mondain – pour moi c'est une métaphore des relations sociales et politiques – ne jetait jamais ses outils, ne jetait jamais ses armes. Une chose sur la comédie, juste un mot. Le nom de Verdurin est un véritable nom de fiction. Je n'ai jamais rencontré dans un annuaire quelconque de M. ou Mme Verdurin. Le nom est forgé sur « verdure », tout comme Flaubert avait forgé Bovary sur *bos, bovis,* « le bœuf ». Dès le départ, c'est un nom à consonance plus ou moins comique. Le narrateur va orchestrer tout cela, parce que, lorsque Swann va être exclu du salon Verdurin, il va les traiter d'« ordures ». Il fait un jeu de mots : Verdurin, ordures... Pourquoi les traiter d'« ordures » ? Sinon par goût du jeu avec le signe et le sens.

R. E. : Je crois même – on en a déjà parlé – qu'il parle de « purin ».

M. E. : Il y a un passage où on est dans la tête de Swann, et où il pense que Mme Verdurin n'est pas si fofolle que ça. Elle simule des maux de tête, mais c'est une bonne connaisseuse de la musique. On joue Wagner dans son salon, au début des années 1880, alors que...

R. E. : Elle fait de la résistance. Elle est antiprogressiste en art.

M. E. : Peut-être, mais quand elle va s'apercevoir que l'art est un moyen de conquérir le pouvoir mondain, elle va en faire son miel. Elle fait donc jouer *L'Or du Rhin* dans son salon, et on passe de « Verdurin » à « l'or du Rhin », puis à « ordure ». La comédie proustienne surgit à partir d'un nom, et c'est le seul de la *Recherche*, à mon avis, sur lequel existent tous ces jeux de mots.

R. E. : « Verdurin/Or du Rhin », « Verdurin/purin », mais c'est également Verdurin/Verjus. M. de Verjus est le premier mari d'Odette de Crécy ; c'est un gentilhomme distingué mais pauvre. Les Verdurin sont des bourgeois sans distinction, ils poussent d'ailleurs le snobisme jusqu'à revendiquer leur absence de distinction, mais ils sont extrêmement fortunés. Il faut jouer sur les noms. L'importance des noms dans la *Recherche* est considérable.

N. G. : Si insensible que soit Mme Verdurin, elle est capable de passion venimeuse, par exemple de faire le malheur de Brichot, ou de Swann. Elle les détruit en les brouillant avec la femme qu'ils aiment. Pour Brichot, cela arrive deux fois. Mais il y a néanmoins un de leurs camarades, toujours assidu, qui est en même temps la tête de Turc de tous les autres, parce qu'il est si gentil que personne ne risque rien à s'en prendre à lui. Saniette subit toutes les avanies de tout le monde, mais il revient quand même, comme un chien à qui on donne des coups de pied, vers son écuelle. Lorsque, à la fin de sa vie, Saniette est ruiné, personne ne s'en occupe, sauf les Verdurin.

> « Tu sais pourquoi Cottard n'est pas venu ? Il est auprès de Saniette dont le coup de bourse pour se rattraper a échoué. En arrivant chez lui tout à l'heure, après nous avoir quittés, en apprenant qu'il n'avait plus un franc et qu'il avait près d'un million de dettes, Saniette a eu une attaque. – Mais

aussi pourquoi a-t-il joué, cet idiot, il est l'être le moins fait pour ça. De plus fins que lui y laissent leurs plumes, et lui était destiné à se laisser rouler par tout le monde. – Mais, bien entendu, il y a longtemps que nous savons qu'il est idiot, dit M. Verdurin. Mais enfin le résultat est là. Voilà un homme qui sera mis demain à la porte par son propriétaire, qui va se trouver dans la dernière misère ; ses parents ne l'aiment pas, ce n'est pas Forcheville qui fera quelque chose pour lui. Alors j'avais pensé, je ne veux rien faire qui te déplaise, mais nous aurions peut-être pu lui faire une petite rente pour qu'il ne s'aperçoive pas trop de sa ruine, qu'il puisse se soigner chez lui. – Je suis tout à fait de ton avis, c'est très bien de ta part d'y avoir pensé. Mais tu dis "chez lui" ; cet imbécile a gardé un appartement trop cher, ce n'est plus possible, il faudrait lui louer quelque chose avec deux pièces. Je crois qu'actuellement il a encore un appartement de six à sept mille francs. – Six mille cinq cents. Mais il tient beaucoup à son chez lui. En somme, il a eu une première attaque, il ne pourra guère vivre plus de deux ou trois ans. Mettons que nous dépensions dix mille francs pour lui pendant trois ans. Il me semble que nous pourrions faire cela. Nous pourrions, par exemple, cette année, au lieu de relouer la Raspelière, prendre quelque chose de plus modeste. Avec nos revenus, il me semble que sacrifier chaque année dix mille francs pendant trois ans ce n'est pas impossible. – Soit, seulement l'ennui c'est que ça se saura, ça obligera à le faire pour d'autres. – Tu peux croire que j'y ai pensé. Je ne le ferai qu'à la condition expresse que personne ne le sache. – Merci, je n'ai pas envie que nous soyons obligés de devenir les bienfaiteurs du genre humain. Pas de philanthropie ! Ce qu'on pourrait faire, c'est de lui dire que cela lui a été laissé par la princesse Sherbatoff. – Mais le croira-t-il ? Elle a consulté Cottard pour son testament. – À l'extrême rigueur, on peut mettre Cottard dans la confidence, il a l'habitude du secret professionnel, il gagne énormément d'argent, ce ne sera jamais un de ces officieux pour qui on est obligé de casquer. Il voudra même peut-être se charger de dire que c'est lui que la princesse avait pris comme intermédiaire. Comme ça nous ne paraîtrions même pas. Ça éviterait l'embêtement des scènes de remerciements, des manifestations, des phrases[1]. »

M. E. : Les Verdurin vont effectivement doter Saniette d'une petite rente, mais celui-ci va le savoir et se sentir plus rabaissé encore. Tout se retourne très fréquemment dans les relations mondaines. Même la bonne volonté se transforme parfois en son contraire. Et c'est cela que je trouve intéressant dans le personnage de Mme Verdurin. Un petit mot au passage, elle est surnommée « la Patronne » et M. Verdurin « le Patron », mais le patron n'est que le mari de la patronne, et pas le contraire.

R. E. : M. Verdurin, c'est le prince consort.

M. E. : Oui. La décision pour Saniette est prise par Mme Verdurin. C'est son mari qui la lui suggère mais c'est elle qui la prend, avec cette sorte de jouissance à la fois de faire le bien mais aussi de « tenir » Saniette, ce bouc émissaire du monde bourgeois, celui qui n'en maîtrise pas tout à fait les codes, celui qui veut « parler Grand Siècle ». M. Verdurin se moque de ce langage que Saniette est allé chercher soit dans les textes, soit chez les grammairiens de l'époque. Cette volonté de faire à la fois le bien et le mal, c'est vraiment ce qui caractérise les Verdurin. Il y a là une forme de dialectique, de l'ordre du négatif. Les Verdurin sont les héros du roman social, pour Proust.

R. E. : Voici le récit de l'ultime éviction de Saniette.

---

1. *La Prisonnière.*

« C'est bien rendu, hein ? demanda M. Verdurin à Saniette. – Je crains seulement, répondit celui-ci en bégayant, que la virtuosité même de Morel n'offusque un peu le sentiment général de l'œuvre. – Offusquer, qu'est-ce que vous voulez dire ? hurla M. Verdurin tandis que des invités s'empressaient, prêts, comme des lions, à dévorer l'homme terrassé. – Oh ! je ne vise pas à lui seulement... – Mais il ne sait plus ce qu'il dit. Viser à quoi ? – Il... faudrait... que... j'entende... encore une fois pour porter un jugement à la rigueur. – À la rigueur ! Il est fou ! dit M. Verdurin se prenant la tête dans les mains. – On devrait l'emmener. – Cela veut dire : avec exactitude, vous... dites bbbien... avec une exactitude rigoureuse. Je dis que je ne peux pas juger à la rigueur. – Et moi, je vous dis de vous en aller, cria M. Verdurin grisé par sa propre colère, en lui montrant la porte du doigt, l'œil flambant. Je ne permets pas qu'on parle ainsi chez moi ! »

Saniette s'en alla en décrivant des cercles comme un homme ivre.

Certaines personnes pensèrent qu'il n'avait pas été invité pour qu'on le mît ainsi dehors. Et une dame très amie avec lui jusque-là, à qui il avait la veille prêté un livre précieux, le lui renvoya le lendemain, sans un mot, à peine enveloppé dans un papier sur lequel elle fit mettre tout sec l'adresse de Saniette par son maître d'hôtel ; elle ne voulait rien devoir à quelqu'un qui visiblement était loin d'être dans les bonnes grâces du petit noyau.

Saniette ignora d'ailleurs toujours cette impertinence. Car cinq minutes ne s'étaient pas écoulées depuis l'algarade de M. Verdurin, qu'un valet de pied vint prévenir le Patron que M. Saniette était tombé d'une attaque dans la cour de l'hôtel. Mais la soirée n'était pas finie. "Faites-le ramener chez lui, ce ne sera rien", dit le Patron dont l'hôtel particulier, comme eût dit le directeur de l'hôtel de Balbec, fut assimilé ainsi à ces grands hôtels où on s'empresse de cacher les morts subites pour ne pas effrayer la clientèle, et où on cache provisoirement le défunt dans un garde-manger, jusqu'au moment où, eût-il été de son vivant le plus brillant et le plus généreux des hommes, on le fera sortir clandestinement par la porte réservée aux plongeurs et aux sauciers.

Mort, du reste, Saniette ne l'était pas. Il vécut encore quelques semaines, mais sans reprendre que passagèrement connaissance[1]. »

N. G. : C'est magnifique et bouleversant. Ce qui me frappe chez la Verdurin c'est qu'elle passe son temps à essayer de divertir son mari qui s'ennuie sans cesse. Elle le fait avec un art, une invention prodigieuse : les croisières, Bayreuth, etc. Le noyau de la personnalité de la Verdurin, c'est qu'elle veut attirer l'attention de tout le monde. Il faut qu'elle soit le centre d'un clan. D'où les camarades. Quiconque est attiré par autre chose doit être jeté dans la géhenne, ces gens lui font ombrage.

R. E. : Dans le même temps, Nicolas Grimaldi, il faut s'intéresser à la nature de ceux qui sont excommuniés. Saniette, c'est l'archiviste qui bégaye : il est maladroit, c'est une tête de Turc, dont tout le monde a besoin. Le clan se soude ponctuellement sur le dos de Saniette. Vous avez parlé de Brichot tout à l'heure : un petit mot sur lui. Brichot, c'est l'universitaire par excellence, mais d'une institution qui est un astre mort. Par ailleurs cet universitaire patriotique a eu beaucoup de succès pendant la guerre en rédigeant des articles francolâtres, ponctués de formules extraordinaires : « Sachons que le gouvernement saura ouvrir l'œil, et le bon ! ». C'est également celui qui donne l'étymologie de tous les mots, ce qui fascine le narrateur, d'abord, et en même temps le prive de rêver sur les noms auxquels il accorde tant d'importance. Brichot, par exemple, nous donnerait de l'étymologie de « Verdurin »

---

1. *La Prisonnière.*

une explication qui nous aurait privés de la conversation par laquelle nous avons commencé cet échange. Swann, c'est l'élégance, la distinction et la sensualité, bref celui dont toute la nature contredit les Verdurin. Enfin, il y a un quatrième excommunié, Charlus, l'aristocrate, dont Mme Verdurin n'arrive pas à croire ni à entendre qu'il est le frère du duc de Guermantes. Mme Verdurin n'exclut pas seulement ceux qui regardent ailleurs, elle exclut aussi ceux qui, soit par l'authenticité de leur savoir, soit par leur faiblesse, soit par le fait qu'ils sont démunis, soit par leur élégance, sont perçus par elle comme inaccessibles. Avec la Verdurin, il faut se soumettre ou se démettre.

N. G. : Brichot c'est l'universitaire de la maison, mais vient le moment où, pendant la guerre, il acquiert un certain succès, au point d'apparaître à certains comme le nouveau Montesquiou. Aussitôt que Brichot devient célèbre, aussitôt qu'il attire l'attention, Mme Verdurin ne peut plus le supporter. Elle lira tous ses articles, cherchant quel ridicule elle pourrait y trouver, la moindre erreur à signaler, hoquetant de rire devant tant de ridicule...

R. E. : Elle en rit d'avance en entamant la lecture.

N. G. : Si la Verdurin exclut Swann, c'est parce qu'il a eu la maladresse de dire qu'il allait dans des salons brillants, au point qu'elle a eu le sentiment que, même si son salon ne lui paraissait pas inférieur aux autres, il a néanmoins osé le comparer à d'autres. Quant à Charlus, il a eu la goujaterie d'inviter chez elle tout le gotha pour faire connaître Morel, son amant, et tout le monde, au moment de s'en aller le salue, le remercie, sans accorder plus d'importance à Mme Verdurin que si elle était ouvreuse ou préposée aux lavabos. Elle en est si vexée qu'elle décide de brouiller Charlus avec Morel.

R. E. : Il se passe à ce moment-là une scène extraordinaire, dont on parlera plus tard, où Charlus, alors que le narrateur se réjouit d'imaginer qu'il va les pulvériser dans une colère dont lui seul a le secret, se retrouve totalement démuni, regarde tout le monde interloqué en se disant : mais qu'est-ce qui se passe ? qu'est-ce que cela signifie ? C'est un sommet de machiavélisme de la part de Mme Verdurin. Michel Erman, est-ce qu'au fond Mme Verdurin n'excommunie pas tous ceux qui ont plus d'imagination qu'elle ?

M. E. : Tout ce que l'on vient de dire montre que les vanités sociales semblent effectivement le moteur des exclusions, des rebuffades qui sévissent dans le salon Verdurin. Si on y regarde d'un peu plus près – je lis le texte avec une vision dialectique et politique –, les exclusions ont lieu – sauf celle de Charlus – au tout début des années 1880, lorsque le petit noyau est devenu un clan. Dans les années 1880, d'autres salons bourgeois lui font concurrence – en particulier celui d'Odette de Crécy, valorisé par la présence de l'écrivain Bergotte –, une dizaine d'années plus tard, au moment de l'affaire Dreyfus, le salon devient une petite église, avec ses croyants et ses fidèles.

R. E. : Une petite église dreyfusarde.

M. E. : Oui, le centre du dreyfusisme. Les exclusions dont on vient de parler ont lieu au moment où le salon devient clan, avec une relation contractuelle entre fidèles et patrons, selon un ordre moral et politique.

R. E. : L'ordre moral en question, c'est l'ordre « camarade ». On fait profession de « camaraderie » : « Ici on ne se gène pas, on a son couvert mis. » Par ailleurs, vous le disiez, on est dreyfusard. Il y a donc derrière tout cela une morale qui prétend s'opposer aux morales en vigueur.

M. E. : En même temps Mme Verdurin reconnaît ses fidèles comme des êtres autonomes, des individus, des êtres parmi d'autres, mais aussi comme des personnes dotées d'une psychologie, d'une volonté, d'une conscience. Pour des raisons de simple vanité parfois, mais aussi pour des raisons qui lui appartiennent et que nous n'arriverons jamais tout à fait à expliquer – car Proust le dit bien : un personnage est une ombre, dans laquelle on ne pénètre pas –, la Verdurin éprouve le besoin de renverser les choses. Elle a besoin en quelque sorte de leur faire subir l'exclusion, la honte, la rebuffade, tout en continuant – c'est le cas avec Saniette, mais aussi avec Charlus, qui se demande effectivement ce qui a bien pu se passer –, à les retenir, à leur accorder une forme de reconnaissance. Au fond, elle les transforme un peu en esclaves. Au début, dans les années 1880, elle essaye de les séduire, puis elle les invite peu à peu dans son salon. Ensuite, la relation s'inverse, celle-ci devient une relation de maître à esclave. Je vois dans cette dialectique un modèle propre à l'époque, en quelque sorte, ce moment où la bourgeoisie va devenir non pas « de Verdurin », mais « de Guermantes », au moment de la guerre. C'est la bourgeoisie qui s'impose et qui, peu à peu, prend la posture du maître et la conserve.

N. G. : Ce qui me fait penser que la personnalité de Mme Verdurin est principalement un « sidoniocentrisme[1] » : elle veut tout attirer à elle.

---

1. Sidonie est le prénom de Mme Verdurin, *NdE*.

R. E. : Sidoniocentrisme ! C'est génial…

N. G. : Elle veut que tout dépende d'elle, que tous ne pensent qu'à elle, que tout s'agrège à elle, que tout plaisir vienne d'elle. Certes, il y a ce désir d'ascension sociale et de primauté sociale, mais elle veut d'abord, par exemple, qu'aucun célibataire ne se marie. Par exemple, ce peintre, Elstir, pourquoi ne fait-il plus partie du clan ? Parce qu'il a épousé Gabrielle et que Mme Verdurin n'aime pas Gabrielle : c'est elle ou moi. Or Elstir a choisi Gabrielle.

R. E. : Il faut rappeler qu'Elstir est un de ces personnages cardinaux de la *Recherche*.

N. G. : C'est le grand peintre.

R. E. : Celui qui sait, par la peinture, saisir l'objet ultime que le narrateur se donnera pour but de saisir quand il aura sa révélation, et quand il comprendra ce que signifie le temps retrouvé. On en reparlera à la fin de nos échanges. C'est le peintre du singulier, capable de fixer la mobilité…

N. G. : C'est le peintre qui nous restitue la réalité dans le foisonnement et le chatoiement de ses sensations, libérée des limitations, du morcellement et des abstractions de l'intelligence.

M. E. : Il montre de quelle manière on voit en représentant sur la toile ce qui est perçu dans la sensation.

N. G. : Oui, c'est cela.

M. E. : En définitive, l'œil du peintre se trouve dans l'objet.

N. G. : C'est la vision qui n'est pas encore filtrée par l'intelligence.

M. E. : C'est cela.

R. E. : Or, Elstir apparaît dans *À l'ombre des jeunes filles en fleurs*, qui est peut-être, de tous les volumes de la *Recherche*, celui où la vision occupe le plus d'importance, puisque c'est le moment où le narrateur voit les jeunes filles en fleurs, comme des ombres lumineuses, se découper sur le fond de l'horizon. *À l'ombre des jeunes filles en fleurs* est le livre pictural de la *Recherche*, c'est donc également le livre d'Elstir qui, de plus, connaît les jeunes filles en fleurs, notamment la petite Simonet qui, acquérant un prénom, deviendra plus tard Albertine. Un point, Nicolas Grimaldi et Michel Erman : vous avez dit tout à l'heure, Nicolas Grimaldi, que Mme Verdurin n'avait pas d'imagination. Or, l'imagination dans la *Recherche* sert à tout, au désir, à la jalousie, aux noms des pays, à la mémoire, à la réalité, à la nourriture, au rêve, au mensonge, à la création, à la vie. L'imagination, c'est également, dit le narrateur, un médiateur : elle schématise, si j'ose dire, le monde et elle nous rapproche du réel. Pour autant, nous dit encore le narrateur dans *Le Temps retrouvé*, un écrivain qui n'a pas d'imagination peut s'en sortir avec sa sensibilité. La sensibilité sert de palliatif à celui à qui l'imagination fait défaut. Comment comprenez-vous, l'un et l'autre, cette possible substitution de la sensibilité à l'imagination ?

N. G. : L'expérience fondamentale qui parcourt toute la *Recherche* est celle du déficit de ce que l'on voit, de ce que l'on observe, de ce que l'on perçoit, par conséquent de ce qui est présent et qui se donne comme réel à travers la sensation, par rapport à ce que l'imagination nous en avait fait attendre. Non seulement cela est vrai du voyage, des lieux, des personnes, mais cela fait aussi le drame de l'amour. La sensation est ce qui est immédiatement donné ; je ne sais pas si c'est encore la perception. C'est ce par quoi le sujet s'unit à son objet. Ou plutôt c'est ce par quoi l'objet se donne au sujet. On peut donc avoir l'illusion de traduire la réalité en l'observant et en transcrivant tous les petits faits qu'on a observés et vécus, comme le littérateur naturaliste, la littérature d'observation : on racontera comment l'église de Balbec se trouve à la rencontre de lignes des tramways entre le comptoir d'escompte, le bureau des omnibus et le Café. Or tout autre est la réalité qu'attend le narrateur, et qu'il est déçu de ne trouver en aucune sensation, car ce que nous imaginons a l'intensité de ce que nous avons entièrement créé. L'imagination tire tout de l'intériorité. D'autre part, ce que nous imaginons, nous l'imaginons indépendamment d'aucun lieu, d'aucun temps et, par conséquent, dans une sorte d'absolu, dans l'intemporalité de ce qui n'appartient à aucun site ni à aucun moment. Aussitôt rencontre-t-on ce qu'on avait *espéré* découvrir, ce ne peut être que dans le temps et l'espace, soumis à la précarité et à la relativité de tout objet dans l'infinité du monde. Ainsi, le réel est toujours flétri d'une irrémissible précarité et décevant par rapport à ce qu'on en avait attendu.

R. E. : De là toutes les expériences déceptives de la *Recherche*.

N. G. : La *Recherche* est en quête d'une réalité qu'au début on croit impossible à trouver, et qui consisterait à trouver une réalité présente, donc sentie, et qui néanmoins aurait toute l'intensité de l'imaginaire. Il y a une sorte d'alternative dans la plus grande partie de la *Recherche* : on attend de la réalité qu'elle soit aussi intense que ce qu'on avait imaginé, or ce qu'on imagine ne peut être qu'absent.

R. E. : Mais est-ce que le malentendu et l'apprentissage, Michel Erman, ne viennent pas du fait qu'on commence par traquer l'intemporel avant de comprendre que c'est dans le temps lui-même qu'il faut chercher ? C'est perdre son temps que de vouloir échapper au temps. L'objet de l'art est de convertir le précaire en précieux sans lui ôter sa valeur éphémère de sensation.

M. E. : Oui, ce sont effectivement des questions fondamentales de la *Recherche* sans cesse mises en scène pour le lecteur. On essaye d'en faire une synthèse et ce n'est pas si facile : l'intemporel, c'est l'espace nostalgique de Combray restitué de façon discontinue ; quant au Temps, il n'existe qu'à la condition que le narrateur reconstitue le moi qu'il n'est plus et qu'il demeure pourtant dans la mémoire de l'oubli. Je vous entends avec beaucoup d'intérêt mais j'ai l'impression, Nicolas Grimaldi, dans ce que vous venez de dire, qu'il y a une ambivalence de l'imagination, parce qu'elle nous trompe, la réalité est déceptive par rapport à ce que nous imaginons, et en même temps, vous avez dit que c'était l'imagination qui pouvait nourrir la quête de la vraie vie, de la vie retrouvée. Il y a un entre-deux auquel, moi, je suis extrêmement sensible, c'est celui de la sensation. Proust ne parle pas de perception, il parle de sensation et, en cela, il est, d'une certaine façon, phénoménologue. On le sent même proche de certains matérialistes car il essaie de décortiquer la sensation. On vient d'évoquer Elstir. Il y a quelque chose de très intéressant dans sa peinture. Comment voit-on, comment savoir ? se demande-t-il. Par un trompe-l'œil ? On peut se dire qu'on est trompé par ce qu'on sent, par ce qu'on voit ; il ne prononce pas le terme de perception, mais on le devine. En réalité, on s'aperçoit que cette sensation en trompe-l'œil a livré la réalité. Un exemple : quand Swann jaloux va observer l'appartement d'Odette parce qu'il pense qu'elle est en galante compagnie chez elle, il se trompe de fenêtre et se dit : je me suis trompé, tout ça est le fruit de mon imagination. Or il ne s'est pas tropé : Odette était bien ce soir-là avec Forcheville, son amant. Il y a donc effectivement ce mouvement que vous avez décrit, mais aussi ce passage par la sensation et le fait qu'on se rende compte que, si diffuse soit-elle, celle-ci contient une bonne dose de réel.

N. G. : Il me semble que, à la différence d'Elstir, la sensation telle que l'éprouve le narrateur se donne à la fois – ou s'éprouve toujours – comme une promesse et comme une énigme. Les arbres d'Hudimesnil par exemple ...

R. E. : Dans *À l'ombre des jeunes filles en fleurs*, il s'agit d'arbres qu'il croise, et dont il veut conserver quelque chose, mais il ne sait pas encore exactement ce que ces arbres lui demandent implicitement de conserver. En somme, l'énigme de bonheur que ces arbres lui proposent, il ne la comprend pas encore. Il est face à un objet dont il se dit qu'il ne suffit pas de le décrire pour en faire une œuvre d'art.

N. G. : Proust a chaque fois le sentiment que quelque chose s'annonce dans ce qu'il sent, qu'il faudrait déchiffrer, transmuer, traduire, et qui lui échappe. Or, ce qui lui échappe dans la réalité c'est l'essence même de la réalité, dont elle est le signe ; mais ce signe renvoie à autre chose que lui-même. Et ce à quoi renvoie le signe, qui en serait l'essence, qui en serait le noyau, il passe sans l'avoir découvert. La sensation lui fait éprouver qu'on côtoie une réalité qui ne se donne qu'en se dissimulant.

M. E. : Pardon, il me semble voué au monde d'une certaine façon, c'est pour cela que je disais que le narrateur proustien est un peu phénoménologue. Il essaie de comprendre ce que signifie ces signes en s'y confrontant, comme si, dans l'expérience d'Hudimesnil, c'était les arbres qui le regardaient.

N. G. : La signification est certainement dans les signes, encore faut-il les déchiffrer.

M. E. : En fait, il faut élaborer l'impression première car « nous n'identifierons pas les objets si nous ne faisions pas intervenir le raisonnement », nous dit Proust. De plus, il y a une condition à cela : l'impression première doit être source de plaisir, à l'encontre de l'indifférence qui réside dans les perceptions ordinaires.

N. G. : Comme si les choses voulaient me dire quelque chose que je ne sais pas reconnaître.

R. E. : Parfois ces expériences déceptives se multiplient, elles sont concentrées au moment des coups de foudre. Ainsi, l'amour qu'éprouve Swann pour Odette est simultanément le sentiment qu'elle n'est « pas son genre ». Il l'aime sans jamais vraiment douter de ce qu'elle est. Il l'aime sans être dupe de la cristallisation que son amour lui inspire. De même qu'Alceste n'ignore jamais que Célimène est une cocotte, Swann voit bien qu'Odette n'est pas si jolie que son amour voudrait lui faire croire. C'est en cela qu'il n'y a pas cristallisation dans la *Recherche*. Tout se passe comme si, compte tenu de la lucidité qui accompagne la souffrance, l'amour finissait par naître de la promesse d'une déception. Aragon retiendra cette leçon pour écrire la première page d'*Aurélien* (« la première fois qu'Aurélien vit Bérénice, il la trouva franchement laide... ») Et si c'était ça, le coup de foudre ? Non pas l'aveuglement, mais la déception ? Non pas la cécité stérile de l'amoureux transi, mais l'épreuve féconde de l'amour déçu d'emblée ?

Le mystère d'un coup de foudre qui commence par une déception résume, probablement, condense ou concentre en un instant la déception dont le narrateur de la *Recherche* met des années, des centaines de pages à extraire le suc véritable, c'est-à-dire la connaissance du réel. Dans *À la recherche du temps perdu*, à deux reprises, je crois, Mme Verdurin prend des postures marmoréennes, devient statue. À un moment, M. Verdurin parle de Swann et dit : « Je le trouve poseur. » Or, l'idée qu'on puisse « poser » dans son salon, signifiant donc qu'il y a d'autres salons mieux que le sien, rend Mme Verdurin hystérique. « Mme Verdurin immédiatement s'immobilisa, prit une expression inerte comme si elle était devenue une statue, fiction qui lui permit d'être censée ne pas avoir entendu ce mot insupportable de poseur qui avait l'air d'impliquer qu'on pouvait "poser" avec eux, donc qu'on était "plus qu'eux[1]". » Un peu plus loin, Mme Verdurin prévoit une petite sortie à Chatou avec Odette et Forcheville mais ne veut pas que Swann vienne ; sauf que l'un des membres du petit clan fait une gaffe : « Mme Verdurin, voyant que Swann était à deux pas, prit cette expression où le désir de faire taire celui qui parle et de garder un air innocent aux yeux de celui qui entend, se neutralise en une nullité intense du regard, où l'immobile signe d'intelligence du complice se dissimule sous les sourires de l'ingénu et qui enfin, commune à tous ceux qui s'aperçoivent d'une gaffe, la révèle instantanément sinon à ceux qui la font, du moins à celui qui en est l'objet[2]. » Peu

---

1. *Du côté de chez Swann.*
2. *Ibid.*

importent les motifs pour lesquels Mme Verdurin se transforme en statue, ce qui est intéressant c'est de voir à quel point, sous l'œil du narrateur ou sous l'œil de Swann, un être humain tout à sa mobilité, tout à sa précarité d'être humain, peut se statufier. Comment comprenez-vous ces bribes d'éternité, ces cailloux de marbre, que le narrateur distille tout au long de la *Recherche* ?

N. G. : En l'occurrence, il me semble que c'est l'extraordinaire faculté qu'elle a de mettre la réalité entre parenthèses.

M. E. : De s'abstraire du réel.

N. G. : Oui, c'est ça. Comme on dirait : je ne veux pas le savoir.

R. E. : Il s'agit d'art pourtant.

N. G. : Oui, mais c'est en même temps un jeu. Nous avons la faculté de jouer, car jouer c'est se décider à suspendre le réel et à vivre l'irréel comme s'il était le réel. Eh bien Mme Verdurin joue, à ce moment-là, à faire comme si le réel était irréel.

M. E. : Est-ce un moment d'éternité ou bien une fuite hors du réel, hors du temps ?

R. E. : Et si c'était un peu des deux ? Et si les premiers signes de la vocation d'artiste se manifestaient dans un regard qui, spontanément, aurait tendance – un peu comme, quand il voit Charlus, il se dit : c'est « Palamède XV » tel qu'en lui-même l'éternité le fige –, à un peu statufier, à figer des individus mobiles ?

N. G. : Je crois que Mme Verdurin n'entend pas ce que lui dit son mari, comme on ne voit pas une coquille dans un texte. Que quelqu'un puisse poser dans son salon, c'est incompatible avec le style, l'ambiance, les sentiments de son salon. Par conséquent, ça ne compte pas, c'est une incongruité.

M. E. : La question qui peut se poser c'est, effectivement, celle de l'interprétation des signes par le lecteur. Dans *Aurélien* d'Aragon, lorsque Bérénice est perçue par Aurélien comme une femme qui n'est pas belle, on lit immédiatement en germe...

R. E. : ... qu'il est amoureux.

M. E. : Mais on lit aussi l'échec à venir de cet amour. Or, avec les signes proustiens, on ne sait pas. Le système narratif de la *Recherche* fait que le narrateur raconte non pas tant son passé que la manière dont ce passé revient. Et c'est en le racontant ainsi – par le rêve, la mémoire involontaire ; il y a plus de phénomènes de mémoire involontaire qu'on ne le croit en général –, que Proust n'a pas voulu que l'on puisse immédiatement percevoir les choses. Ensuite, on extrait l'histoire de son système de construction, de ces miroitements pour saisir des illuminations de durée.

R. E. : De « durée », c'est-à-dire non plus ce temps quantifiable, linéaire, univoque, le temps de l'horloge et des calculs, mais le temps retrouvé, le temps qui dure au lieu de passer, le temps de l'éternelle communauté des sensations.

M. E. : C'est cela le temps retrouvé. La vie, c'est la littérature, mais la littérature ne se fait qu'à partir du moment où on a retrouvé une conscience qui est une conscience du temps, où le passé n'est plus tragique, n'est plus fait de moments épars, discontinus, disséminés, etc. Il ne faut pas oublier tout de même que ce retour du passé, c'est un retour qui se fait bien souvent par l'expérience du corps. On parlait des premières pages d'*Aurélien*, mais dans les premières pages de *Du côté de chez Swann*, ces fameuses pages sur les chambres où l'insomniaque se souvient des chambres qu'il a habitées – le narrateur ne raconte pas du tout les chambres mais l'expérience du corps perdu, une sorte d'expérience, régressive bien souvent, du corps dans l'espace. En passant par l'expérience du corps, par le retour du temps *via* l'expérience du corps, on revient à la sensation. C'est la raison pour laquelle, j'ai l'impression, comme le disait Georges Poulet, que *À la recherche du temps perdu* « c'est un roman de l'existence à la recherche de son essence » (c'est une très belle formule de Georges Poulet que j'ai toujours eue en tête). Mais retrouve-t-on jamais les essences ? Ou, pour poser la question autrement, est-ce que la fin du roman annonce vraiment le roman que l'on vient de lire ? N'y a-t-il pas là, au fond, un artefact littéraire qui unit l'idée du livre et le livre lui-meme ?

R. E. : Précisons quand même que *À la recherche du temps perdu* peut être lu à la fois comme la découverte de sa vocation par un homme, le récit d'un homme qui découvre progressivement qu'il est artiste, qui devient artiste en découvrant qu'il l'est, et comme le récit rétrospectif, téléologique, ordonnée par cette ultime découverte que l'artiste fait de la façon dont il est devenu artiste. L'histoire d'une chenille qui devient papillon... mais racontée par le papillon. De sorte qu'il faut lire la *Recherche* soit deux fois – ce qui prend du temps, mais ce n'est pas du temps perdu – soit deux fois en une, c'est-à-dire en gardant présent à l'esprit ce double regard, le regard immédiat d'un homme qui découvre sa vocation, et le regard de l'artiste qui se retourne sur les modalités d'une vocation et de son émergence.

N. G. : Pour ma part, je lirais la *Recherche* plus naïvement. Je crois en effet que le roman est un roman d'apprentissage, comme vous dites, que cette expérience de déception indéfinie s'achève dans la découverte que le réel est toujours là, que le passé n'est pas mort et que nous avions passé notre vie dans l'intimité du réel, sans le connaître, sans le découvrir, quasiment en aveugles – c'était devant nos yeux et on ne le voyait pas. Le paradoxe est que le réel nous est rendu alors même qu'il s'agit d'une réalité passée ; mais ce réel ne nous est pas rendu comme il avait été vécu. Il avait été vécu dans l'attente de sa découverte, comme s'il n'avait été qu'un signe, un indice, un succédané de sa véritable essence. C'est ce que Proust appelle, une seule fois, le souvenir involontaire. Je crois l'expression malheureuse, parce que quand on dit « souvenir », le mot nous semble annoncer quelque chose qui est en quelque sorte flétri, ou marqué de l'indice du passé, c'est-à-dire quelque chose qui n'existe plus. Or, le bruit d'une petite cuillère sur une assiette, dans l'hôtel de la princesse de Guermantes, ressuscite le bruit que faisait le marteau du cheminot lorsqu'il frappait sur les roues, sur le chemin de fer qui les conduisait en Bretagne. Du même coup, tout nous est rendu présent.

Cette sensation identique, quoique à des moments différents, l'un passé, l'autre présent, ramène à elle tout ce qui en était solidaire. Non seulement tout ce qui concernait le lieu, son voisinage, sa banlieue, les personnages, mais aussi les sentiments de l'auteur. De sorte qu'il se trouve à la fois et en même temps à Paris et sur la voie ferrée, à

Paris et à Combray, hésitant même entre ce qui est le plus réel des deux. Et il ajoute : finalement ce qui me paraissait le plus réel était toujours celui où j'étais effectivement, quoiqu'il me parût moins beau. Ce qui fait le prestige, le caractère unique, et quasiment salvateur, de cette expérience, que je n'appelle pas souvenir involontaire, c'est qu'elle a toute l'intensité de l'imaginaire, puisque le narrateur la tire de l'intérieur, du fond de lui-même, et cependant tous les caractères de la réalité, puisque c'est une sensation. Nous avons donc l'attestation de la réalité, révélée par la sensation, et l'intensité de l'imaginaire, qui est recréé de l'intérieur. Nous avons, si j'ose dire, une perception qui a toute l'intensité d'une imagination. Et c'est un paradoxe.

Le baron de Charlus

Raphaël Enthoven : Aujourd'hui nous parlerons de l'épouvantable, tonitruant et magnifique baron de Charlus, en compagnie de Nicolas Grimaldi et de Jacques Darriulat.

« Je tournai la tête et j'aperçus un homme d'une quarantaine d'années, très grand et assez gros, avec des moustaches très noires, et qui, tout en frappant nerveusement son pantalon avec une badine, fixait sur moi des yeux dilatés par l'attention. Par moments, ils étaient percés en tous sens par des regards d'une extrême activité comme en ont seuls devant une personne qu'ils ne connaissent pas des hommes à qui, pour un motif quelconque, elle inspire des pensées qui ne viendraient pas à tout autre – par exemple, des fous ou des espions. Il lança sur moi une suprême œillade à la fois hardie, prudente, rapide et profonde, comme un dernier coup que l'on tire au moment de prendre la fuite, et après avoir regardé tout autour de lui, prenant soudain un air distrait et hautain, par un brusque revirement de toute sa personne il se tourna vers une affiche dans la lecture de laquelle il s'absorba, en fredonnant un air et en arrangeant la rose mousseuse qui pendait à sa boutonnière. Il sortit de sa poche un calepin sur lequel il eut l'air de prendre en note le titre du spectacle annoncé, tira deux ou trois fois sa montre, abaissa sur ses yeux un canotier de paille noire dont il prolongea le rebord avec sa main mise en visière comme pour

voir si quelqu'un n'arrivait pas, fit le geste de mécontentement par lequel on croit faire voir qu'on a assez d'attendre,
mais qu'on ne fait jamais quand on attend réellement, puis
rejetant en arrière son chapeau et laissant voir une brosse
coupée ras qui admettait cependant de chaque côté d'assez
longues ailes de pigeon ondulées, il exhala le souffle bruyant
des personnes qui ont non pas trop chaud mais le désir de
montrer qu'elles ont trop chaud[1]. »

Lorsqu'il fait son entrée en scène, Charlus est parfaitement incompréhensible pour le narrateur, dès lors que ce
dernier ignore que le baron lui fait la cour. Charlus
adopte des postures semblables à celles qu'il adoptera au
début de *Sodome et Gomorrhe* devant le giletier Jupien
qui, lui, comprenant parfaitement son manège, y répondra, et la scène se déploiera alors en toute harmonie,
Charlus et Jupien faisant véritablement « connaissance »,
au sens quotidien et biblique du terme. Ici, le narrateur
est totalement hermétique au ballet de Charlus, ce qui
donne à la première apparition de celui-ci une idée assez
précise de ce qui reste de ce qu'on voit quand on ne le
comprend pas.

Nicolas Grimaldi : Charlus tient au narrateur un langage
inconnu. Il n'en voit que des signes dont il ne comprend
pas la signification. Rien ne lui paraît aussi énigmatique
et incompréhensible que le comportement de ce monsieur. Il pointe pourtant des constances dans le comportement de Charlus, lorsqu'il parle de ses regards d'une
extraordinaire activité. Plus tard, il évoquera « les yeux
errants de M. de Charlus, pareils à ceux d'un marchand
en plein vent qui craint toujours l'arrivée de la rousse »,
c'est à dire l'arrivée de la police. En effet, si on ne com-

---

1. *À l'ombre des jeunes filles en fleurs.*

prend pas qu'il se cache, qu'il se dissimule, qu'il veut donner à voir mais sans être vu, on ne comprend rien. Il est toujours à l'affût.

R. E. : Jacques Darriulat, comment comprenez-vous ce hiéroglyphe inévitable, celui d'un individu dont le comportement est pour l'instant provisoirement hermétique au narrateur ?

Jacques Darriulat : C'est un hiéroglyphe pour le narrateur, mais pour nous, qui connaissons la *Recherche*, ce comportement est assez évident. Il me semble qu'il y a une particularité de Charlus, car c'est, de tous les personnages de la *Recherche*, celui dont l'essence est la mieux déterminée. Le trait qui le dessine est gravé avec une grande précision. Il n'en va pas de même avec les autres personnages qui se situent à l'intersection de diverses perspectives parfois contradictoires et qui ne cessent de se transformer – le comble de cette fluidité étant atteint dans le personnage d'Albertine, insaisissable et en parpétuelle métamorphose. À l'inverse, le caractère de Charlus est d'emblée déterminé, il n'évolue pas par lui-même mais uniquement dans la conscience du narrateur qui réalise seulement au début de *Sodome et Gomorrhe* que cet homme est en réalité, pour reprendre le mot de Proust, une « femme ». Je ferais cette proposition, dont je comprends bien qu'elle peut entraîner des critiques : son homosexualité, dont il est l'incarnation absolue, va se déclarer de plus en plus, jusque dans des scènes d'une très grande violence, mais son identité va se révéler à chaque fois davantage. Le progrès du personnage n'est pas dans le pouvoir qu'il a de se métamorphoser selon le regard des autres, mais plutôt dans l'ignorance du narrateur qui ne sait pas reconnaître cette danse nuptiale d'un oiseau exotique soudain fasciné par la rencontre de l'objet sexuel. Le narrateur va comprendre peu à peu l'identité de Charlus jusqu'à sa révélation ultime lors de la rencontre avec Jupien. Je suis frappé par l'importance du regard, de la fixation, comme vient de le dire Nicolas Grimaldi. Dans le passage que vous avez cité, il a des yeux dilatés par l'attention et nous nous souvenons que Charlus a fait une très discrète entrée en scène sur le raidillon de Tansonville, dans « Combray », où il sert pour ainsi dire de duègne : Swann, connaissant son homosexualité, n'a aucun crainte à confier Odette à Charlus. Charlus est donc dans le parc de Tansonville et, de la même façon, le texte dit que l'enfant, qui est très jeune au moment où il rencontre Gilberte par-delà la haie d'aubépines, voit, je cite, « un monsieur habillé de coutil et que je ne connaissais pas, qui fixait sur moi des yeux qui lui sortaient de la tête ». Ce regard fixe est lui-même fixé par l'identité qu'il exprime, un caractère bien déterminé. De tous les personnages de la *Recherche*, il me semble que c'est le plus balzacien. D'ailleurs, Proust lui-même fait référence à Vautrin ou à Carlos Herrera, comme il le nomme (il ne nomme jamais Vautrin). Le propre des personnages balzaciens, c'est qu'ils sont définis par un caractère invariable, qu'ils incarnent un type bien déterminé. Charlus c'est l'homosexualité incarnée, pourrait-on dire, l'homosexualité de Sodome, parce qu'il n'y a pas d'homosexualité en général. Le caractère fixe de son personnage vient de ce que lui-même fixe les autres : il a un regard médusant qui pétrifie sa proie, un regard lui-même pétrifié par l'intensité du désir qui le tend. Charlus serait moins pétrifiant s'il était moins pétrifié lui-même par la rencontre renversante qui le saisit.

R. E. : Revenons sur le caractère balzacien du personnage. Charlus est un lecteur de *La Comédie humaine*. Il a tout lu de Balzac. Il connaît Balzac par cœur, au point de

s'intéresser au fils de Mme de Surgis qui s'appelle Victur-
nien parce qu'il porte le même prénom que le héros du
Cabinet des Antiques. Sur tous les volumes de *La Comédie
humaine* qu'il possède, il a écrit sur la page de garde :
« J'appartiens au baron de Charlus ». Il fait dire à ses
propres livres qu'ils sont sa propriété. Mais ce caractère,
si tant est qu'il ait une essence, est extrêmement changeant, versatile. Charlus, c'est un climat continental : tour
à tour onctueux, extraordinairement colérique, grand seigneur, faible, gentil, de mauvaise foi, antisocial – il a un
amour antisocial pour le premier conducteur de bus
venu. Charlus donne tous les signes, selon l'expression de
Julia Kristeva, d'une « inquiétante étrangeté ».

N. G. : Ces signes, il les donne au moins à son neveu, car
le marquis de Saint-Loup dit au narrateur : il ose me faire
des remontrances sur ma conduite avec Rachel, lui, ce
vieux coureur de jupons... Une autre fois, il ajoute : mon
oncle Charlus est couvert de femmes. En fait c'est la réputation que le baron s'est forgé, au point qu'il explique au
narrateur que lorsqu'il était l'amant d'Odette, au début, il
lui faisait faire des parties terribles, à cinq, à six. Et il
prend bien soin de préciser : j'en étais tellement épuisé
que pour m'en débarrasser je l'ai fourguée à Swann. Son
comportement était suffisamment ambigu pour pouvoir
être interprété d'autant de façons différentes qu'il avait de
témoins.

R. E. : Rappelons que Charlus fut marié, qu'il est veuf,
c'est un point essentiel. Il était marié à une princesse de
Bourbon. Vous avez dit tout à l'heure, Jacques Darriulat :
nous qui connaissons la *Recherche* savons que Charlus est
homosexuel, le narrateur ne le sait pas encore... mais
l'écrivain, lui, le sait déjà ! Est-ce qu'il n'y a pas un peu de
téléologie dans ce travail ? Est-ce qu'au fond l'écrivain ne

pose pas (je m'adresse au torero ici, c'est-à-dire à vous, Nicolas Grimaldi), comme autant de banderilles, quelques points d'accroche qui justifieront ensuite, telle une révélation, l'homosexualité de Charlus ?

N. G. : Vous avez certainement raison. D'un instantané à l'autre, le narrateur nous achemine vers la révélation de ce par quoi Charlus est hanté, envahi : son homosexualité. Rappelez-vous : il appelle un fiacre, il baisse la capote et il fait l'amour avec le cocher. Quand le narrateur se fait voyeur, il monte dans les combles pour observer d'en haut le comportement de ce couple en train de se former.

R. E. : C'est le début de *Sodome et Gomorrhe*.

N. G. : Le narrateur ajoute : la femme, c'était Jupien.

J. D. : Il y a une ambiguïté de Charlus qui vient de quelque chose de fondamental, je crois, pour comprendre la signification romanesque de l'homosexualité dans la *Recherche* : elle vient de ce que ce désir-là est illicite, qu'il est interdit, qu'il faut donc le cacher. Alors on joue. Par exemple, la voix de Charlus a par moments des intonations de contre-alto qui trahissent une autre identité que celle d'un homme à femmes, un homme viril, rôle conventionnel qu'il veut donner à voir, qu'il endosse ostensiblement sur les planches du théâtre. D'ailleurs, dans la scène que vous avez rapportée dans *À l'ombre des jeunes filles en fleurs*, son arrivée (car chaque personnage de Proust a son épiphanie, son arrivée spectaculaire, nous avons parlé du moment où Charlus apparaît tout à coup devant le casino de Balbec) a été préparée par Saint-Loup, qui raconte longuement à son ami que Charlus est un homme terrible, très audacieux, collectionneur de femmes, qui a tant fait souffrir sa femme qu'elle en est morte, si du moins on en croit les propos rapportés par Saint-Loup au narrateur. Donc tout a été fait pour leurrer le lecteur avant même que le personnage ne fasse son entrée en scène. Quant au personnage lui-même, il y a ce détail merveilleux, c'est sa coiffure en brosse, donc très militaire, mais qui se poursuit sur les côtés en gorges de pigeon, ce qui ne va pas du tout avec la brosse. Si vous voulez, l'ambiguïté de Charlus vient de la virilité affichée et de l'homosexualité secrète. En vérité, si peu secrète, tant ce Charlot – affligé d'un suffixe latin, tel le nez rouge sur la tête du clown – ne sait pas cacher son jeu. Et l'histoire de Charlus ne sera que la déclaration de plus en plus manifeste de cette homosexualité latente, qui est sa véritable identité. Il me semble que les autres personnages sont susceptibles de variations ou de métamorphoses plus surprenantes.

R. E. : Dans *Le Côté de Guermantes*, c'est-à-dire après *À l'ombre des jeunes filles en fleurs*, Charlus reçoit le narrateur et lui fait le reproche d'avoir médit de lui, un procédé courant chez cet homme qui est si peu sûr de lui-même qu'il séduit les autres en commençant par bomber le torse et exhiber ses quartiers de noblesse. Or, évidemment, le narrateur en est parfaitement incapable, avide qu'il est d'être intégré dans la société des Guermantes. C'est d'ailleurs une scène étonnante puisque, calomnié, le narrateur, qui n'arrive pas à se défendre finit par se saisir du haut de forme de Charlus, le jette au sol, s'acharne à le disloquer entièrement, arrache la coiffe, déchire en deux la couronne, avant de traverser la pièce pour s'en aller, sous les vociférations de son hôte. On s'attend que le baron agresse le narrateur, or il n'en est rien : Charlus redevient aimable et tendre... Comment comprendre cela ?

N. G. : Je vais vous répondre comme si je n'étais pas un lecteur de Proust. Je vous dirais qu'à cette crise de nerfs le baron de Charlus a reconnu qu'il n'avait pas affaire à un étranger mais à une jeune fille qui piquait sa crise d'hystérie et avec laquelle il allait pouvoir s'entendre.

J. D. : Cette scène reproduit un épisode biographique, et l'on peut dire qu'ici le narrateur est l'écrivain : dans une lettre de décembre 1902, Proust confie à sa mère qu'il s'est comporté de façon semblable envers son ami Fénelon, qui avait eu à son égard un « mot désagréable » : « ... j'ai pris le chapeau neuf qu'il venait d'acheter, je l'ai piétiné, mis en pièces et j'ai ensuite arraché l'intérieur. » On se souvient du mot d'Oriane, qui affuble Charlus du surnom de « Taquin le Superbe ». Charlus est un roi despotique. En piétinant son chapeau, le narrateur détruit sa couronne. Cette crise est effectivement hystérique et révèle l'hypersensibilité nerveuse du narrateur. En ce sens, je vous rejoins tout à fait. Après la scène de l'accouplement qui ouvre en fanfare Sodome et Gomorrhe, Charlus cherche à profiter aussitôt de sa nouvelle liaison avec Jupien, en le priant de lui servir de rabatteur. Aussi lui demande-t-il s'il connaît quelques jeunes grooms ou conducteurs d'omnibus, qui ne seraient pas trop farouches et céderaient, pour quelques billets, à son désir. Charlus alors de confesser que son goût ne le porte que vers de jeunes travailleurs et qu'en revanche en ce qui concerne les jeunes bourgeois (et c'est alors au narrateur qu'il pense), et plus encore les jeunes gens du monde, il ne souhaite pas leur possession physique, mais plutôt la possession de leurs âmes, de telle sorte qu'ils soient à sa « disposition morale ». On peut donc dire qu'il y a là, dans l'hystérie du chapeau piétiné, une sorte d'accouplement immatériel...

R. E. : Il s'agit là de la quintessence de l'amour tel qu'on l'évoquait quand on parlait d'Albertine : la possession des âmes.

N. G. : Tout à fait. En écoutant Jacques Darriulat, je pensais en effet à ce passage, où le narrateur dit qu'il veut prendre possession des âmes de toutes les jeunes femmes qu'il voit. En effet, c'est une vocation très semblable.

« Croyez-vous que cet impertinent jeune homme, dit-il en me désignant à Mme de Surgis, vient de me demander, sans le moindre souci qu'on doit avoir de cacher ces sortes de besoins, si j'allais chez Mme de Saint-Euverte, c'est-à-dire, je pense, si j'avais la colique. Je tâcherais en tout cas de m'en soulager dans un endroit plus confortable que chez une personne qui, si j'ai bonne mémoire, célébrait son centenaire quand je commençai à aller dans le monde, c'est-à-dire pas chez elle. Et pourtant, qui plus qu'elle serait intéressante à entendre ? Que de souvenirs historiques, vus et vécus du temps du Premier Empire et de la Restauration, que d'histoires intimes aussi qui n'avaient certainement rien de "Saint", mais devaient être très "Vertes", si l'on en croit la cuisse restée légère de la vénérable gambadeuse. Ce qui m'empêcherait de l'interroger sur ces époques passionnantes, c'est la sensibilité de mon appareil olfactif. La proximité de la dame suffit. Je me dis tout à coup : "Oh ! mon Dieu, on a crevé ma fosse d'aisances", c'est simplement la marquise qui, dans quelque but d'invitation, vient d'ouvrir la bouche. Et vous comprenez que si j'avais le malheur d'aller chez elle, la fosse d'aisances se multiplierait en un formidable tonneau de vidange. Elle porte pourtant un nom mystique qui me fait toujours penser avec jubilation, quoiqu'elle ait passé depuis longtemps la date de son jubilé, à ce stupide vers dit "déliquescent" : "Ah ! verte, combien verte était mon âme ce jour-là..." Mais il me faut une plus propre verdure. On me dit que l'infatigable marcheuse donne des "garden-parties", moi j'appellerais ça "des invites à se promener dans les égouts".

Est-ce que vous allez vous crotter là ? demanda-t-il à Mme de Surgis, qui cette fois se trouva ennuyée[1]. »

R. E. : Si Charlus est professeur de quelque chose, dans la *Recherche*, c'est bien d'insolence...

J. D. : Oui, il y a une obscénité profonde du personnage, une énorme grossièreté qui peut être dissimulée sous le masque du prince, car Charlus est duc de Brabant et prince d'Oléron, ce qu'il dissimule sous le titre affiché et faussement modeste de « baron ». Tout le mystère de Charlus, toute l'énigme du personnage, tourne autour de ce que Proust entend par... homosexualité : l'homosexualité du côté de Sodome, du côté de l'homme, mais aussi du carnaval, de la futilité des rites sociaux, qui dissimule une jouissance de type animal, extrêmement violente, obscène, au sens où la jouissance met en avant ce que la comédie sociale refoule dans les coulisses. Lorsque Charlus se livre à ce genre de grossièreté, il y prend un certain plaisir : les images, les métaphores enflent en s'appelant les unes les autres, dans une sorte de jouissance intime à afficher, à étaler l'envers ordurier de Sodome dans le monde truqué des bienséances. La chorégraphie de la politesse, entre hommage et révérence, est brutalement perturbée par l'aveu enthousiaste d'un sadisme très anal.

N. G. : Il y a une explication minimale à cette scène extrêmement violente, véhémente, humiliante à l'égard de Mme de Saint-Euverte. C'est que, nous dit le narrateur, Charlus est toujours incapable de résister à ses pulsions. Il est emporté par ses foucades, prisonnier de ses émotions.

---

1. *Sodome et Gomorrhe.*

R. E. : Quant à ses métaphores, c'est une vraie question, quand il fait sa sortie sur la Saint-Euverte, immédiatement il parle d'une « plus noble verdure », il ne cesse de filer la métaphore scatophile.

N. G. : Il me semble, je le dis sans aucune certitude, que cela fait partie de la nature suprêmement aristocratique, ou plutôt de la conscience qu'a Charlus d'appartenir à ce qu'il y a de plus aristocratique au monde, et qu'en dehors de quelques familles dont le lignage remonte au XIe siècle, tout le reste n'existe qu'au titre de figuration.

R. E. : À la fin du *Temps retrouvé*, on retrouve Charlus quasiment atteint de cécité, presque grabataire, qui voit la Saint-Euverte, se penche vers elle et aussitôt, dit le narrateur, « avec une peine infinie et toute l'application d'un malade qui veut se montrer capable de tous les mouvements qui lui sont encore difficiles, M. de Charlus se découvrit, s'inclina et salua Mme de Saint-Euverte avec le même respect que si elle avait été la reine de France. » Au lieu d'être attendrissante, cette démonstration de politesse suscite chez moi une profonde tristesse. Qu'en dites-vous ?

N. G. : Il me semble que deux expériences se rejoignent dans cette attitude. D'une part, Charlus diminué par son infirmité, par la maladie, et qui a vu de près la mort, a été en quelque sorte purifié par cette expérience. Il revient au monde comme pour une deuxième vie, lavée des pulsions de méchanceté, d'insolence, de cruauté de la première. Ne subsiste en lui que sa bonté, dont tout le monde s'accorde à dire que c'est une dominante de sa nature. Seule sa bonté inspire désormais son comportement et ses gestes. Par ailleurs, quand on est aussi grand seigneur et qu'on se rappelle être si haut placé dans la société, si humble qu'on soit, on n'est jamais en bas. De sorte qu'il ne saurait manifester trop de respect, trop de déférence envers quiconque sans cesser d'être le très grand seigneur qu'il est, précisément parce qu'il l'est.

R. E. : Vous avez raison de rappeler la bonté de Charlus. Il a tellement bon cœur qu'il se souvient, mille pages plus loin, de la première rencontre avec le narrateur et de l'affiche qu'il feignait de regarder à cet instant, ce qui prouve qu'il ne feignait pas vraiment de la regarder. Néanmoins, la façon qu'il a de s'abaisser témoigne aussi d'un goût pour la fange, comme dans cette scène :

> « Alors je m'aperçus qu'il y avait dans cette chambre un œil de bœuf latéral dont on avait oublié de tirer le rideau ; cheminant à pas de loup dans l'ombre, je me glissai jusqu'à cet œil de bœuf, et là, enchaîné sur un lit comme Prométhée sur son rocher, recevant les coups d'un martinet en effet planté de clous que lui infligeait Maurice, je vis, déjà tout en sang, et couvert d'ecchymoses qui prouvaient que le supplice n'avait pas lieu pour la première fois, je vis devant moi M. de Charlus. Tout à coup la porte s'ouvrit et quelqu'un entra qui heureusement ne me vit pas, c'était Jupien. Il s'approcha du baron avec un air de respect et un sourire d'intelligence : « Hé bien, vous n'avez pas besoin de moi ? » Le baron pria Jupien de faire sortir un moment Maurice. Jupien le mit dehors avec la plus grande désinvolture. « On ne peut pas nous entendre ? » dit le baron à Jupien qui lui affirma que non. Le baron savait que Jupien, intelligent comme un homme de lettres, n'avait nullement l'esprit pratique, parlait toujours devant les intéressés avec des sous-entendus qui ne trompaient personne et des surnoms que tout le monde connaissait[1]. »

---

1. *Le Temps retrouvé.*

C'est une image stupéfiante que celle de Charlus en Prométhée enchaîné se faisant fouetter dans un bordel, en pleine guerre...

J. D. : Il me semble qu'à l'inverse des autres personnages de la *Recherche* le destin de Charlus est l'avènement progressif de la vérité de l'homosexualité. C'est une sorte de phénoménologie de la sexualité. Ce n'est pas tant Charlus qui change de nature – sa nature est fixée avec la même précision que ses yeux qui lui sortent de la tête quand il fixe l'objet de son désir –, mais sa nature secrète, la crypte de l'homosexualité, qui est peu à peu dévoilée. Cette crypte est, semble-t-il, quelque chose de terrible. En effet, la flagellation du Prométhée enchaîné, qu'on pourrait peut-être comparer à celle du Christ, ressemble fort à une scène de crime. Le narrateur voit des chaînes, il y a du sang, des cicatrices, car ce n'est pas la première fois que Charlus s'expose à cette souffrance masochiste, c'est véritablement une sorte d'exécution effrayante qui le réduit à n'être plus qu'une matière souffrante – ce qui est exactement le but du désir sadique –, et c'est en ce sens que Proust peut dire qu'il est alors enchaîné « au rocher de la pure matière ».

R. E. : C'est quand même un paradoxe pour l'être le plus spirituel du monde qu'est Charlus...

J. D. : Pas nécessairement. La spiritualité peut être le déni de cette horreur d'une pure matérialité que révèle l'obscénité, la grossièreté qui est latente dans l'homosexualité et dont on a parlé tout à l'heure. Il s'agit plutôt de cette ambivalence, qui fait toujours osciller Charlus entre deux extrêmes et qui lui donne ce caractère instable, qui ne vient pas de l'indétermination de sa nature, mais du double-jeu que l'homosexualité doit endosser sur la scène de la société, puisque son désir y est interdit. La scène du Prométhée se situe d'ailleurs dans une ambiance apocalyptique, puisqu'on est très exactement à Pompéi avant que le déluge de lave n'ensevelisse les corps (Pompéi, ville maudite, comme Sodome et Gomorrhe : n'est-ce pas sur les murs de la cité romaine que les archéologues, selon Proust, ont retrouvé l'inscription mystérieuse : *Sodoma, Gomora* ?), dans un Paris nocturne plongé dans les ténèbres pendant le couvre-feu imposé par la Guerre, un Paris tragique où le désir va se célébrer dans le métro, dans l'obscurité. On plonge dans ces ténèbres et on a le sentiment que cet accomplissement du désir homosexuel ne peut s'épanouir que sur la scène fantastique d'un crépuscule des dieux, dans un décor grandiose de fin du monde. Tout le contexte de cette scène met en lumière ce qu'il y a de profondément tragique dans la terrible vérité de l'homosexualité de Sodome – car il n'y a rien de tel du côté de Gomorrhe, où, au contraire, tout est douceur, accomplissement et épanouissement de l'incarnation –, à travers cette scène du Prométhée.

R. E. : Vous dites toujours, Jacques Darriulat, qu'il y a deux homosexualités chez Proust : Sodome et Gomorrhe. Il y a pourtant la fameuse scène de Montjouvain : deux femmes se livrent à des ébats devant la photo du père de l'une d'entre elles, professeur de piano, M. Vinteuil, (lequel est en fait l'auteur de la « petite phrase » musicale dont Swann et le narrateur feront successivement l'hymne de leur amour), et cette scène-là est aussi d'une très grande violence. Violence certes non physique mais symbolique. Est-ce qu'il n'y a pas également chez Gomorrhe quelque chose de Sodome, c'est-à-dire d'extrêmement violent, et qui relève, au fond, de la profanation ?

J. D. : Cette profanation de l'image du père est l'envers ritualisé, théâtralisé, et donc un peu factice, de l'amour profond que la fille éprouve pour le grand artiste que fut son père, ce grand artiste qu'elle est longtemps seule à connaître, tout Combray prenant le vieux monsieur pour un insignifiant professeur de piano. C'est en effet l'amie de Mlle Vinteuil qui, dans la scène de Montjouvain, joue le rôle provocateur de l'initiatrice, qui consacrera de longues années de sa vie à déchiffrer les manuscrits peu lisibles du musicien, et c'est grâce à elle que le septuor sera sauvé de l'oubli, ce même septuor que le narrateur entend lors de la soirée chez les Verdurin et qui inspire une longue méditation sur l'art et la musique, beaucoup plus approfondie que tout ce qui a été dit auparavant sur la petite phrase de la sonate et qui préfigure la construction d'une véritable poétique proustienne qui ne sera vraiment développée que dans *Le Temps retrouvé*. C'est donc grâce à l'amie de Mlle Vinteuil, et grâce à sa fille même, que le compositeur passe à la postérité. C'est la même qui profane l'effigie et qui célèbre l'œuvre. La profanation est donc l'envers de l'amour, à la façon du blasphème qui ne nie pas la croyance, mais en trahit au contraire l'obsession. La profanation est l'envers d'un grand amour, qui n'est l'objet que d'une apparente dénégation, dans la mesure où le père représente simplement l'autorité qui interdit le désir gomorrhéen. Ce n'est pas une profanation criminelle. En revanche, dans l'homosexualité masculine la profanation tend à être criminelle. N'oublions pas que lorsque le narrateur rencontre Morel sur les grands boulevards, peu de temps avant d'entrer dans le bordel de Jupien où aura lieu la scène de la flagellation de Charlus, Morel confie au narrateur qu'il avait une peur épouvantable de Charlus. Et Charlus, rencontré après, lui avoue qu'en effet il a eu raison d'avoir peur, car si Morel était venu, dit-il, « je l'aurais assassiné ». Cet assassinat est l'ultime vérité, et qui ne peut d'ailleurs se manifester que dans cette ambiance apocalyptique d'un Paris semblable à Pompéi dans l'imminence de sa destruction. Il y a bien ici un meurtre véritable. À l'inverse, dans la scène de Montjouvain, le meurtre est symbolique et n'est que l'envers de l'amour du père et de la vénération pour son œuvre. Il y a une différence fondamentale entre les deux scènes. Elles ont en commun d'être deux scènes de voyeurisme. Dans le bordel de Jupien, le narrateur assiste à travers un œil de bœuf, donc voyant sans être vu, à la flagellation de Charlus. Dans la scène de Montjouvain, le narrateur, adolescent, cette fois, caché derrière un buisson, voit par cette fenêtre ouverte, qui est véritablement comme l'embrasure de la scène d'un théâtre, la rencontre des deux jeunes filles. Mais il y a une différence fondamentale : tandis que l'homosexualité masculine veut toujours se cacher, parce qu'effectivement ce qu'elle célèbre est un crime ordurier, ou du moins c'est ainsi qu'elle le perçoit et c'est ce qui lui donne son accent tragique, à l'inverse, les deux jeunes filles – l'amie de Mlle Vinteuil le dit explicitement : « Quand même on nous verrait, ce n'en est que meilleur » – ne cherchent pas du tout à se cacher. Au contraire, le corps jouissant de Gomorrhe jouit davantage encore lorsqu'il est à la croisée des regards désirants, lorsqu'il est exhibé ; il a besoin de se montrer pour jouir de la plénitude de son incarnation. Il ne vit donc pas du tout sa jouissance comme un crime, mais comme un accomplissement qu'il voudrait rendre visible à la terre entière, puisque c'est là le secret du bonheur et de la vie. L'homosexualité masculine, en revanche, a honte de cette matérialité, de cette obscénité qui n'est plus qu'une chair sanglante, qui n'est plus qu'une pure matière lorsqu'il s'accomplit pleinement. Dans la scène de Jupien, il y a sans arrêt des comparaisons animales : la danse nuptiale des oiseaux...

R. E. : ... c'est le début de *Sodome et Gomorrhe*, le narrateur fait un parallèle entre la danse nuptiale de Charlus et Jupien et celle d'un bourdon à la recherche de sa fleur.

J. D. : D'un bourdon et d'une orchidée, je crois. Je crois que la fleur de catleya est aussi une orchidée. Il y a quelque chose d'obscène dans les fleurs, dans la mesure où elles exhibent leur appareil sexuel dans l'attente d'un insecte qui l'ensemence. Il y a donc ici une assomption du sexe dans sa matérialité même. Ce qu'on retrouve d'ailleurs du côté féminin puisqu'on peut dire que Gilberte n'est que la concrétion charnelle de ce qu'annoncent les aubépines. Elle naît, pour ainsi dire, du buisson des aubépines...

R. E. : Le visage de Gilberte apparaît derrière un buisson d'aubépines...

J. D. : La description de ces aubépines est extraordinaire : elles sont roses, ce sont des fleurs d'une matière charnelle et vivante, très matérielles. À la fin de la scène de Jupien, il fait donc allusion au « souci immédiat de propreté », dit-il, qui s'impose après l'accouplement de Jupien et Charlus. Je vais dire des choses un peu étranges, peut-être, mais il me semble, puisque sous l'égide de Sodome et Gomorrhe nous devons penser la jouissance masculine *et* la jouissance féminine, que la jouissance masculine n'est qu'un spasme proche de la souffrance, un spasme qui est une expulsion, une éjaculation. Cette souffrance est une déperdition de soi ou de substance. Bien au contraire, la jouissance de Gomorrhe ne perd rien, mais éprouve le corps comme une fructification interne, un épanouissement ou une illumination intérieure : c'est une plénitude, pas une séparation. Et en ce sens, l'homosexualité masculine, je dirais la jouissance de l'âme, a quelque chose de purement matériel puisqu'elle se réduit à l'émission de cette substance. Alors que la jouissance de Gomorrhe célèbre finalement le mystère de l'incarnation. Elle peut donc être exhibée.

R. E. : Ce que vous dites est si vrai, en un sens, que quand Charlus voit Morel, son amant, au bordel, il ne sait pas lui-même que Morel le voit en train de le regarder. Et le résultat est que Morel n'est plus, dit le narrateur, que son propre fantôme.

J. D. : Il est pétrifié.

R. E. : Il est pétrifié, parce qu'il voit que Charlus est en train de le regarder, de sorte que le désir est immédiatement entravé par l'apparition d'un témoin. Petite parenthèse, pour montrer à quel point les choses sont entrelacées dans la *Recherche* : le père de Morel était au service d'Adolphe, l'oncle du narrateur, chez qui celui-ci a rencontré un jour une « femme en rose », dont il découvrira plus tard qu'il s'agissait d'Odette, c'est-à-dire la femme de Swann, c'est-à-dire également la mère de Gilberte dont il tombera amoureux derrière le buisson d'aubépines. Comme le constate le narrateur qui dresse dans *Le Temps retrouvé* une sorte d'arbre généalogique fou des croisements qui constituent son livre, la *Recherche* est un petit monde où tous les individus se trouvent reliés d'une manière ou d'une autre, au hasard d'un entrelacs buissonnant mais clos.

N. G. : Morel est certainement un violoniste de très grand talent, au sens où sa prestidigitation est tout à fait exceptionnelle. Mais en même temps, nous confie le narrateur, jamais aucune sonate de Beethoven ne l'aurait fait pleurer. Morel est certainement le personnage le plus antipathique, au sens où c'est le seul qui est absolument incapable d'amour et qu'il rapporte tout à lui-même. Il n'a aucune inhibition : se faire passer pour un autre, un aristocrate si possible, séduire... Il aperçoit la nièce de Jupien et a l'idée de l'épouser pour la prostituer à des femmes, imaginant, d'autre part, que parce qu'elle a un atelier de couture, elle pourrait recruter des jeunes femmes qu'elle lui livrerait.

R. E. : Il le dit à Charlus, qui trouve l'idée extrêmement séduisante.

N. G. : Oui, il trouve ça d'une perversité prodigieuse, et c'est ce comble de perversité qui lui paraît quasiment une œuvre d'art. Morel, par ailleurs, accompagne souvent Albertine dans ses promenades, séduit pour elle des jeunes filles qu'il lui livre après les avoir déflorées. Il a même, dit le narrateur, conduit Albertine dans une maison de passe féminine où elle a été prise par quatre ou cinq femmes à la fois. Morel, par ailleurs, déposera une plainte contre le baron, qui sera emprisonné à cause de lui. Il sera déserteur pendant quelques mois pour finalement faire une guerre honorable. C'est donc un personnage qui ne cherche, en toute occasion, que son intérêt, sans que rien ne puisse jamais le retenir.

R. E. : C'est quand même un sale type, Morel. Souvenons-nous de la soirée qu'organise Charlus chez Mme Verdurin afin de décrocher la Légion d'honneur pour Morel. Lorsque le gratin couronné et titré néglige de la saluer, la mère Verdurin en conçoit une colère immense contre Charlus et se précipite sur Morel pour lui dire qu'il est la risée de tout le monde, qu'il passe non pour le gigolo mais pour l'esclave, le pantin de Charlus, que la tutelle du baron (dont la seule recommandation suffirait à ce qu'il n'obtienne pas la Légion d'honneur) le cantonne au rôle d'amateur. Évidemment, elle retourne Morel comme une crêpe. Charlus arrive juste après, sûr de son triomphe, avide des remerciements de son amant et se voit éconduit de la façon suivante :

« "Laissez-moi, je vous défends de m'approcher, cria Morel au baron. Vous ne devez pas être à votre coup d'essai, je ne suis pas le premier que vous essayez de pervertir !" Ma seule consolation était de penser que j'allais voir Morel et les Verdurin pulvérisés par M. de Charlus. Pour mille fois moins que cela j'avais essuyé ses colères de fou, personne n'était à l'abri d'elles, un roi ne l'eût pas intimidé. Or il se produisit cette chose extraordinaire. On vit M. de Charlus muet, stupéfait, mesurant son malheur sans en comprendre la cause, ne trouvant pas un mot, levant ses yeux successivement sur toutes les personnes présentes, d'un air interrogateur, indigné, suppliant, et qui semblait leur demander moins encore ce qui s'était passé que ce qu'il devait répondre. Pourtant M. de Charlus possédait toutes les ressources, non seulement de l'éloquence, mais de l'audace, quand, pris d'une rage qui bouillonnait depuis longtemps contre quelqu'un, il le clouait de désespoir, par les mots les plus sanglants, devant les gens du monde scandalisés et qui n'avaient jamais cru qu'on pût aller si loin. M. de Charlus, dans ces cas-là, brûlait, se démenait en de véritables attaques nerveuses, dont tout le monde restait tremblant. Mais c'est que, dans ces cas-là, il avait l'initiative, il attaquait, il disait ce qu'il voulait (comme Bloch savait plaisanter des Juifs et rougissait si on prononçait leur nom devant lui). Peut-être, ce qui le rendait muet était-ce – en voyant que M. et Mme Verdurin détournaient les yeux et que personne ne lui porterait secours – la souffrance présente et l'effroi surtout des souffrances à venir ; ou bien que, ne s'étant pas d'avance, par l'imagination, monté la tête et forgé une colère, n'ayant pas de rage toute prête en mains, il avait été saisi et brusquement frappé, au moment où il était sans ses armes (car, sensitif, nerveux, hystérique, il était un vrai impulsif, mais un faux brave ; même, comme je l'avais toujours cru, et ce qui me le rendait assez sympathique, un faux méchant : les gens qu'il haïssait, il les haïssait parce qu'il s'en croyait méprisé ; eussent-ils été gentils pour lui, au lieu de se griser de colère contre eux il les eût embrassés, et il n'avait pas les réactions normales de l'homme d'honneur outragé) ; ou bien que, dans un milieu qui n'était pas le sien, il se sentait moins à l'aise et moins courageux qu'il n'eût été dans le Faubourg. Toujours est-il que, dans ce salon qu'il dédaignait, ce grand seigneur (à qui n'était pas plus essentiellement inhérente la supério-rité sur les roturiers qu'elle ne le fut à tel de ses ancêtres angoissés devant le Tribunal révolutionnaire) ne sut, dans une paralysie de tous les membres et de la langue, que jeter de tous côtés des regards épouvantés, indignés par la vio-lence qu'on lui faisait, aussi suppliants qu'interrogateurs. Dans une circonstance si cruellement imprévue, ce grand discoureur ne sut que balbutier : "Qu'est-ce que cela veut dire, qu'est-ce qu'il y a ?" On ne l'entendait même pas. Et la pantomime éternelle de la terreur panique a si peu changé, que ce vieux Monsieur, à qui il arrivait une aventure désa-gréable dans un salon parisien, répétait à son insu les quelques attitudes schématiques dans lesquelles la sculpture grecque des premiers âges stylisait l'épouvante des nymphes poursuivies par le Dieu Pan[1]. »

N. G. : Charlus reste sans voix. Il vit ici le délitement de tout ce qu'il a construit. Il avait en quelque sorte agrégé Morel à sa propre personnalité. Il venait de lui offrir une chose assez exceptionnelle : convoquer le ban et l'arrière ban des princesses et des duchesses pour leur faire admi-rer Morel. Morel le remercie mais pas au sens où Charlus l'attendait. On comprend que Charlus soit totalement désarçonné. Par ailleurs, Mme Verdurin a persuadé Morel que son compagnonnage, pour le dire ainsi, avec Charlus

---

1. *La Prisonnière.*

le rendait ridicule au Conservatoire. Le violoniste se sépare de Charlus au moment même où celui-ci pensait avoir resserré les liens qui les unissaient.

R. E. : Morel est la faiblesse insigne de Charlus... J'aimerais vous poser encore une question à tous les deux. Charlus rejoue dans un salon parisien « l'épouvante des nymphes poursuivies par le Dieu Pan ». Or, quand le narrateur voit Charlus, au début de *Sodome et Gomorrhe*, il le voit déjà sculpté dans le marbre – il le voit d'ailleurs comme une femme. Il l'éternise en même temps qu'il en perce le secret, il le voit déjà vitrifié en « Palamède XV », et cette disposition marmoréenne de Charlus n'est pas sans rappeler Mme Verdurin dont le visage se statufie aussi à l'occasion. Comment comprenez-vous, Jacques Darriulat, Nicolas Grimaldi, ce devenir marmoréen de ces personnages de la *Recherche*, qui rejouent de temps en temps des scènes de l'Antiquité et deviennent eux-mêmes des statues ?

J. D. : Dans le cas de Sidonie Verdurin, son masque figé est un truc de théâtre, comme toutes ses mimiques, comme son fou rire qui lui permet de s'absenter lorsque quelque chose d'insupportable a été dit, soit parce qu'un fidèle du petit clan avoue qu'il est infidèle par fidélité pour un autre clan, soit parce que les codes du clan ont été profanés. Il s'agit donc d'une mimique d'une hypocrisie absolue, et d'une absence jouée qui lui permet ensuite de reprendre l'avantage. Mais il y a peut-être plus encore. Quand elle apprend que l'une de ses créatures trahit la loi du clan en osant fréquenter une autre société, la Verdurin est comme saisie par un froid mortel, à la façon de ces animaux qui, en présence d'un péril extrême, renoncent à toute défense et « font le mort ». « La Patronne » ne vit que pour l'empire qu'elle exerce sur le petit cercle des fidèles, des bons « camarades », et l'idée, même passagère, que cet empire puisse être contesté lui fige le sang et la pétrifie d'angoisse. Quand, sortant de cette absence momentanée, elle revient à la vie, sa fureur est extrême, et elle saura châtier impitoyablement le traître qui ne plie pas sous sa férule. Le cas de Charlus est, me semble-t-il, différent. J'associerais ce marbre aux gisants de Saint-Denis, ces grands rois figés dans l'éternité. La scène que vous avez rappelée – l'assassinat symbolique de Charlus par Morel – est une scène particulièrement dramatique. Charlus est totalement désemparé, il perd tous ses moyens et n'est plus qu'un homme aimant qui souffre. Tout à coup, les masques sont tombés, et paraît à l'immensité presque surhumaine de l'amour de Charlus pour Morel. À ce moment-là, il se fige en son essence la plus sainte, la plus grave, tel un gisant sculpté dans le marbre tel qu'en lui-même l'éternité le change. De même, il apparaîtra dans *Le Temps retrouvé* comme un vieux roi Lear, figure tout aussi pathétique, qui bientôt reposera dans son tombeau de marbre, dans le caveau illustre où dorment pour toujours les ducs et les princes de Guermantes.

N. G. : Je reprendrais volontiers à mon compte tout ce que vient de dire Jacques Darriulat. Il me semble que Charlus rassemble en lui quelque chose de substantiel, et ceci est assez proustien, à savoir cette lignée d'ancêtres continue où le port, l'allure, la grandeur l'emportent sur tout. Doublé d'un grand chrétien. À cela s'ajoute un caractère accidentel : il n'est pas comme son frère, un simple amateur de chevaux ou de femmes, il est homosexuel. À l'instant de la mort, à l'instant de l'éboulement final, ce qui subsiste en lui c'est ce qu'il y a de plus ancien, de plus immémorial : le connétable, le commandeur, la statue de pierre...

R. E. : ... C'est le propre descendant du connétable...

N. G. : D'où le gisant. Il est résumé à ce qu'il y a de plus immémorial en lui, son lignage et sa chrétienté. C'est dans le dénuement que Dieu accueille ses enfants...

Charles Swann

Raphaël Enthoven : Après Albertine, Mme Verdurin et le baron de Charlus, c'est l'élégant, le délicieux, le jaloux et l'artiste raté, Charles Swann, dont il sera question aujourd'hui, toujours en compagnie de Nicolas Grimaldi mais aussi de Mireille Naturel.

« Nous apprenons avec un vif regret que M. Charles Swann a succombé hier à Paris, dans son hôtel, des suites d'une douloureuse maladie. Parisien dont l'esprit était apprécié de tous, comme la sûreté de ses relations choisies mais fidèles, il sera unanimement regretté, aussi bien dans les milieux artistiques et littéraires, où la finesse avisée de son goût le faisait se plaire et être recherché de tous, qu'au Jockey-Club dont il était l'un des membres les plus anciens et les plus écoutés. Il appartenait aussi au Cercle de l'Union et au Cercle Agricole. Il avait donné depuis peu sa démission de membre du Cercle de la rue Royale. Sa physionomie spirituelle comme sa notoriété marquante ne laissaient pas d'exciter la curiosité du public dans tout great event de la musique et de la peinture, et notamment aux "vernissages", dont il avait été l'habitué fidèle jusqu'à ces dernières années, où il n'était plus sorti que rarement de sa demeure. Les obsèques auront lieu, etc.[1]. »

---

1. *La Prisonnière.*

R. E. : Voici ce qu'il reste de Charles Swann à l'instant de sa mort, ce qu'il reste de cet homme qui a aimé, désiré, conduit une étude sur Vermeer, qui a souffert plus que tout homme peut souffrir, un homme estimable entre tous : un hommage un peu poli, que le narrateur trouve dans *Le Gaulois*, cet articulet a quelque chose de désespérant...

Mireille Naturel : Sans doute, mais je pense que le narrateur éprouve le besoin de faire mourir Swann pour devenir écrivain lui-même. C'est dans *La Prisonnière* que cette mort est annoncée ; c'est aussi dans *La Prisonnière* que meurt Bergotte, le double de l'écrivain. On sait que la mort de Bergotte s'inspire d'un malaise que l'auteur, Proust, a eu lui-même au Jeu de Paume. Il y a toujours dans ces morts quelque chose de prémonitoire : la mort de Swann annonce aussi d'une certaine façon celle de Proust ; elle survient quelques mois seulement avant la mort de l'écrivain. Mais, en même temps, *La Prisonnière* est le volume de la rencontre, fusionnelle et déchirante, entre le narrateur et Albertine ; et c'est aussi là que l'on trouve la grande discussion sur la littérature. On sait que cette conversation entre le futur écrivain et Albertine reprend ce qui était annoncé au début et qui a son importance, à savoir la « Conversation avec Maman ». La *Recherche* est née du *Contre Sainte-Beuve* et le *Contre Sainte-Beuve* devait être conçu comme un dialogue entre Maman et le héros qui dénonce la méthode de critique biographique de Sainte-Beuve. Cette mort de Swann est en quelque sorte nécessaire pour que l'écrivain s'affirme et trouve enfin sa vocation dans *Le Temps retrouvé*.

R. E. : Il faut quand même rappeler que le propos du *Contre Sainte-Beuve* est de s'insurger contre la méthode de « Sainte-Bave », ou « Sainte-Bévue », qui consistait à rabattre sur la biographie de l'auteur les péripéties qu'il raconte dans son roman. Peut-être faudrait-il quand même prendre garde à ne pas faire du Sainte-Beuve avec le *Contre Sainte-Beuve* de Proust lui-même. Qu'en dites-vous ?

M. N. : Je ne crois plus les déclarations de Proust. Il dit certaines choses à certains moments de sa vie et ensuite il fait ce qu'il ne voulait pas faire. Il est constamment dans la déclaration paradoxale, dans l'ambiguïté. D'une part, dans certains textes extraits précisément du *Contre Sainte-Beuve,* qui n'a jamais été publié, il s'identifie à Sainte-Beuve. Je pense qu'à travers Sainte-Beuve c'est la délicate question de l'autobiographie qui se pose. Est-ce qu'on peut dire que *À la recherche du temps perdu* n'est pas une œuvre autobiographique ? C'est un objet de débat, et plus on avance dans la *Recherche,* plus on se rend compte que l'écrivain s'inspire d'une certaine façon de sa biographie. Or c'est précisément cette « façon » qui est particulière. Il est évident qu'il ne *transcrit* pas sa vie, qu'il ne veut pas faire de sa vie un roman. Et pourtant, il puise dans sa vie des fragments, comme il puise dans les écrivains qu'il lit des fragments qu'il va intégrer, assimiler à sa narration.

R. E. : Rappelons que le narrateur s'appelle Marcel, comme l'auteur, c'est Albertine qui le baptise en l'appelant ainsi au réveil. « Dès qu'elle retrouvait la parole, raconte le narrateur, elle disait : "Mon…" ou "Mon chéri" suivis l'un ou l'autre de mon nom de baptême[1] », ce qui, en donnant au narrateur le même nom qu'à l'auteur de ce livre, eût fait : « Mon Marcel », « Mon chéri Marcel ». Un autre point : vous avez parlé de Bergotte. Celui-ci meurt en regardant

---

1. *La Prisonnière.*

un tableau de Vermeer, la *Vue de Delft*. Or le tableau de Vermeer et son œuvre font l'objet d'une étude de la part de Swann. Et enfin, pour aller encore dans le sens du parallèle que vous établissez – et je voudrais vous entendre Nicolas Grimaldi sur cette question –, juste après l'annonce de la mort de Swann, le narrateur écrit ceci, et on est là vraiment à la lisière de la vie réelle, si j'ose dire, en tout cas de la vie vécue, celle de Marcel Proust : « Et pourtant, cher Charles Swann, que j'ai connu quand j'étais encore si jeune et vous près du tombeau, c'est parce que celui que vous deviez considérer comme un petit imbécile a fait de vous le héros d'un de ses romans, qu'on recommence à parler de vous et que peut-être vous vivrez[1]. » Or, quand Bergotte meurt, le récit de la mort de Bergotte s'achève par : « Mort à jamais ? qui peut le dire[2] ? » Ainsi, pour Swann comme pour Bergotte, le narrateur envisage la possibilité d'une vie après la mort. Pour Bergotte, on est encore dans l'hypothèse un peu mystique « d'une vie après la mort », d'une vraie vie après la fausse vie qui n'en serait que le vestibule, hypothèse presque un peu théologique dans la *Recherche* et, dans le même temps, ici, l'immortalité de Swann est garantie non pas par Dieu, mais par l'écrivain.

Nicolas Grimaldi : La différence entre l'un et l'autre est que si Bergotte a mérité quelque immortalité, il la devra à son œuvre, tandis que l'immortalité que recevra peut-être Swann, ce sera d'avoir été le personnage d'une œuvre. Il y a une nuance entre les deux, quand même.

R. E. : Mais Bergotte meurt avec le sentiment de ne pas avoir écrit l'œuvre qu'il aurait dû faire...

---

1. *Ibid.*
2. *Ibid.*

N. G. : Oui, mais cela correspond à son œuvre, puisque le narrateur nous rappelle que le seul thème qui parcourt toute l'œuvre de Bergotte est celui de la déception. On fait donc autre chose, on aime autre chose que ce qu'on croyait avoir fait ou aimé. Mais ce que le narrateur anticipe de la sorte, c'est que ses personnages deviendront, comme ceux de Balzac, non seulement des gens qu'il avait rencontrés au cours de sa vie, mais des types, des caractères. Et ceux-là seront immortels.

R. E. : L'immortalité garantie à Swann par le biais de cette œuvre va vraiment avec un mélange des genres, pour aller dans votre sens, Mireille Naturel. Il continue : « Si dans le tableau de Tissot représentant le balcon du Cercle de la rue Royale, où vous êtes entre Galliffet, Edmond de Polignac et Saint-Maurice, on parle tant de vous, c'est parce qu'on voit qu'il y a quelques traits de vous dans le personnage de Swann[1]. » Or, il parle *à* Charles Swann. Il dit à Charles Swann qu'il y a quelques traits de lui dans le personnage de Swann. Ce n'est donc pas à Charles Swann qu'il parle quand il parle à Charles Swann, c'est à Charles Haas, le personnage qui a inspiré le personnage de Charles Swann. On a donc ici un référent objectif, car le tableau de Tissot existe bien vraiment.

M. N. : Effectivement, le tableau existe. Et, d'ailleurs, c'est lorsque ce tableau a été publié dans un journal et que l'on a offert cette reproduction à Proust, qu'il a intégré quelques mois avant sa mort (je crois que c'est en juin 1922) cette allusion à Swann placé dans le tableau de Tissot. Mais Swann existait bien auparavant, évidemment. Pourtant, cette permanence du personnage et cette lecture rétroactive du personnage à partir de ce tableau

---

1. *La Prisonnière.*

sont particulièrement troublantes. Je crois que Proust introduit un pur vertige fictionnel. Il y a un jeu constant de sa part avec l'écriture, avec sa façon de composer. Effectivement, Charles Haas existe, et on pourrait parler longtemps de cette identification entre Charles Swann et Charles Haas. Charles Swann, déjà, a un prénom. Tous les personnages de la *Recherche* n'ont pas de prénom. Certains sont désignés par leur nom, d'autres par leur nom et leur prénom. Toujours est-il qu'il y a déjà, dans la création onomastique de ce nom de Swann, tout un jeu. Charles Haas, *Hase*, lièvre en allemand ; *Swann* en anglais, *Schwan* en allemand, le cygne. Dieu sait, si ce nom a de l'importance dans l'œuvre, puisque c'est la prononciation même qui va devenir un enjeu romanesque.

R. E. : Renvoyons ici l'auditeur au livre remarquable d'Henri Raczymow, *Le Cygne de Proust*[1], dans lequel il explique, en substance, qu'*À la recherche du temps perdu* transforme un lièvre allemand en cygne anglais.

N. G. : Je voulais juste rappeler, ou du moins soumettre à votre jugement, ce fait que si on s'intéresse aujourd'hui à ce tableau qui représente les membres du Jockey-Club, c'est à cause de la personne de Charles Haas. Et, si on s'intéresse à lui, c'est parce qu'il est le modèle supposé d'un personnage qui parcourt toute la *Recherche*. Cela nous indique une fois de plus qu'on ne s'intéresse à la réalité, par exemple le tableau du Jockey-Club, que par les prestiges que nous en a fait prévoir, attendre, l'imaginaire. Pourquoi veut-on aller à Balbec ? À cause de ce qu'en a raconté Legrandin ou à cause de ce qu'en a raconté Bergotte ? C'est-à-dire à cause de l'imagination que cela a suscité en vous et qui vous donne envie de voir

---

1. Gallimard, 1989.

la réalité. Eh bien, de la même façon, ici aussi, c'est à cause du prestige de l'imaginaire qu'on s'intéresse à la réalité de ce tableau.

R. E. : De la même façon que la *Recherche* est truffée – on en a déjà beaucoup parlé – d'expériences trompeuses, où le délire de l'imagination se voit confronté à la pauvre réalité qui l'a inspirée et qui (dans un premier temps en tout cas, c'est-à-dire dans le temps que l'on perd) n'est jamais à la hauteur de ce que l'imagination proposait, de la même manière, Mireille Naturel, je parle sous votre contrôle, quand on regarde la galerie de photos des personnages qui sont censés avoir inspiré ceux de la *Recherche*, ces personnages en noir et blanc ne sont jamais qu'eux-mêmes. C'est-à-dire, au fond, pas grand-chose, en tout cas pas plus que vous et moi. Il y a, de ce point de vue également, par le jeu de l'imaginaire, une expérience déceptive, proprement proustienne, à faire dans le décalage entre ce qu'on imagine de Charles Swann et ce qu'on voit de Charles Haas, comme entre ce qu'on peut imaginer de la mère du narrateur et ce qu'on en voit véritablement.

M. N. : Charles Swann ressemble-t-il physiquement à Charles Haas ?

R. E. : Mais oui ! Dans le tableau, il lui ressemble. Comme lui, il est blond. Il lui ressemble, se tient comme lui.

M. N. : Dans le tableau, mais dans l'œuvre, est-ce que Swann ressemble à Haas ? Parce que Swann en fait ressemble beaucoup au narrateur, même si on a peu de descriptions physiques de Charles Swann. Qu'est-ce que l'on sait ? Qu'il a les cheveux coupés en brosse, comme Proust, sur une photographie à Trouville. On fait très facilement l'identification entre les deux : le spectateur qui voit les photographies de Nadar la fait très facilement, et l'écrivain lui-même s'identifie à Swann. D'ailleurs, dans les manuscrits, il n'y avait pas deux personnages, avec un Swann distinct du héros narrateur. C'est venu peu à peu. Ce qui prouve bien que Swann est un double du héros narrateur. Pourquoi Proust a-t-il fait en sorte que Swann soit à la fois un double de lui et un double de Charles Haas ? Peut-être que, là encore, il faut puiser dans la biographie, il faut savoir qui était Charles Haas.

R. E. : Mais peut-être aussi est-ce parce que le destin de Charles Swann est un destin fondamentalement inachevé. En achevant sa vie, il s'inachève lui-même, puisqu'il achève sa vie sur une œuvre à laquelle il n'a pas donné le jour, contrairement au narrateur dont l'entreprise, elle, aboutit. Rappelons quand même que la *Recherche* finit bien, d'une certaine manière. Il retrouve le temps, contrairement à Charles Swann qui n'a droit qu'à un articulet et à l'immortalité que confère sa présence dans *À la recherche du temps perdu*.

M. N. : Je crois que Proust avait besoin de cette fonction de repoussoir pour permettre à l'écrivain de s'affirmer. Swann c'est lui, mais c'est lui dans l'échec. Pour moi, Swann est un personnage flaubertien, un personnage issu de *L'Éducation sentimentale* qui est le roman de l'échec. Swann serait encore un héritier de Flaubert.

R. E. : Vous avez parlé de Charles Swann et de son visage. Voyons comment Proust le décrit. On se trouve ici dans *Sodome et Gomorrhe* : Charles Swann est mortellement malade.

« [...] c'est avec une stupéfaction presque désobligeante, où il entrait de la curiosité indiscrète, de la cruauté, un retour à la fois quiet et soucieux (mélange à la fois de *suave mari magno* et de *memento quia pulvis*, eût dit Robert), que tous les regards s'attachèrent à ce visage duquel la maladie avait si bien rongé les joues, comme une lune décroissante, que, sauf sous un certain angle, celui sans doute sous lequel Swann se regardait, elles tournaient court comme un décor inconsistant auquel une illusion d'optique peut seule ajouter l'apparence de l'épaisseur. Soit à cause de l'absence de ces joues qui n'étaient plus là pour le diminuer, soit que l'artériosclérose, qui est une intoxication aussi, le rougît comme eût fait l'ivrognerie, ou le déformât comme eût fait la morphine, le nez de polichinelle de Swann, longtemps résorbé dans un visage agréable, semblait maintenant énorme, tuméfié, cramoisi, plutôt celui d'un vieil Hébreu que d'un curieux Valois. D'ailleurs peut-être chez lui, en ces derniers jours, la race faisait-elle apparaître plus accusé le type physique qui la caractérise, en même temps que le sentiment d'une solidarité morale avec les autres Juifs, solidarité que Swann semblait avoir oubliée toute sa vie, et que, greffées les unes sur les autres, la maladie mortelle, l'affaire Dreyfus, la propagande antisémite, avaient réveillée. Il y a certains Israélites, très fins pourtant et mondains délicats, chez lesquels restent en réserve et dans la coulisse, afin de faire leur entrée à une heure donnée de leur vie, comme dans une pièce, un mufle et un prophète. Swann était arrivé à l'âge du prophète[1]. »

C'est un texte limite, comme on dit, on est en pleine physiognomonie. C'est presque du délit de sale gueule, en tout cas, du délit de tête juive. Charles Swann, sous l'effet de la maladie, semble, par un procédé assez proustien finalement – par lequel Charlus rejoint tous ses ancêtres dans la cathédrale de Combray en se sculptant lui-même, en devenant Palamède XV – passer, par un

---

1. *Sodome et Gomorrhe.*

processus d'éternisation du personnage, passer par un retour au judaïsme, mais à un judaïsme construit par l'antisémite, le judaïsme du nez, le judaïsme du faciès...

N. G. : Je serais enclin à le comprendre comme vous, à savoir que les siècles qui le précèdent se retrouvent en lui, au moins par stratification. Mais il me semble que le narrateur n'aurait peut-être pas fait cette remarque si l'affaire Dreyfus, à laquelle Swann prend une très grande part pour défendre Dreyfus, n'était devenue quasiment l'unique souci, l'unique intérêt de Swann dans l'existence, et si elle n'occupait encore tous les esprits. De sorte que c'est l'affaire Dreyfus qui rappelle à Swann son judaïsme (Lady Israels est sa tante). Je lirais cela de la même façon que le narrateur retrouve dans Françoise tel personnage d'une église romane en Champagne, ou qu'il dirait retrouver dans Charlus le portrait d'un connétable qui se trouve à Chantilly.

R. E. : Mireille Naturel, que dites-vous de cette description du visage de Swann, et de ce nez qui se met soudain à pousser ?

M. N. : Je pense que c'est de l'autodérision. Proust est, pour moi, quelqu'un qui joue en permanence. C'est ça qui rend si drôle ce romancier, finalement, malgré ses airs très sérieux.

R. E. : La *Recherche,* il faut le dire, est très drôle. C'est parfois à mourir de rire, si j'ose dire. On rit quasiment tout le temps, à chaque page, il n'y a guère de page sans une ou deux saillies mémorables et hilarantes.

M. N. : Oui, et Proust attache beaucoup d'importance aux nez : je pense aussi au nez de Bergotte, en forme de

coquille. C'est une sorte de caricature de la méthode réaliste, la méthode balzacienne consistant à faire le portrait
d'un personnage des pieds à la tête. Lui, en revanche, ne
retient que quelques traits sélectifs, tout à fait symbo-
liques. Il y a de l'autodérision, car Proust, finalement, est
celui qui, dans la famille, a des traits juifs : il ressemble à
sa mère, alors que Robert, son frère, ressemblait davantage au père.

C'est une scène particulièrement macabre, voire tragique, dans laquelle il introduit de la dérision, puisqu'il
s'agit d'un homme qui souffre, qui va mourir et qui le
sait. Et pourtant c'est une scène mondaine. J'attache
beaucoup d'importance au contexte et à la place des événements. Swann est mentionné plus de mille six cent
fois tout au long de la *Recherche*, presque aussi souvent
que Charlus. Cependant, les deux personnages ne se dis-
tribuent pas de la même façon à l'intérieur du livre.
Swann est présent, omniprésent dans *Du côté de chez
Swann*, c'est tout à fait normal, mais il réapparaît dans
Sodome et Gomorrhe et dans *La Prisonnière*. Dans
l'ouverture de *Sodome et Gomorrhe II*, le héros narrateur
est introduit chez la princesse de Guermantes et cette
entrée dans le milieu aristocratique le rend très anxieux.
Il est finalement reconnu par la princesse de Guermantes
et Swann arrive peu après, déjà annoncé, de façon tout à
fait indirecte, comme allant mourir ou comme étant
déjà mort. Il y a d'ailleurs une invraisemblance romanesque là-dedans : Odette parle de son mari mort. Et on
rappelle à ce moment-là que Swann avait une grand-mère
protestante, on lui attribue une généalogie, c'est donc un
juif converti : cette grand-mère aurait eu comme amant le
duc de Berry, il ne serait donc plus du tout juif, mais catho-
lique, enfin selon des règles généalogiques incompréhensibles, peu importe, on est dans la fiction... Et, finalement,
Swann est reconnu par le prince de Guermantes qui est

antidreyfusard, antisémite. Ces situations sont complètement paradoxales. Mais, là encore, je pense qu'il y a un parallèle établi entre le héros narrateur, qui progresse dans son ascension et Swann qui régresse, qui est déjà annoncé comme malade.

R. E. : Swann est omniprésent... La tentation est grande d'en faire un « chant du cygne » (*song of a swann*), en respectant le sens socratique de l'expression : pour Socrate (dans le *Phédon* de Platon), les cygnes chantent de joie...

N. G. : ... un chant de résurrection...

R. E. : ... un chant de joie et de résurrection promise à celui que la littérature a élu. Swann, à cet égard, qui se trouve souvent en situation mondaine, est peut-être la quintessence, en tout cas la figure par excellence, de celui en qui s'opposent la mondanité et la vraie vie. Il y a plein de passages dans *À la recherche du temps perdu* où le narrateur se plaint que la mondanité l'éloigne de ses projets d'écriture, que les obligations factices de la politesse l'empêchent d'écrire le chapitre qu'il avait en tête, etc. De la même façon, il y a dans la *Recherche* plusieurs moments où un personnage meurt, et ni le duc de Guermantes ni M. Verdurin n'ont le temps de s'y intéresser ; à celui qui annonce la mort, on dit : « Vous exagérez toujours tout » avant de passer à autre chose. Quand Swann annonce qu'il va mourir à ses propres amis, c'est-à-dire au duc et à la duchesse de Guermantes, le duc, qui est en retard à son dîner, lui dit : « Mais non, mais non, mon petit Swann, vous vous portez comme le Pont-Neuf, vous nous enterrerez tous ! » Et Oriane elle-même, son amie, qui n'a pas appris dans son manuel de mondanités comment réagir à ce genre de situation, préfère traiter à la légère l'annonce de cette mort, tout en l'invitant à déjeuner quand il veut. Swann est un personnage tragique : les choses les plus importantes de l'existence – le fait d'avoir à mourir par exemple – sont immédiatement sacrifiées aux obligations factices du divertissement. Et quand on rappelle aux obligations factices la nature de ce qu'elles nous dissimulent, c'est-à-dire l'éminence et l'imminence de la mort, elles se referment aussitôt sur cette révélation et déposent sur elle une chape de plomb et de taffetas.

N. G. : Peut-être serais-je moins sûr de cette contrainte que Swann se serait imposée à cause de ses obligations mondaines. Sans doute ce fils d'un agent de change a-t-il trouvé de grandes satisfactions à être introduit dans le monde si fermé de l'aristocratie. Mais, assez rapidement, il va se libérer de toute obligation et s'il arrivait qu'il rencontrât une jeune femme qui lui plût, c'était assez pour manquer le dîner auquel il était invité. La désinvolture de Swann, qui est notée par tous ses amis dans le milieu aristocratique, est un trait de son caractère. Car il n'est rien qui occupe Swann davantage que le plaisir que lui promet chaque instant. On pourrait dire qu'il est un libertin, un homme de plaisirs qui a su trouver les plus raffinés, les plus exquis, et qui s'est souvent privé de ceux que nous trouverions plus estimables pour d'autres que nous trouverions plus prosaïques, mais qui a toujours préféré une ouvrière, jeune et bouffie comme une rose, au fait de rejoindre le petit clan des Verdurin. Peut-on parler d'un échec de Swann à la fin de sa vie ? Quelqu'un qui n'a cherché de satisfaction que dans l'instant ne peut pas éprouver d'échec, à moins que l'instant n'ait été amer. Dans la vie de Swann, il n'y avait eu que deux buts ou trois. Celui que nous avons vu se réaliser à l'instant même où s'ouvre *Du côté de chez Swann* : l'accès dans le monde aristocratique...

R. E. : Ce qui lui permet d'ailleurs de ne pas s'en vanter...

N. G. : Oui. Deuxième projet, le plus imprévu, c'est vis-à-vis d'Odette. Il va souffrir à cause d'Odette. Et, alors qu'elle lui a fait tant de déclarations d'amour quand il ne l'aimait pas, alors que tout ce qu'il attendait d'elle c'était précisément cela, qu'elle lui déclarât son amour, eh bien, il va devenir jaloux ; et, s'il a épousé Odette, c'est uniquement à cause de sa fille Gilberte. Le premier échec vis-à-vis d'Odette est donc que celle-ci est incapable d'aimer. Le troisième projet, le plus important, celui pour lequel il s'était marié avec elle, avait été de présenter Odette et Gilberte à la duchesse de Guermantes. Et ce projet non plus il ne pourra le réaliser.

> « Il élevait son autre main le long de la joue d'Odette ; elle le regarda fixement, de l'air languissant et grave qu'ont les femmes du maître florentin avec lesquelles il lui avait trouvé de la ressemblance ; amenés au bord des paupières, ses yeux brillants, larges et minces, comme les leurs, semblaient prêts à se détacher ainsi que deux larmes. Elle fléchissait le cou comme on leur voit faire à toutes, dans les scènes païennes comme dans les tableaux religieux. Et, en une attitude qui sans doute lui était habituelle, qu'elle savait convenable à ces moments-là et qu'elle faisait attention à ne pas oublier de prendre, elle semblait avoir besoin de toute sa force pour retenir son visage, comme si une force invisible l'eût attiré vers Swann. Et ce fut Swann, qui, avant qu'elle le laissât tomber, comme malgré elle, sur ses lèvres, le retint un instant, à quelque distance, entre ses deux mains. Il avait voulu laisser à sa pensée le temps d'accourir, de reconnaître le rêve qu'elle avait si longtemps caressé et d'assister à sa réalisation, comme une parente qu'on appelle pour prendre sa part du

succès d'un enfant qu'elle a beaucoup aimé. Peut-être aussi Swann attachait-il sur ce visage d'Odette non encore possédée, ni même encore embrassée par lui, qu'il voyait pour la dernière fois, ce regard avec lequel, un jour de départ, on voudrait emporter un paysage qu'on va quitter pour toujours[1]. »

R. E. : Ce passage sublime montre que, chez Swann, le bonheur est toujours d'emblée un deuil – il n'est pas de bonheur pour Swann qui n'ait simultanément le regret de sa perte. De la même façon, les caresses d'Odette signifieront pour lui, quand il sera jaloux, mortellement jaloux d'elle, qu'elle a donné ses caresses à d'autres hommes et, pis, que d'autres hommes les lui ont apprises. Il n'y a pas de bonheur sans ombre, c'est peut-être une des leçons que le narrateur retient de Swann. Mais lui ressaisit tout ça dans l'art et dans le récit même qu'il en donne, contrairement à Swann.

M. N. : Oui. Mais ce passage là décrit un amoureux. Il est sans doute dans le deuil de l'instant passé, mais il est aussi dans la projection, il aime Odette, il tombe amoureux d'elle lorsqu'il se rend compte qu'elle ressemble à la *Zéphora* de Botticelli. Finalement c'est toujours l'esthétique, le plaisir esthétique qui l'emporte.

R. E. : Et il se retient de l'embrasser comme s'il pressentait qu'en l'embrassant il allait peut-être perdre ce qui fait l'essentiel de l'amour, c'est-à-dire l'attente.

M. N. : Ce personnage de Swann est décidément énigmatique, comme d'ailleurs la plupart des personnages de Proust. On présente Swann comme un indifférent : il va devenir, à la suite d'un rêve, complètement indifférent à Odette, puisqu'il n'est plus jaloux, il ne l'aime plus. Notons

---

1. *Un amour de Swann*

au passage l'importance du thème de l'indifférence chez Proust – je pense à sa nouvelle *L'Indifférent*, qui est une préparation à *Un amour de Swann*.

R. E. : Quand Swann réalise qu'il n'aime plus Odette, il décide de l'épouser.

N. G. : Pour en revenir au caractère pathétique, singulier, solennel de ce moment où Swann découvre *Zéphora* en Odette, il faut se souvenir que Swann connaissait Odette depuis longtemps, qu'elle lui avait été présentée autrefois par des amis, mais qu'elle ne lui avait jamais plu, car il n'aimait pas les femmes à l'air mélancolique, et Odette avait les yeux battus, le teint fané au point de lui inspirer une sorte de répulsion physique. De sorte que, quoique la raccompagnant chaque soir jusque chez elle, il prenait le plus grand soin de ne jamais entrer et craignait qu'elle ne voulût au contraire allumer un désir qu'il n'avait pas. Or il arriva qu'un soir, lorsque, celle-ci dénouant ses cheveux près de son piano, il fut frappé par la ressemblance d'Odette avec Zéphora, la fille de Jéthro, dans la fresque de Botticelli à la Sixtine. Il tombe amoureux d'elle. C'est l'esthète, qui s'éprend à ce moment d'une femme qui pourrait avoir été le modèle de Botticelli. À cause de cette ressemblance avec une œuvre picturale admirable, Odette va soudain le passionner. Cette comparaison est l'œuvre de son imagination. Une fois encore, l'imagination trans-figure la réalité au point que celle-ci devient magnétique : comment pourrait-on aimer la peinture, aimer le Quattro-cento, et rester indifférent lorsqu'on a devant soi le modèle que Botticelli lui-même eût été émerveillé de ren-contrer sur les rives de l'Arno ou du Tibre ? C'est alors que Swann veut l'étreindre, la posséder, car, en possédant Odette il possédera en elle le monde de Botticelli.

R. E. : L'aptitude incroyable de Swann à regarder les êtres comme des tableaux relève peut-être à la fois d'une infirmité, trop humaine, qui consiste à prendre ses désirs pour des réalités et à s'éprendre non d'une personne, mais du vêtement de marbre et de diamants qu'on a posé sur ses épaules, dont on l'a recouverte, mais aussi d'un talent singulier : celui d'éveiller, de développer, en chacun (et dans le narrateur) le goût de saisir le réel dans les « anneaux d'un beau style ». L'illusion amoureuse vaut comme une invitation à préférer la réalité (c'est-à-dire le monde saisi au vif par l'art) à la pauvre vérité du quotidien.

M. N. : Oui. Ce qui finalement relie Odette et Swann, c'est l'art. Dans *La Prisonnière*, lorsque Swann meurt, Proust dit ceci : cher Swann, vous êtes issu d'un tableau de Tissot. Les deux sont donc liés et existent par l'art. La grande problématique de Proust c'est cette confrontation entre l'art et le réel, le réel venant confirmer l'art.

« La marquise se retournant adressa un sourire et tendit la main à Swann qui s'était soulevé pour la saluer. Mais presque sans dissimulation, soit qu'une vie déjà avancée lui en eût ôté la volonté morale par l'indifférence à l'opinion, ou le pouvoir physique par l'exaltation du désir et l'affaiblissement des ressorts qui aident à le cacher, dès que Swann eut, en serrant la main de la marquise, vu sa gorge de tout près et de haut, il plongea un regard attentif, sérieux, absorbé, presque soucieux, dans les profondeurs du corsage, et ses narines, que le parfum de la femme grisait, palpitèrent comme un papillon prêt à aller se poser sur la fleur entrevue. Brusquement il s'arracha au vertige qui l'avait saisi, et Mme de Surgis elle-même, quoique gênée, étouffa une respiration profonde, tant le désir est parfois contagieux[1]. »

---

1. *Sodome et Gomorrhe.*

R. E. : C'est un Swann mourant qui éprouve là une dernière pulsion ; un Swann qui n'a pas, parce que c'est plus fort que lui, renoncé au désir de persévérer dans l'être, n'a pas fait son deuil du désir, contrairement au narrateur qui, lui, saura s'isoler pour écrire son œuvre. Si l'on admet le rapport homothétique entre Swann et le narrateur – le premier exerçant en petit la partition du second –, est-ce qu'on ne peut pas considérer qu'il y a dans ces échecs de Swann – un désir impuissant, une œuvre inaboutie, un deuil qu'il ne parvient pas à faire – la clé du destin du narrateur lui-même, qui, lui, saura renoncer à tout ce qui retient Swann de donner toute sa mesure à son talent ?

N. G. : Je pense tout simplement que Swann jette ce coup d'œil indiscret sur la gorge de Mme de Surgis, comme un dernier regard sur le paradis perdu... Car Swann n'a jamais rien tant aimé que des femmes très en chair, à l'incarnation rose et pulpeuse. Vous avez raison de souligner que nul n'échappe à soi-même et qu'à cet égard c'est la structure de la sensibilité de Swann qui se perpétue jusqu'à ce dernier moment.

R. E. : Vous parlez des paradis perdus. « Les vrais paradis sont ceux qu'on a perdus », Proust le dit quand il doute d'avoir lui-même le talent de pouvoir construire une œuvre. Est-ce qu'il ne s'agit pas, pour « le temps retrouvé », de retrouver, non pas le paradis, mais ce lieu qu'on appelle le réel, où tant de déceptions finissent paradoxalement par conduire à une joie véritable ?

M. N. : Si vous permettez, je voudrais revenir à ce parallélisme entre Swann et le narrateur. Je disais en commençant que Swann incarnait un échec, alors que le héros narrateur parvient à écrire son livre : c'est le repoussoir de l'écrivain. En revanche, Swann, même s'il se sépare d'Odette, vit des moments d'amour parfaitement concrétisés et pleins, à l'inverse du narrateur qui est constamment dans la jalousie, dans la projection, le phantasme. Que se passe-t-il exactement entre le narrateur et Albertine ? On n'en sait rien, je crois d'ailleurs qu'il ne se passe rien. Ainsi les vérités se contrebalancent, si j'ose dire. Pour en revenir au *Temps retrouvé*, c'est effectivement le volume de l'épanouissement...

R. E. : Le thème du paradis perdu invite à penser, au fond, le temps comme un paradis : temps perdu et temps retrouvé...

M. N. : C'est *Le Temps retrouvé* où il a effectivement retrouvé le temps de l'enfance. Il revient d'ailleurs symboliquement à Tansonville et il retrouve Gilberte qui lui apporte un certain nombre de révélations. Mais c'est aussi une projection dans l'avenir de l'écriture : le héros narrateur peut se retirer pour laisser la place à l'écrivain.

R. E. : Comment expliquer le fait que Swann, cet homme si distingué, si élégant, si gracieux devienne, une fois qu'il a épousé Odette, provisoirement snob, au point d'être jugé « puant » par cet imbécile de Norpois ? Comment expliquer qu'il puisse, à un moment de sa vie, tomber sous la juridiction d'un abruti qui le trouve « puant » ?

N. G. : Vous vous rappelez que le narrateur est toujours sur le point de tomber amoureux de toutes les jeunes filles qu'il aperçoit – crémières, vendeuses, ouvrières, midinettes, etc. –, parce qu'il voudrait saisir en elles l'essence de leur profession, de leur terroir : en étant amoureux de Mme Stermaria, il voudrait ressaisir en elle l'essence de la Bretagne. De la même façon, le narrateur précise que si

Swann avait possédé une crémière, il aurait voulu que ce fût avec un tablier empesé, coiffe gaufrée, bref avec l'uniforme de sa profession, de façon à mieux apprécier en elle son milieu, son monde, l'univers romanesque auquel elle appartient. Je suggère qu'après avoir épousé Odette, Swann s'est appliqué à récréer autour d'elle, à sécréter autour d'elle un univers qui lui corresponde, comme le monde balzacien, si différent qu'il soit du monde stendhalien, est néanmoins digne d'être recherché, approfondi, cultivé. Et comment le faire sans se mettre à l'unisson ?

R. E. : La première apparition de Swann se produit au début de la *Recherche*, lorsque Swann vient dîner et que le narrateur enfant attend de recevoir le baiser de Maman. Le départ de Swann est alors vécu par le narrateur comme une libération, la libération de sa mère, et la possibilité du baiser maternel dont sa présence le privait. Symboliquement, peut-on dire qu'il faut, depuis toujours, pour l'auteur, et donc en un sens pour le narrateur, se débarrasser de Swann, pour qu'il puisse, lui, donner le jour à une œuvre où l'on comprenne que *la* vie ne s'arrête pas à la *sienne* ?

M. N. : Swann appartient à l'univers de l'enfance. Vous avez raison, l'enfant a besoin de se débarrasser de deux figures masculines. Celle du père, qui renonce à être au côté de son épouse quand celle-ci passe la nuit au côté de son fils hypernerveux et hypersensible. Et cette autre figure masculine qui retenait sa mère, à savoir Swann, donc une figure masculine qui est une entrave sociale. J'ai l'impression que c'est une sorte de double fantomatique avec qui il règle ses comptes.

N. G. : Swann va occuper divers statuts au long de la *Recherche*. Dans un premier moment, comme vous venez de le rappeler, il a ce statut très singulier d'un monsieur « dont mon grand-père a bien connu son père »... C'est un ami de la famille, mais néanmoins qu'on ne reçoit qu'en l'absence de sa femme ; on ne va pas chez lui, parce qu'on risque de rencontrer celle-ci. Bien plus tard, à Paris, le narrateur fait la connaissance de leur fille, Gilberte, avec laquelle il joue aux Champs-Élysées, il en devient amoureux. Swann n'est donc plus seulement quelqu'un qui venait visiter Tante Léonie ou les grands-parents, c'est aussi le propriétaire de cet empyrée où il y a Gilberte.

R. E. : Le père de son premier amour.

N. G. : Il devient une sorte de divinité tutélaire, de dieu lointain. Et puis, dans un troisième moment, lorsqu'il sera invité chez les Swann, au point d'avoir des relations plus simples avec Mme Swann qu'avec Gilberte, ce qu'il saura de Swann en fera comme un aîné dont l'expérience préfigure celle qui lui reste à subir, celle qui lui reste à découvrir. Et tout ce qu'il aura appris de l'existence de Swann et de son amour avec Odette lui paraît préfigurer ce que sera son amour avec Albertine ; au point que cette référence à Mme Swann ne sera pas pour rien dans les soupçons qu'il nourrira à l'égard d'Albertine.

Le narrateur

Raphaël Enthoven : Quand on a décidé, Nicolas Grimaldi, d'appréhender *À la recherche du temps perdu* par le biais de ses personnages, une telle façon de faire nous semblait une évidence. Quelle meilleure façon d'entrer à nouveau dans le roi des livres que d'emprunter le biais de ses grandes figures ? Albertine, Charlus, Swann et Mme Verdurin sont autant de portes d'entrée. Et puis, autre évidence : pourquoi ne pas parler du narrateur lui-même ? Or, ce n'est pas si simple, car le narrateur occupe toutes les places dans la *Recherche* : il est le narrateur d'un monde dont il est également l'acteur, il est spectateur engagé de ce qu'il décrit, il est juge et partie du monde, avant peut-être de savoir s'en extraire pour justement en extraire la quintessence. De fait, il est intéressant de voir que le narrateur, au même titre que tous les autres personnages de la *Recherche*, a des traits de caractère. Proust a eu l'audace inouïe de donner à ce *je* une valeur empirique. Le narrateur est aussi un sujet de chair et d'affects : il est patriote, il adore sa mère, il n'aime pas Morel, il est susceptible, jaloux, généreux, amoureux, il a besoin de solitude, il aime les petits matins, le coucher de soleil, c'est un contemplatif… et c'est le futur écrivain qui se met parfois dans la position de décrire les passions comme s'il n'en souffrait pas.

Nicolas Grimaldi : La *Recherche* étant écrite à la première personne, il n'y a pas d'illusion plus spontanée que d'identifier le narrateur à Marcel Proust, surtout lorsque Albertine l'appelle « Marcel ». Néanmoins, la *Recherche* nous présente, dans ce personnage qui écrit à la première personne, une expérience – faute d'un meilleur mot – philosophique, quasiment tragique, envahissante, obsédante. Il se sent exclu de la réalité qu'il se représente. Il se sent dans le monde, où qu'il soit, en quelque situation que ce soit, comme un voyeur.

R. E. : Nicolas Grimaldi, est-ce du narrateur ou de vous-même que vous parlez ici ? Le narrateur dit à la fin que, dans ce livre, il veut que chacun soit le lecteur de lui-même, or, il me semble que le portrait que vous proposez de lui vous ressemble trait pour trait.

N. G. : Oui, c'est ce que je dis de moi-même et de lui-même. Je séparerais l'expérience constante du narrateur en tant que sujet de sa représentation du fait que sa représentation l'exclut de ce qu'elle lui représente : il s'exclut de ce qu'il voit, il en souffre. Il voudrait de toutes les façons possibles se rendre attentif au réel pour le saisir. C'est peut-être un mot important : saisir, prendre, appréhender, assimiler. Il voudrait être de plain- pied avec le réel, que le monde n'eût pas de secrets pour lui, pouvoir communier avec lui. Or, il s'en éprouve sans cesse exclu. Par ailleurs, le narrateur est bien un des personnages à part entière de *À la recherche du temps perdu*. À cet égard, il est un personnage avec ses tics, ses manies, ses tournures de caractère, ses aspects déplaisants et amusants. Il me semble qu'il faut quasiment distinguer deux personnages dans le personnage du narrateur : celui qui vit une expérience de l'exclusion, que je me hasarderai à qualifier de métaphysique – le réel le repousse et il ne fait que nomadiser dans un monde qui n'est pas le sien –, et d'autre part ce personnage curieux, impatient, présomptueux, roublard, parfois un peu indiscret, etc. C'est ce qui le rend intéressant.

R. E. : « Et je peux en témoigner, moi, l'étrange humain qui, en attendant que la mort le délivre, vit les volets clos, ne sait rien du monde, reste immobile comme un hibou, et comme celui-ci, ne vois un peu clair que dans les ténèbres[1]. »

Adèle Van Reeth : Ce paradoxe entre, d'un côté, le fait que le narrateur soit sans cesse le sujet de sa représentation et qu'il se vive en tant qu'exclu du monde et, de l'autre côté, cette volonté de saisir le réel dans ses moindres détails, se retrouve dans l'écriture même puisque, lorsqu'on lit *À la recherche du temps perdu,* on a l'impression de connaître les personnages en tant que tels, pour eux-mêmes, et on oublie qu'on ne les connaît qu'à travers le filtre de la subjectivité du narrateur.

N. G. : C'est un thème constant de la *Recherche,* que vous caractérisez parfaitement, que lui-même définit comme un « idéalisme subjectif ». « Idéalisme » au sens où la réalité n'existe que par la représentation que l'on s'en fait, par l'impression, les sentiments qu'on en a. « Subjectif », dans la mesure où je suis seul à sentir ce que je sens, à souffrir comme je souffre, et à ne rien savoir de ce qu'éprouvent les autres. Ce qui fait dire au narrateur que l'univers est le même pour tout le monde et différent pour chacun. En effet, le monde de la représentation a quasiment pour premier corollaire de nous faire vivre dans un monde monadique, où chacun est enfermé à lui-même, sans rien savoir, sans être jamais assuré du sentiment, de l'impression, de

---

1. *Sodome et Gomorrhe.*

ce que ressent l'autre. Il y a un mot terrible dans la *Recherche* : « L'homme est l'être qui ne peut sortir de soi, qui ne connaît les autres qu'en soi, et, en disant le contraire, ment. » C'est l'un des drames de l'amour proustien, on ne connaît jamais personne. Même de toutes jeunes filles en vacances à Balbec, on peut tout supposer. Comme Swann en fera l'expérience avec Odette, il n'est personnage apparemment si simple dont la clarté ne dissimule pas les plus inimaginables noirceurs. Même celle qui partage tous les instants de notre vie, qu'en savons-nous jamais ? M'aime-t-elle, me supporte-t-elle ? Lui suis-je sympathique ? Éprouve-t-elle du plaisir à être avec moi ? Alors, ce n'est pas en épiant le réel qu'on le découvrira, mais en s'isolant, en s'enfermant, en se recueillant dans notre intériorité, pour laisser l'essence des choses se révéler à notre souvenir, un peu comme chez Malebranche, il faut boucher ses oreilles et fermer ses yeux pour être attentif à l'essence des choses.

A. V. R. : Pourtant, le narrateur fait l'inverse. Je pense aux descriptions du Swann amoureux et jaloux dans le premier volume de la *Recherche*. Le narrateur semble souffrir avec Swann, il semble savoir exactement les tourments avec lesquels Swann est en prise. N'y a-t-il donc pas un paradoxe entre le fait d'affirmer que le narrateur préfère vivre les volets clos, les yeux fermés, complètement exclu du monde et, en même temps, le montrer par moments quasi omniscient, semblant déceler exactement les mécanismes qu'il y a en œuvre dans chacun des personnages ?

R. E. : Vous avez dit, Nicolas Grimaldi, qu'il connaissait l'essence des choses ; et si l'objet du narrateur était, non pas de saisir l'essence des choses, mais leur existence ? Ce qui est beaucoup plus difficile.

N. G. : Expliquons-nous. Nous allons nommer « existence » le statut des choses en tant qu'elles sont devant moi en tant qu'objets. La sensation me les livre, mais comme des signes qui dissimulent ou qui ajournent leur signification. L'expérience la plus originaire, la plus précoce et la plus constante dans la *Recherche*, est celle d'être face au réel comme face à des hiéroglyphes attendant d'être déchiffrés. Tant qu'ils ne sont pas déchiffrés, je n'ai affaire qu'à une existence dont l'essence ne m'est pas apparue : qu'est-ce qui fait que les blanches aubépines qui s'enlacent les unes aux autres me semblent annonciatrices de quelque chose ? Je ne le saurai que le jour où j'aurai compris qu'elles sont comme de blanches jeunes filles qui se préparent pour une fête, s'enguirlandent, se parent pour célébrer en mai la neuvaine mariale. Lorsque le narrateur va tenter de transcrire, de traduire, l'essence des aubépines, il va recourir à des métaphores, à des comparaisons. « En essayant de mimer au fond de moi le geste de leur efflorescence, je l'imaginais comme si ç'avait été le mouvement de tête étourdi et rapide d'une blanche jeune fille[1]. » Le procédé de la comparaison chez Proust n'est pas simplement un effet rhétorique, ce n'est pas une locution plus recherchée pour dire la même chose. Elle consiste à nous faire *mimer intérieurement* le mouvement par lequel les choses se font ce qu'elles sont. C'est ainsi encore qu'il comprend le sens d'une vague en mimant l'effort, l'impulsion par laquelle elle saute, jaillit.

R. E. : Vous allez résoudre le paradoxe, que posait tout à l'heure Adèle, d'un homme enfermé, porte close et qui pourtant ressaisit le monde entier. En s'enfermant en lui-même, il devient le contemporain des choses, le contemporain de leur émergence, le spectateur ?

---

1. *Du côté de chez Swann.*

N. G. : Surtout pas le spectateur... Je répondrai en deux moments. Dans un premier temps, je voudrais reprendre l'exemple d'Adèle, à savoir que le narrateur n'est pas si enfermé, si enclos en lui-même qu'il ne puisse revivre, comme de l'intérieur, tous les sentiments et les souffrances de Swann. Lorsque le narrateur entreprend d'écrire *Du côté de chez Swann* ou *Un amour de Swann,* c'est bien plus tard, lorsque les découvertes qu'il a faites lui ont fait comprendre sous quelles conditions le réel pouvait être retrouvé. Ainsi, quand il commence à écrire la *Recherche*, il sait déjà par quel moyen, par quel procédé médiumnique nous avons accès au réel. C'est d'abord en nous en détournant, en cessant d'y être attentif, en ne cherchant pas à le scruter comme si nous voulions le photographier. Par conséquent, toute l'expérience amoureuse du narrateur précède la façon dont il va narrer les amours de Swann. C'est seulement instruit par son expérience qu'il comprendra l'expérience de Swann. De sorte que, quand il voudra expliciter sa propre expérience – sa jalousie, par exemple – il comprendra que tout cela lui a été d'abord suggéré par Swann : qu'on avait peut-être raison de tout soupçonner de la femme aimée, de ne jamais croire à ce qu'elle paraît, etc. Pour comprendre Swann, il n'a donc pas eu à sortir de lui-même. Deuxièmement, s'agissant de la façon dont nous accédons à ce que la réalité a de plus intime, il y a dans un roman de jeunesse de Proust, *Jean Santeuil,* comme une première mouture de *À la recherche du temps perdu*... Un jeune homme y rencontre une poétesse. Or celle-ci sait retranscrire l'essence intime des choses en infusant sa propre essence dans la leur. Il existe donc une sorte de communion, de langage commun, entre la poétesse et la réalité. M'autorisez-vous à dire d'emblée ce qu'est la découverte de la *Recherche* et à signaler en commençant ce qui en est la fin ?

R. E. : Dans la mesure où dans *À la recherche du temps perdu* la fin précède le commencement... et que *À la recherche du temps perdu* est le livre écrit par un homme qui a compris ce qu'il cherchait.

N. G. : Comment le narrateur a-t-il un jour pressenti, puis enfin découvert, la manière d'accéder au réel ? Ne l'ayant découvert qu'avec effort – car le réel ne se donne pas –, le narrateur a pressenti que nous avions mille obstacles à vaincre pour retrouver le réel, qui n'est pas, comme la sensation, immédiatement donné. Nous avons à comprendre, d'une part, ce que nous découvrons, et d'autre part, pourquoi ce qui devrait être donné dans une intuition ne peut être obtenu que par d'aussi laborieux efforts. La première fois, tout le monde en connaît l'exemple, c'est l'épisode de la « madeleine » : soudain, il sent comme un bonheur, comme si quelque chose d'exceptionnel se produisait et, avec difficulté, il cherche à caractériser, à identifier la nature de ce bonheur. Sans y parvenir encore, il découvre que cette madeleine, en fondant dans sa bouche, lui rappelle la sensation toute semblable qu'il éprouvait quand il était enfant à Combray, chez sa tante, lorsqu'elle lui servait une infusion. Tout Combray lui est soudain rendu, vivant, présent, à l'occasion de cette sensation. Pour le moment, il ne va pas plus loin, mais il a déjà découvert que le monde du passé n'était pas un monde aboli, comme nous en persuade le souvenir empirique, banal, le souvenir qu'évoque un album de photographies, mais, au contraire, qu'il gît en nous, non pas à l'état de trace, mais bien vivant. Qu'est-ce alors que le passé ? Un présent qui ne se propose pas à notre action, mais demeure toujours présent en nous.

R. E. : Prenons trois exemples : vous avez parlé de la madeleine, on peut également évoquer le thème de la sonate de Vinteuil, la petite phrase de la sonate de Vinteuil, qui vaut à Swann de revivre littéralement son amour, qui est l'hymne de son amour, ou bien l'expérience des pavés mal équarris... Toutes ces expériences pétrifiantes du narrateur sont décrites par lui dans un vocabulaire qui renvoie au passé mais, au fond, désigne le présent. Quand il goûte la petite madeleine, il comprend progressivement que l'émotion qu'il éprouve n'est pas dans la petite madeleine, puisque plus il la goûte moins il est ému, mais qu'elle est en lui-même, que c'est donc bien en lui-même qu'il doit fouiller, néanmoins ce dont le narrateur a le souvenir, quand il fait l'expérience de la madeleine, ce n'est pas tant le souvenir du passé que ce que Bergson, dans *L'Énergie spirituelle*, appelle le « souvenir du présent ». C'est la réalité toute nue qui lui est offerte, la réalité telle qu'en elle-même l'éternité de l'instant la préserve. Et, de ce point de vue, le narrateur est le contemporain du présent, mais il exprime cette expérience avec une langue, un vocabulaire, qui est à la fois métaphysique et, en même temps, d'une certaine manière, nostalgique. N'y a-t-il pas un écart entre la nature de l'expérience qu'il fait, et le lexique qu'il emploie pour la décrire ?

N. G. : Il nous l'explique. Je crois qu'il n'y a pas de hiatus.

A. V. R. : Les expériences dont on parle rappellent le passé, à l'exception peut-être des clochers de Martinville. Les clochers l'intriguent mais ne lui rappellent rien. On est là dans un pur présent qui semble annoncer quelque chose.

R. E. : En même temps, quand il les décrit, il les congédie : il est tranquille, il peut les mettre de côté à l'instant où il les a évoqués.

A. V. R. : Mais il n'invoque pas le passé, c'est ça qui est intéressant.

R. E. : Comme les arbres d'Hudimesnil.

N. G. : Les arbres d'Hudimesnil en Bretagne, les clochers de Martinville, lui paraissent annoncer une réalité qu'ils dissimulent en même temps qu'ils la suggèrent. D'où ce sentiment de frustration face au réel, comme si le réel se livrait et se dérobait en même temps, ou ne se livrait qu'en se rétractant. D'où ce sentiment qu'on n'a affaire qu'à des signes qui disent : viens deviner, viens chercher ce que je veux dire, ce que j'annonce. Et il va de soi que, puisqu'il n'y a pas d'autre réalité que la sensation que nous en avons, nous n'avons rien d'autre à découvrir dans les choses que la sensation que nous en avons reçue. Ces sensations ne sont pas isolées de tous les sentiments, de tous les affects, de nos attentes, de nos impatiences, de nos angoisses, qui étaient contemporains de cette même sensation.

R. E. : « Tâche de résoudre l'énigme de bonheur que je te présente », disent toutes les expériences qu'il fait.

N. G. : Vous avez à juste titre employé le mot « bonheur ». Pourquoi « bonheur » ? Parce que dès lors qu'une sensation fait soudain surgir, comparaître, une sensation toute semblable que nous avions éprouvée en quelque autre moment, un premier effort consiste à retrouver dans la sensation présente de quoi elle est l'écho : quelle était donc cette autre sensation qui résonne en elle ? Et puis un nouveau travail difficile sur soi-même consistera à déchiffrer, ou plutôt à associer à cette sensation qui vient d'être ressuscitée le monde auquel elle appartient. Car aucune sensation n'est isolée. Chaque sensation exprime un univers, c'est cet univers qui nous est rendu vivant, et nous-mêmes, qui vivions dans cet univers, tel que nous étions à l'instant même où nous éprouvions cette sensation. De sorte que, plutôt que de « souvenir involontaire », je préfère parler de « réminiscence », ou, mieux de « reviviscence », car c'est toujours vivant.

R. E. : Mais dans la mesure où « réminiscence » renvoie non pas au folklore d'un monde intelligible, mais bien à une réalité qu'on reconnaît quoiqu'on la voie pour la première fois, le terme même de « réminiscence », si on le comprend comme le « souvenir du présent », est adéquat pour décrire cette expérience...

N. G. : Je crains que le « souvenir du présent » ne paraisse une charade ou une énigme pour beaucoup de lecteurs.

R. E. : À bon droit, ça l'est d'ailleurs.

A. V. R. : Qu'est ce bonheur que ressent le narrateur au cours de ces expériences ? Le bonheur se distingue déjà du plaisir, parce qu'il y a peut-être du plaisir, mais on est surtout dans le bonheur, et pourquoi ? Il me semble que cela vient du fait que, dans ces moments-là, le narrateur retrouve, sur le mode de la sensation, une réalité qu'il n'avait pas conscience d'avoir perdue.

N. G. : Ce qu'il découvre alors, en retrouvant cet univers qui avait été le sien, c'est que le passé n'est pas passé, qu'il n'est pas aboli. Ces mondes qu'il avait vécus vivent toujours en lui. La preuve en est qu'à ce moment donné il en vient à ne plus savoir ce qui est le plus réel, de sa présence à Paris où il vient de glisser sur un pavé, et de sa présence à Venise où il avait précisément glissé sur un pavé semblable, au baptistère Saint-Marc. Deux réalités sont présentes à la fois. Chacune exclut l'autre, sans doute, mais elles sont toutes les deux aussi présentes. Ce qu'atteste cette rivalité, cette compétition des deux réalités, c'est qu'aucune des deux n'est morte, aucune des deux n'est abolie, et que, par conséquent il y a bien quelque chose d'éternel dans le réel. Les philosophes nous avaient habitués à l'appeler l'essence éternelle des choses, c'est la raison pour laquelle Proust reprend ce lang. ge. Mais cette essence éternelle des choses c'est ce que nous avions vécu dans la pâte affective, dans la pâte sonore de ce que nous vivions alors. Pourquoi est-il si difficile, pourquoi faut-il tant d'efforts pour la retrouver ? Pourquoi faut-il se refuser aux sollicitations de l'existence, s'isoler, se livrer à une contention extrêmement pénible pour se rappeler de quoi il s'agit et soudain sentir l'intense réalité de ce monde où nous vivions et où nous vivons encore ?

R. E. : Il y a un oxymore, peut-être, pour qualifier tout cela...

N. G. : Oui, sûrement.

R. E. : C'est faire l'expérience de l'éternité, qui, en soi, est un paradoxe insurmontable : comment l'éternité peut-elle faire l'objet d'une expérience ?

N. G. : Vous avez raison.

R. E. : Mais, « en réalité », justement – l'expression n'est pas anodine ici –, l'expérience qu'il fait est pleinement une expérience, et d'autant plus « éternitaire » qu'elle n'est qu'une expérience.

A. V. R. : Et qu'elle n'est pas fondée sur la nostalgie. C'est cela qui est important aussi, puisque la perte, elle-même, ne précède pas l'expérience.

N. G. : Comme tout vieillard, j'ai des tics de vocabulaire. Et c'est pourquoi j'hésite. J'entends toujours par « éternité » ce en quoi il n'y a ni quand, ni avant, ni après. C'est la raison pour laquelle j'ai toujours nommé « éternité » ce qui est intemporel. C'est pourquoi je parlerais plutôt d'« intemporalité » que d'« éternité ». Qu'est-ce qui rend si difficile l'accès au réel tel que nous le livre la reviviscence ? Eh bien, tout simplement le fait que nous ayons à vivre, c'est-à-dire à agir dans le présent. L'ordinaire de notre mémoire ne retient du passé que ce qui est utile à l'action présente : j'ai appris comment il faut mettre le couteau et la cuillère, comment prendre le verre. Je ne retiens ordinairement du passé que ce qui s'en perpétue ou s'en répète dans le présent : ce qui est usuel. À cet égard, je ne sais pas ce que Proust a pu lire de Bergson, ce dernier est un cousin de Proust, Bergson est né en 1859, Proust en 1871. Or Proust reprend à son compte la conception que Bergson a de l'intelligence comme faculté de l'adaptation à l'action. Et comme tel, solidaire de l'intelligence, le langage ne consiste qu'à rappeler du passé ce qui convient au présent. Le langage usuel, intellectuel, pragmatique est, par conséquent, incapable de traduire ce qu'a de singulier et de non renouvelable l'instant de notre sensation. Il faut donc tordre le langage, chercher des images, des métaphores, détourner le langage de sa fonction usuelle pour arriver à transmuer, traduire, donner des équivalents, des analogies, autant dire des comparaisons et des métaphores, de ces expériences vécues naguère.

R. E. : Pour ne pas sombrer dans l'écueil bergsonien, qui dit que « nous ne voyons pas les choses mêmes, mais seulement les étiquettes qu'on a posées sur elles », et que ce sentiment de généralité où périssent les détails est accru par le langage dont les mots généraux peinent à saisir des réalités singulières, il faut donc travailler le langage de l'intérieur. De là, l'importance de l'onomastique dans la *Recherche*, la nécessité de travailler sur les noms, de là, également, l'importance de la métaphore qui, comme un compas, réunit deux éléments disparates, de la même façon qu'il s'agit de réunir le passé, le présent et, d'une certaine manière, l'avenir, dans « un peu de temps à l'état pur ».

A. V. R. : Mais lequel des deux précède l'autre ? Qu'est-ce qui est premier ? L'expérience qui nous indique ce réel ou la sensation et la volonté de chercher ce réel qui nous échappe ? Ou bien les deux sont-ils concomitants ?

N. G. : Il me semble, mais vous me direz si je me trompe, ce qui n'est pas impossible, que presque toute la *Recherche*, depuis le début, n'exprime que le deuil de la réalité : je vis dans la proximité, dans la promiscuité du réel, mais sans rien en saisir car il ne se livre pas. Je ne suis donc qu'un voyeur, je n'en vois que l'écume, l'apparence, tout m'échappe, y compris ma propre vie. Ma vie est une sorte de songe où apparaissent des décors, mais sans que je ne saisisse aucune réalité. Je vis hors de moi-même, comme dépossédé de moi-même par le fait même que je suis dépossédé du réel. Je suis comme les ombres aux Enfers. Il n'y a donc pas de désir plus obsédant, plus tenace et, en un sens, plus dramatique que cette obstination à découvrir, à saisir ce qu'est le réel. On ne vit que dans le sentiment de la perte. Et voilà que surgit ce qu'on appelle le souvenir involontaire, cette expérience de la résurrection de ce qui a naguère été vécu. Par conséquent, cette expérience du temps perdu... cette expérience de la perte du réel, précède le réel retrouvé.

A. V. R. : C'est l'insatisfaction elle-même qui nous permet d'être disponibles et ouverts à cette expérience.

R. E. : Ce sont les expériences déceptives. C'est l'impasse à laquelle m'exposent les expériences décevantes que je fais qui inaugure le désir et celui de le surmonter. Il faut en venir à cette « résurrection », qui est en réalité une vie pleinement vécue, puisque à l'instant où le narrateur comprend ce que doit être sa vocation, à l'instant où les expériences pétrifiantes se succèdent, se multiplient, il se rend à une matinée chez Mme Verdurin, devenue princesse de Guermantes par un bon mariage, et il découvre alors un phénomène dont il commence par penser que c'est la plus grande objection à l'entreprise qui est la sienne : les ravages du temps. C'est le temps qui transforme les hommes en fantômes, les cocottes en grosses dames, les juifs en snobs, les snobs en momies, les nobles en agonisants. C'est le temps qui détruit, décompose, annihile toute chose. Et, parallèlement, il découvre (pas dans le même temps, dans un autre temps, mais il ne le sait pas encore), que, comme un masque de théâtre, le temps est simultanément un destructeur et un sculpteur possible. À partir de là, il se fait deux idées de la mort. Il y a une mort qu'il ne redoute plus, celle qui viendrait clore une existence tout en longueur, sur un échec ; la mort de Swann, au fond. Mais il a juste peur de mourir, parce qu'en mourant il serait tout bêtement privé du plaisir d'extraire le minerai dont il est à la fois la source et le trépan. Il y a ici une juxtaposition de deux expériences dont l'une résout la première. De la même façon que, pour Bergson, la matière est le support de l'esprit – il n'y a pas d'esprit sans matière, on ne peut pas penser si on est mort, et pourtant la pensée ne se réduit pas à ce qui fait la vie de mon corps –, eh bien, il y a chez Proust l'idée qu'en mourant il sera privé de coucher sur le papier l'expérience qui lui a valu de n'avoir plus peur de la mort.

N. G. : C'est très juste. La mort est ce qui empêchera mon œuvre de commencer – j'ai failli dire : la mort comme interruption –, et par conséquent qui me privera de retrouver le réel. Mais si je suis privé de retrouver le réel, cela veut dire que je n'aurai jamais réellement vécu, puisque je n'aurai jamais vécu la réalité. J'aurai vécu pour rien.

R. E. : C'est la mort de Bergotte.

N. G. : La mort serait donc la radicalisation de l'absurde.

R. E. : C'est celle de tous ceux qui meurent avant d'avoir vécu dans la *Recherche*.

N. G. : Oui, mais chacun d'eux pourrait dire, comme Swann et comme le narrateur : la mort, je ne la crains pas, car je suis déjà mort bien des fois, autant de fois que j'ai survécu à une de mes précédentes amours. Car le moi n'est autre chose que la concrétion de mes habitudes. En quittant une personne que j'avais aimée, j'ai dû me défaire de l'essentiel de moi-même, me quitter moi-même pour recommencer une autre vie, comme par une sorte de migration métempsychique. Ainsi je suis mort autant de fois que j'ai vécu de désamours.

A. V. R. : Ce qui fait de l'écriture non pas une activité parmi tant d'autres dans la vie, mais une manière de vivre au sens fort du terme, pleinement et complètement.

N. G. : L'écriture est l'initiation à la vie éternelle, à la vie intemporelle. L'écriture est une ascèse, une entreprise extrêmement difficile, parce qu'elle exige la plus grande précision dans le maximum de suggestions. Rien n'est plus imprécis qu'une métaphore et, cependant, il faut qu'elle corresponde exactement à la réalité qu'elle évoque, qu'elle suggère, et qui est unique. Ce qu'il faut restituer c'est le sentiment, la sensation, l'impression, la tonalité, la musicalité de ces instants-là.

> « Je n'avais jamais vu commencer une matinée si belle ni si douloureuse. En pensant à tous les paysages indifférents qui allaient s'illuminer et qui, la veille encore, ne m'eussent rempli que du désir de les visiter, je ne pus retenir un sanglot quand, dans un geste d'offertoire mécaniquement accompli et qui me parut symboliser le sanglant sacrifice que j'allais avoir à faire de toute joie, chaque matin, jusqu'à la fin de ma vie, renouvellement, solennellement célébré à chaque aurore, de mon chagrin quotidien et du sang de ma plaie, l'œuf d'or du soleil, comme propulsé par la rupture d'équilibre qu'amènerait au moment de la coagulation un changement de densité, barbelé de flammes comme dans les tableaux, creva d'un bond le rideau derrière lequel on le sentait depuis un moment frémissant et prêt à entrer en scène et à s'élancer, et dont il effaça sous des flots de lumière la pourpre mystérieuse et figée. Je m'entendis moi-même pleurer[1]. »

R. E. : On est ici à la fin de *Sodome et Gomorrhe*. Le narrateur est saisi d'une tristesse absolue puisqu'il vient de comprendre, du moins croit-il qu'il le comprend, qu'Albertine est gomorrhéenne, il en a la certitude à cet instant, il est désespéré. Et cette douleur, parce qu'il est capable de la saisir et de la décrire de cette manière, qu'en fait-il ? Il la convertit en connaissance. De ce point de vue, il résout le paradoxe insurmontable de l'existence qui, de douleur en douleur, s'abîme jusqu'à la mort.

N. G. : Oui. Et cela manifeste combien Adèle avait raison de nous rappeler que le réel retrouvé n'est pas retrouvé une deuxième fois, comme une répétition. On le retrouve tel

---

1. *Sodome et Gomorrhe*.

qu'on ne l'avait jamais vécu, tel qu'on aurait dû le vivre, mais tel qu'on n'avait pas su le vivre, parce qu'on était distrait par la vie intellectuelle. Si ces paysages qui étaient ma vie m'étaient indifférents, c'est parce qu'un décor m'y tenait lieu de réalité, mais sans densité, sans épaisseur, sans vie. La réalité, en changeant de densité, a changé de statut. On pourrait le dire en termes plus philosophiques.

A. V. R. : Et pourtant, cela, Proust n'a pas besoin de l'écrire pour le comprendre puisque Proust et le narrateur, vous l'avez dit, le savent déjà *avant* de l'écrire. L'écriture n'est-elle pas plutôt une entreprise qui consiste à essayer de coucher sur le papier cette vérité pour la communiquer ?

R. E. : Est-ce que le narrateur, au fond, ne fait pas que recopier ce dont il a l'intuition ?

N. G. : Si Proust était philosophe, comme vous, vous auriez raison. Proust nous procure d'abord la description de l'illusion : nous n'avons jamais accès au réel parce que nous cherchons, dans le réel, à apercevoir ce que nous avons imaginé ; deuxièmement, parce que nous vivons de façon intellectuelle, nous ne nous préoccupons de trouver dans le présent que ce qui est utile à l'action future, à l'action immédiate, qui va venir ; troisièmement, vous ne pourrez découvrir le réel que si, une sensation vous étant donnée, elle aura la chance de ressusciter une autre sensation qui agrège autour d'elle tout le monde auquel elle appartenait. Une fois que vous aurez dit cela, la thèse est finie, et nous avons la philosophie de Proust. Mais ce réel qu'il n'a pas su vivre, ce réel qu'il n'a fait que côtoyer, ce réel dont il n'était que le voyeur et qu'il n'a pas véritablement, ni intensément, ni intimement vécu, il est encore temps de le vivre aujourd'hui. De sorte que la vraie vie commence en même temps que la vie empirique cesse. La vraie vie commence lorsque nous ne sortons plus, lorsque nous ne voyons plus le soleil se lever, lorsque nous ne descendons plus dans la rue. Alors tout Combray revient, dans sa jeunesse, dans sa fraîcheur, dans son intensité et dans sa douleur.

A. V. R. : Par conséquent, « La vraie vie, la seule vie vraiment digne d'être vécue, c'est la littérature ».

N. G. : C'est cela.

R. E. : « Cette dimension du Temps que j'avais jadis pressentie dans l'église de Combray, je tâcherais de la rendre continuellement sensible dans une transcription du monde qui serait forcément bien différente de celle que nous donnent nos sens si mensongers[1]. » Et le narrateur poursuit en disant : « Mais enfin je pourrais [...] m'abstenir de les détacher de leur cause à côté de laquelle l'intelligence les situe après coup[2]. » Le narrateur livre peut-être de cette manière la formule secrète, ou le mode d'emploi, de la construction d'un livre. Quand on écrit un livre, Nicolas Grimaldi, vous savez bien qu'on commence par prendre des notes sans vraiment savoir pourquoi ni où les notes que l'on prend trouveront leur place. Merleau-Ponty dit ceci : « Un livre c'est une situation ouverte, dont je ne saurais pas donner la formule complexe, et où je me débats aveuglement jusqu'à ce que, comme par miracle, les pensées et les mots s'organisent eux-mêmes. » Est-ce que ce n'est pas ce miracle au fond, ce miracle d'une organisation – je ne parle pas de fabrication ici, mais d'une organisation ; pourtant le narrateur parle de fabrication, il dit vouloir construire son livre comme une robe plus que comme une cathédrale –, néanmoins, est-ce qu'il ne livre pas au fond le miracle d'une

---

1. *Le Temps retrouvé*
2. *Ibid.*

science intuitive ou d'une intuition spontanée, géniale et permanente, qui lui permet tout simplement de sentir – sans toujours le comprendre – que le miracle s'opère, que les mots finissent par s'organiser eux-mêmes, alors qu'au départ il ne savait pas pourquoi il était attentif à telle chose plutôt qu'à telle autre ?

N. G. : Il me semble que nous, tous les trois, quand nous écrivons, nous possédons déjà le sens de ce que nous voulons communiquer. Nous avons le choix des exemples, des analyses et de leur organisation, de leur articulation pour rendre l'argumentation cohérente et persuasive, convaincante. Nous aspirons à susciter une impression de réalité à nos lecteurs, avec suffisamment de cohérence, de prégnance et de vivacité pour que cela ait l'air réel. Pour Proust, c'est l'inverse. Le réel, il l'a vécu, il l'a dans sa mémoire, mais c'est un livre en braille pour quelqu'un qui ne sait pas lire avec ses doigts. Il n'a affaire qu'à un grimoire de signes indéchiffrables. Par conséquent, l'entreprise de Proust est une entreprise de « salvation ». C'est sa propre vie qu'il veut sauver de l'anéantissement, de l'étrangeté, de l'incompréhension. Quand je lis Proust, je ne refais pas l'expérience de Proust. La lecture de *À la recherche du temps perdu* n'est pas pour moi la même expérience que celle qu'il a écrite. C'est lui qui retrouve la vie qu'il a véritablement vécue et qu'il avait perdue.

A. V. R. : Et pourtant il commence par la fin...

N. G. : Vous avez raison.

R. E. : Et il voudrait qu'en le lisant chacun fût le lecteur de lui-même.

N. G. : Mais son coucher du soleil, sur les tables de la salle à manger du Grand-Hôtel, à Balbec, ce n'est pas ma vie. Ses jeunes filles en fleurs ne sont pas les miennes. De sorte que si je comprends intellectuellement ses expériences et son entreprise, il me reste à la mener pour mon propre compte. La sienne ne me dispense pas du travail que j'ai à mener pour moi-même. Car, je le répète, l'univers est le même pour tout le monde et différent pour chacun. Et si je veux retrouver ce que j'ai vécu, il me reste à tapisser ma chambre de liège, à ne plus jamais sortir et à me mettre à écrire le côté de Combray.

R. E. : Ou bien, tout simplement, Nicolas Grimaldi, à vous laisser à ce point infuser par la *Recherche*, à vous y plonger tant et tellement qu'au bout d'un moment le monde entier se prête à une telle lecture, à vous laisser hanter par la *Recherche* de sorte que Proust devienne à lui seul une façon de voir le monde, une invitation à regarder le monde avec la candeur, la naïveté qu'il suppose, naïveté qui s'obtient paradoxalement au bout de tant de médiations, tant de savoir, tant de culture. Au fond il y a une façon de vivre ce qu'il raconte qui ne consiste pas à s'imaginer ce qu'il représente – on tomberait alors dans un procédé anti-proustien –, mais qui consisterait tout simplement à s'inspirer de ce qu'il écrit, au sens physique du terme, à inspirer l'air de ce qu'il écrit.

N. G. : Personnellement, je peux dire qu'une très grande partie de ma vie a été tellement imbibée de Proust, presque à mon insu, que je tiens pour une expérience vécue indubitable, incontestable, ce que peut-être je n'ai vécu que dans *À la recherche du temps perdu*, à savoir que l'imagination a plus d'intensité que tout ce qu'on peut jamais percevoir. Cette expérience, l'ai-je vraiment faite, ou l'ai-je seulement faite chez Proust ? Je n'ai pas la réponse.

A. V. R. : C'est pour cette raison que, d'un côté, l'urgence de Proust à écrire *À la recherche du temps perdu* avant de mourir, parce qu'il sent qu'il va mourir, n'est pas uniquement l'urgence d'écrire, mais bien de vivre, puisque, on l'a dit, l'écriture est une autre manière de vivre, une deuxième vie. D'un autre côté, il écrit aussi pour être lu et pour diffuser ce savoir dont lui-même a eu l'intuition et qu'il tente de transformer en écriture.

N. G. : Il y a également autre chose. Depuis combien de temps a-t-il promis à Maman de devenir écrivain ? Depuis combien de temps son père a-t-il annoncé à ses amis que son fils avait renoncé à devenir diplomate et se consacrerait à la littérature ? Même de façon posthume, il ne peut décevoir ni sa grand-mère, ni sa mère, ni son père. Le petit Marcel tient sa promesse.

R. E. : Plus le narrateur explore la singularité des choses et du monde, plus il la rend communicable, plus il la rend sensible, perceptible. Imaginons qu'on se promène dans la campagne et qu'on entende le cri d'un oiseau. Il n'y a pas un bruit, il y a juste un oiseau, une corneille, une pie, ce que vous voulez, dont le cri résonne à l'infini dans un ciel bleu. En disant cela, je décris une expérience, je la décris au sens de « décrire », et je la *décrie* au sens de « décrier », tant je la manque en me contentant de la décrire. Voici ce qu'elle donne dans la *Recherche* :

« Divisant la hauteur d'un arbre incertain, un invisible oiseau s'ingéniant à faire trouver la journée courte, explorait d'une note prolongée la solitude environnante, mais il recevait d'elle une réplique si unanime, un choc en retour si redoublé de silence et d'immobilité qu'on aurait dit qu'il venait d'arrêter pour toujours l'instant qu'il avait cherché à faire passer plus vite[1]. »

N. G. : C'est le début des *Mémoires d'outre-tombe* et nous allons nous retrouver à Combourg.

R. E. : Mais alors c'est très intéressant ce que vous dites, parce qu'effectivement, la seule occurrence, me semble-t-il, des *Mémoires d'outre-tombe* dans la *Recherche*, c'est le chant d'une grive.

N. G. : C'est ça.

R. E. : Cet hommage à Chateaubriand nous rend contemporains d'une expérience, mais surtout la rend infiniment perceptible, indéfiniment perceptible.

N. G. : Bien sûr. Il me semble que le grand enseignement de Proust c'est que, contrairement aux descriptions, par ailleurs si admirables, de Sartre, Proust nous a montré que la perception est taillée dans l'étoffe même de l'imaginaire et que c'est l'imagination qui fait voir. Vous vous rappelez de très nombreux exemples d'erreur de perception. Le narrateur est sur le point d'entrer dans la chambre de Saint-Loup, à la caserne de Doncières, et il entend des gens qui s'empressent de déchirer des papiers, de pousser des meubles. Il ose pousser la porte : ce sont simplement les bûches dans le feu qui s'écroulent. Alors que nous avions cru percevoir, nous n'avions fait qu'imaginer. Il dira même ensuite que s'il n'avait pas su, il aurait cru que c'était quelqu'un qui se mouchait bruyamment. Une autre fois, il est dans son lit, le matin, et il entend le bruit d'une altercation ; ça devient une dispute, ça devient une émeute. Finalement, c'est une

---

1. *Du côté de chez Swann.*

charrette qui bringuebale sur les pavés. Une autre fois, il entend le jappement d'un chien : c'est le calorifère de sa voisine... Bref, la perception est une imagination corrigée. Et cela me donne à penser que la perception est, un peu comme chez Hippolyte Taine, taillée dans l'étoffe de l'imaginaire. Percevoir c'est en quelque sorte imaginer, mais de façon plus juste, plus adéquate, plus conforme. L'imagination, et c'est de là que vient la déception, nous fait anticiper le réel. L'imagination est une œuvre tirée de l'intériorité et ce que nous tirons de l'intériorité n'est pas soumis aux contraintes, aux limitations, aux restrictions, à l'entourage du réel. C'est pourquoi ce que nous imaginons n'est pas effrangé par la promiscuité du réel. Mais ce que nous imaginons, dans sa pauvreté, a néanmoins un caractère quasiment absolu. D'une part, le passage de l'imagination à la perception sera un peu comme le passage de l'absolu au relatif. Mais, plus important, imaginer ne consiste pas à représenter, comme le pensaient les philosophes classiques au XVIIe siècle, et même encore au XVIIIe, l'imagination n'est pas le résidu d'une perception. Imaginer, la plupart du temps, c'est vivre intérieurement, mimer intérieurement, c'est le propre de Proust. Imaginer, c'est préparer tous nos muscles, tous nos nerfs, à vivre ce que nous sommes sur le point de nous représenter. Il s'agit donc d'une imagination sans images, qui mobilise tous nos muscles, nos poumons, les battements de notre cœur, de sorte que ce que nous imaginons a une intensité que n'a jamais la perception, laquelle est davantage de l'ordre de la représentation. Le passage de l'imagination à la perception devient le passage de l'absolu au relatif, de l'intense au détendu, et de ce qui est le plus passionnément vécu à ce qui nous laisse indifférent.

A. V. R. : Est-ce que ce que vous dites là sur l'imagination n'est pas ce qui permet de comprendre l'omniprésence du thème de la jalousie au sein de *À la recherche du temps perdu* ? Puisque la jalousie est une affaire d'imagination...

N. G. : Entièrement.

A. V. R. : À plusieurs reprises au sein du texte, on a l'impression que Proust lui-même préfère la jalousie, et donc l'imagination d'un monde qui n'est sans doute pas réel, à la connaissance qui viendrait démentir l'imagination mais qui, du coup, comme vous le dites, ferait passer à la perception et donc perdrait en intensité.

N. G. : Vous avez tout à fait raison, mais je crois qu'on devrait distinguer le statut de la jalousie de Swann et celle du narrateur, car Swann ne sentira son amour pour Odette que le jour où, ayant préféré s'attarder avec une petite ouvrière, jeune et bouffie comme une rose, avant de se rendre chez les Verdurin, il arrive si tard – parce qu'il n'avait pas perdu son temps – qu'Odette est déjà partie. « Mais elle vous fait dire qu'elle est à la Maison Dorée. » Avec son cocher il court à la Maison Dorée, elle n'y est pas. Il va vers tous les lieux où elle avait quelque chance d'être et il ne la trouve nulle part. Soudain un manque, un précipice sous ses pieds. Le monde lui manque. Tout se délite. « Il me la faut. » Pourquoi la lui faut-il ? Elle n'est pas son genre, elle n'est pas intelligente, ce n'est pas le genre de beauté qu'il aime, il ne la désire pas. Oui, mais cela fait déjà deux ans, que tous les soirs, à sept heures, elle est à côté de lui, dans la calèche ; il l'accompagne chez elle, ils se disent des galanteries plus ou moins précieuses. Ce qui lui manque, c'est une habitude. En perdant son habitude, il sent son moi disparaître. Il vit sa propre mort. C'est une agonie. Pour mettre fin à la douleur de cette agonie, il lui faut retrouver Odette. La jalousie nous fait sentir le besoin d'une autre personne, le besoin de sa présence, et c'est ce besoin que nous nommons alors l'amour. Ce qui n'empêche pas que, lorsque nous retrouvons la présence, nous retrouvons en même temps l'ennui qu'elle nous procure. La jalousie de Swann est provoquée par la soudaine douleur de ne pas retrouver Odette. Il se dit : « Que fait-elle ? l'ai-je perdue ? » Qu'il l'ait perdue, quand on connaît Odette, ce n'est pas improbable, et il a raison, elle était avec Forcheville. Pour le narrateur c'est complètement différent. Il est absolument persuadé, il nous le dit deux ou trois fois, qu'Albertine est une brave fille, bonasse, qui n'a pas d'instincts pervers, qui n'a pas une sensualité très exacerbée. Il vit donc paisiblement, tranquillement avec elle.

R. E. : Il dit même à Swann qu'il n'a jamais éprouvé de jalousie, et Swann lui répond : « Vous avez de la chance. »

N. G. : En effet, chez le duc de Guermantes, lors de cette soirée que vous avez évoquée dans un précédent chapitre, où Swann fait connaître l'imminence de sa mort à ses plus proches amis, Swann interroge le narrateur et lui dit : « Avez-vous jamais été jaloux ? – Non, c'est une expérience que je n'ai jamais encore éprouvée. – Eh bien, vous avez de la chance. » Si, au tout début, ce n'est pas désagréable, assez rapidement cela devient la pire des tortures, la pire des souffrances. Mais le narrateur va commencer par imaginer des soupçons, pour, en quelque sorte, s'effrayer, s'effarer, s'affoler de la perte possible d'Albertine, tout assuré qu'il est qu'il n'y a pas le moindre risque. Donc nous avons affaire ici à une jalousie qui n'est provoquée par rien d'extérieur : elle pourrait m'avoir quitté, joue-t-il à s'inquiéter, elle pourrait ne pas revenir. Mais, elle est là, dans la pièce d'à côté. Néanmoins, on peut toujours imaginer qu'elle est peut-être en train de comploter, pour retrouver telle femme ou telle autre. Il y a, chez le narrateur, une propension à imaginer. Ce jeu de la jalousie suscite ses propres phantasmes, les organise. Le voici entré dans le monde du soupçon. Pris à son propre jeu, tout va lui paraître suspect. Du coup, il va vivre, si j'ose dire, sur la brèche, comme un détective, comme un policier, cherchant toujours à faire une nouvelle découverte. S'il ne trouve rien, c'est qu'elle cache très bien son jeu… Jusqu'au jour où elle meurt. Une fois Albertine morte, la jalousie n'a plus aucune raison d'être, rien ne peut plus la justifier. Il ne peut perdre ce qu'il a déjà perdu. Alors va se développer ce qu'il appelle « une jalousie de l'escalier » : il va chercher à savoir avec une sorte de frénésie qui elle a pu connaître, fréquenter, quelles mœurs ont été les siennes, quels plaisirs étaient les siens, les endroits où elle se rendait. Il va payer Aimé, l'ancien maître d'hôtel de Balbec, pour qu'il lui rapporte tout ce qu'il pourra découvrir sur Albertine. Il en sort effaré, car tout ce qu'il a pu soupçonner en pensant que c'était totalement aberrant se révèle vrai, et bien plus vrai encore.

Le snobisme

Raphaël Enthoven : C'est du snobisme dans *À la recherche du temps perdu* qu'il va s'agir, en compagnie de Donatien Grau, qui est enseignant à l'ENS, membre de l'équipe Proust de l'ITEM-CNRS, et du comité de rédaction de la revue *Commentaire*[1].

« [...] je vis au milieu des yeux bleus de notre ami se ficher une petite encoche brune comme s'ils venaient d'être percés par une pointe invisible, tandis que le reste de la prunelle réagissait en sécrétant des flots d'azur. Le cerne de sa paupière noircit, s'abaissa. Et sa bouche marquée d'un pli amer se ressaisissant plus vite sourit, tandis que le regard restait douloureux, comme celui d'un beau martyr dont le corps est hérissé de flèches : "Non, je ne les connais pas", dit-il, mais au lieu de donner à un renseignement aussi simple, à une réponse aussi peu surprenante le ton naturel et courant qui convenait, il le débita en appuyant sur les mots, en s'inclinant, en saluant de la tête, à la fois avec l'insistance qu'on apporte, pour être cru, à une affirmation invraisemblable – comme si ce fait qu'il ne connût pas les Guermantes ne pouvait être l'effet que d'un hasard singulier – et aussi avec l'emphase de quelqu'un qui, ne pouvant pas taire une situation qui lui est pénible, préfère la proclamer pour donner

---

1. Où il a notamment publié un article intitulé « Marcel Proust, l'autoportrait éclaté ».

aux autres l'idée que l'aveu qu'il fait ne lui cause aucun embarras, est facile, agréable, spontané, que la situation elle-même – l'absence de relations avec les Guermantes – pourrait bien avoir été non pas subie, mais voulue par lui, résulter de quelque tradition de famille, principe de morale ou vœu mystique lui interdisant nommément la fréquentation des Guermantes. "Non, reprit-il, expliquant par ses paroles sa propre intonation, non, je ne les connais pas, je n'ai jamais voulu, j'ai toujours tenu à sauvegarder ma pleine indépendance ; au fond je suis une tête jacobine, vous le savez. Beaucoup de gens sont venus à la rescousse, on me disait que j'avais tort de ne pas aller à Guermantes, que je me donnais l'air d'un malotru, d'un vieil ours. Mais voilà une réputation qui n'est pas pour m'effrayer, elle est si vraie ! Au fond, je n'aime plus au monde que quelques églises, deux ou trois livres, à peine davantage de tableaux, et le clair de lune quand la brise de votre jeunesse apporte jusqu'à moi l'odeur des parterres que mes vieilles prunelles ne distinguent plus[1]." »

R. E. : Donatien Grau, le snobisme dans la *Recherche* est un thème constant, omniprésent, mêlé de bien des choses et, notamment, de l'élégance, d'ailleurs il faut faire un travail de fourmi pour les distinguer parfois. Le texte ci-dessus est un portrait de Legrandin, du pathético-sympathique Legrandin, qui dissimule un snobisme acharné tout en faisant profession de simplicité, de naturel. Rien n'est plus affecté qu'un tel naturel, au point que je me demande si dans la *Recherche*, l'affectation de simplicité n'est pas bien souvent le signe distinctif du snobisme. Qu'en dites-vous ?

Donatien Grau : À la lecture de ce texte, on est frappé par l'horizon d'attente qu'il crée, il est plein de ce qui apparaîtra dans *Le Temps retrouvé*.

---

1. *Du côté de chez Swann.*

R. E. : Il faut préciser qu'on est ici dans *Du côté de chez Swann,* au tout début de la *Recherche* ; *Le Temps retrouvé,* c'est la fin.

D. G. : Dans *Du côté de chez Swann* : Legrandin est un ami des parents du narrateur, il évoque son jacobinisme, son goût des églises et son refus des Guermantes. À la fin de la *Recherche,* il est nommé – il a lui-même choisi son nom – comte de Méséglise. Pour Proust, qui a écrit quasiment simultanément *Du côté de chez Swann* et *Le Temps retrouvé,* il y a un effet d'écho très fort. Cela constitue une première piste : un personnage qui commence par dire qu'il est jacobin, qu'il refuse les Guermantes, aime les églises et qui finit par se nommer lui-même comte de Méséglise..., sachant que le narrateur a une notule très ironique en disant que les gens pensent qu'il est un ancien parent des Guermantes puisqu'il s'appelle comte de Méséglise et qu'il fréquente le salon Guermantes. Je pense que c'est un point de césure : vous avez Legrandin, vous avez Bloch, vous avez évidemment la figure absolue du snobisme qui est Mme Verdurin, et vous avez aussi l'esprit Guermantes avec la princesse des Laumes qui devient duchesse de Guermantes. Il existe vraiment une bipolarité entre les deux, ce qui fait qu'on peut parler d'un théâtre du snobisme chez Proust, on le voit avec ce passage qui vient d'être cité, et on le voit avec Bloch, à la fin, qui se fait appeler Jacques du Rozier.

R. E. : Il y a plusieurs éléments dans cette conversion patronymique de Bloch. Je parle de conversion à dessein, puisque Bloch est celui qui pousse le snobisme jusqu'à nier en lui tout ce qui relève du judaïsme. On connaît deux amis au narrateur : Bloch et Saint-Loup, deux versions du snobisme, même si Saint-Loup est un Guermantes, que son mépris aristocratique de l'aristocratie guérit davantage du souci de plaire ou d'être accepté. Disons que Saint-Loup est « snoble »... Bloch, lui, est un personnage tout à fait décevant, qui ne cesse, en snob qu'il est, de repérer le snobisme chez les autres.

D. G. : Ce qui est intéressant chez Bloch, c'est sa manière de s'adapter au temps. Bloch, au début, est un adepte du Parnasse, et il va devenir lui-même le maître à penser des jeunes gens. Il y aurait presque un antagonisme avec Bergotte, le grand écrivain qui, lui, même s'il est mondain, même s'il est un ami de Gilberte Swann, la fille de Swann, l'amie du narrateur (d'abord dans *Du côté de chez Swann,* et ensuite dans *À l'ombre des jeunes filles en fleurs*), est dans son monde. Et c'est le fameux passage sur le petit pan de mur. Tandis que, de l'autre côté, Bloch est celui qui va s'adapter au temps ; cela nous conduit à un autre sujet important : le rapport du snobisme au temps.

R. E. : On y vient justement. Vous parlez du « temps ». Or, par « temps » on peut entendre « époque » mais également le « climat », qui est très important dans la *Recherche*. Le père du narrateur occupe dans l'œuvre la position d'un baromètre, qui ne se trompe jamais sur le temps qu'il va faire. Or, Bloch est celui qui fait profession d'être indifférent au temps. Le dialogue donne ceci :

> « – Mais, monsieur Bloch, quel temps fait-il donc ? est-ce qu'il a plu ? Je n'y comprends rien, le baromètre était excellent.
>
> Il n'en avait tiré que cette réponse :
>
> – Monsieur, je ne puis absolument vous dire s'il a plu. Je vis si résolument en dehors des contingences physiques que mes sens ne prennent pas la peine de me les notifier.

– Mais, mon pauvre fils, il est idiot ton ami, m'avait dit mon père quand Bloch fut parti. Comment ! il ne peut même pas me dire le temps qu'il fait ! Mais il n'y a rien de plus intéressant ! C'est un imbécile.

Puis Bloch avait déplu à ma grand'mère parce que, après le déjeuner comme elle disait qu'elle était un peu souffrante, il avait étouffé un sanglot et essuyé des larmes.

– Comment veux-tu que ça soit sincère, me dit-elle, puisqu'il ne me connaît pas ; ou bien alors il est fou.

Et enfin il avait mécontenté tout le monde parce que, étant venu déjeuner une heure et demie en retard et couvert de boue, au lieu de s'excuser, il avait dit :

– Je ne me laisse jamais influencer par les perturbations de l'atmosphère ni par les divisions conventionnelles du temps. Je réhabiliterais volontiers l'usage de la pipe d'opium et du kriss malais, mais j'ignore celui de ces instruments infiniment plus pernicieux et d'ailleurs platement bourgeois, la montre et le parapluie[1]. »

Le personnage de Bloch est un personnage étonnant puisque, à la plasticité de Bloch qui lui permet de s'adapter à son époque comme à son milieu, au point d'abjurer son judaïsme pour se faire appeler Jacques du Rozier (« nom sous lequel il eût fallu le flair de mon grand-père pour reconnaître la douce vallée de l'Hébron et les chaînes d'Israël que mon ami semblait avoir définitivement rompues » précise le narrateur), à cette plasticité de Bloch, cette aptitude caméléonesque s'ajoute le refus ostensible de prendre en considération les contingences climatiques...

D. G. : Je pense que les contingences climatiques auxquelles vous faites allusion, dans ce passage, s'inscrivent dans un plus grand paysage : c'est son rapport aux autres qui est en cause. C'est d'ailleurs une caractéristique du

---

1. *Du côté de chez Swann.*

snobisme chez Proust, cette opposition entre snobisme et mondanité, snobisme et élégance. Bloch en effet est celui qui, comme Legrandin, a un rapport à un milieu, et le milieu qui est mis en cause dans ce rapport, dans cette vision du climat, dans son goût pour l'opium, c'est celui des années 1890, que Proust a fréquenté, celui de la *Revue Blanche*, le milieu post-mallarméen et surtout post-parnassien, qui vit dans cette idée d'une sorte de rapport déconnecté au monde, dans l'art pour l'art. Bloch en est un digne représentant. Par ailleurs, ce qui est aussi frappant dans ce passage...

R. E. : ... il ne parle pas du coucher du soleil, il parle du « déclin d'Hélios »...

D. G. : Cela fait immédiatement sens, quand on pense à certains textes de Banville, notamment, mais aussi de Heredia. On a vraiment cette idée d'adhésion à l'époque ; le climat, auquel vous faisiez allusion, rejoint l'époque. Un passage qui est aussi très intéressant, c'est à propos de Hannibal de Bréauté, dans *Le Côté de Guermantes*...

R. E. : Il faut rappeler qui est « Babal », c'est-à-dire Hannibal de Bréauté qu'on appelle « Babal », parce que le snobisme des nobles consiste à se donner des surnoms. Il y a « Babal », comme il y a « Mémé » (Charlus), ou « Grigri » (Agrigente)...

D. G. : Je ne sais pas si c'est le snobisme des nobles de donner des surnoms. Proust fait très attention à cela, d'un côté Mme de Guermantes le surnomme « Babal », mais ensuite, et là est sans doute le vrai snobisme, ce sont les bourgeois qui reprennent et racontent ce passage...

R. E. : ... et qui l'appellent eux-mêmes « Babal ».

D. G. : Exactement. Dans ce passage où Proust parle des bourgeois qui parlent de « Babal de Bréauté », ou de « Mémé de Charlus », il décrit là, je pense, le vrai snobisme, celui des bourgeois qui aspirent à revêtir ces oripeaux de noblesse. Mme de Guermantes va, dans un premier temps, répondre à une accusation de snobisme envers Hannibal de Bréauté, l'un des élégants de l'époque, en disant : il n'est pas snob. Mais ensuite vers la fin du *Temps retrouvé,* donc le septième et dernier volume de la *Recherche,* quand on lui parle de Hannibal de Bréauté, elle dit : Babal de Bréauté, c'était un snob. C'est un passage assez énigmatique, parce que Hannibal de Bréauté est une figure très importante du salon de Guermantes. Et je crois que c'est aussi quelque chose qui fait sens vers l'explosion finale, au moment où le snobisme et la mondanité s'opposent. La mondanité est le propre du monde des Guermantes, elle est, dans la polarité proustienne, certes pleine de ridicule, mais élégante et raffinée. Le snobisme, lui, est essentiellement un élément bourgeois. D'ailleurs, il faudrait distinguer deux snobismes dans cet univers bourgeois : celui qui aspire à la noblesse et qui n'y arrive jamais vraiment, en l'occurrence celui de Bloch et celui de Legrandin. Ceux-là n'ont jamais de titres : comte de Méséglise, Jacques du Rozier, c'est une fausse noblesse ; en revanche, le snobisme de Mme Verdurin est un snobisme qui se suffit à lui-même, qui vise, dans une relation très difficile, au monde aristocratique, mais qui néanmoins se construit comme unité, comme clan ; ce snobisme-là est celui qui accède, pour ainsi dire, à l'Empire, au titre de Guermantes dans l'explosion finale. Je pense qu'il y a vraiment un jeu entre ces deux snobismes.

« Je ne comprenais pas bien que, pour ne pas aller chez des gens qu'on ne connaît pas, il fût nécessaire de tenir à son indépendance, et en quoi cela pouvait vous donner l'air d'un sauvage ou d'un ours. Mais ce que je comprenais, c'est que

Legrandin n'était pas tout à fait véridique quand il disait n'aimer que les églises, le clair de lune et la jeunesse ; il aimait beaucoup les gens des châteaux et se trouvait pris devant eux d'une si grande peur de leur déplaire qu'il n'osait pas leur laisser voir qu'il avait pour amis des bourgeois, des fils de notaires ou d'agents de change, préférant, si la vérité devait se découvrir, que ce fût en son absence, loin de lui et "par défaut" ; il était snob. [...] Et si je demandais : "Connaissez-vous les Guermantes ?", Legrandin le causeur répondait : "Non, je n'ai jamais voulu les connaître." Malheureusement il ne le répondait qu'en second, car un autre Legrandin, qu'il cachait soigneusement au fond de lui, qu'il ne montrait pas parce que ce Legrandin-là savait sur le nôtre, sur son snobisme, des histoires compromettantes, un autre Legrandin avait déjà répondu, par la blessure du regard, par le rictus de la bouche, par la gravité excessive du ton de la réponse, par les mille flèches dont notre Legrandin s'était trouvé en un instant lardé et alangui comme un saint Sébastien du snobisme : "Hélas ! que vous me faites mal ! non, je ne connais pas les Guermantes, ne réveillez pas la grande douleur de ma vie[1]." »

R. E. : On va parler des Verdurin, qui sont la quintessence du snobisme. Mais d'abord, encore un mot de Legrandin. Il est intéressant d'observer que le moi social de Legrandin, c'est-à-dire celui qu'il fait semblant d'être, est un misanthrope, et son moi profond un mondain déçu. En d'autres termes, la superficialité du mondain, ou du snob, est enfouie par Legrandin comme son véritable secret. Sous les apparences de la profondeur, Legrandin dissimule une âme frivole.

D. G. : Évidemment, il y a ces deux couches du moi qui sont mises en place par Proust à propos de Legrandin...

---

1. *Du côté de chez Swann.*

R. E. : ... il dit bien « l'autre Legrandin »...

D. G. : Tout à fait. C'est terrifiant : si on pense à la dichotomie qu'il fait, dans le *Contre Sainte-Beuve* de façon très violente et d'ailleurs assez injuste envers Sainte-Beuve, le critique du XIXᵉ siècle, entre le moi profond de l'écrivain et le moi réel, social. Il y a là vraiment un jeu d'inversion.

R. E. : Ce qui est une façon pour Proust de s'insurger contre l'indexation d'une œuvre sur une vie dans son *Contre Sainte-Beuve*.

D. G. : Oui. Et il distingue le moi profond, qui est le moi qui s'exprime dans l'œuvre, du moi social, qui est le moi que l'on peut connaître personnellement. Ce qui est d'ailleurs une manière d'autodéfense pour Proust, lui-même violemment critiqué pour sa mondanité. C'est pour cette raison que quand il a présenté le premier volume de son roman, *Du côté de chez Swann*, à la NRF, Gide l'a refusé, pour immédiatement après se rendre compte de son erreur et publier *À l'ombre des jeunes filles en fleurs,* qui reçut le Prix Goncourt en 1919. Mais chassez le naturel de Legrandin, il revient au galop.

R. E. : Le naturel, c'est le superficiel de Legrandin : chassez le superficiel de Legrandin, il revient au galop.

D. G. : Chassez son aspiration à autre chose, elle revient au galop. C'est ce qui apparaît à la fin de la *Recherche*. C'est en effet le moment où les deux côtés s'unissent, et où le monde qu'a connu le narrateur explose. Le côté de Guermantes s'unit au côté de chez Swann, jusqu'à la caricature, et même jusqu'aux éléments de ce monde qui n'étaient pas les éléments aussi nobles que Charles Swann et la duchesse de Guermantes : Mme Verdurin devient une Guermantes, Legrandin devient un faux noble. Il est important à propos de Legrandin de voir qu'il est ce personnage dont le snobisme aboutit puisqu'il devient un mondain. Ce qui d'ailleurs le distingue du clan Guermantes qui est un clan où il n'y a pas de décalage entre le comportement dans le monde et l'identité. C'est tout l'esprit Guermantes. La princesse des Laumes, qui devient ensuite la duchesse Guermantes, qui est l'amie de Charles Swann, qui est ensuite l'amie du narrateur – le jeu de transmission est notable –, possède l'esprit Guermantes et elle a la plus merveilleuse facilité à être mondaine. C'est peut-être là une clef pour comprendre le snobisme des personnages proustiens : ce décalage, cette sorte de hiatus. On pourrait d'ailleurs le relier aux réflexions de Bergson sur le rire. Il y a vraiment un côté « mécanique plaquée sur du vivant ». Les réflexions de Bergson sur le rire peuvent s'adapter à cette question du snobisme. Il ne faut pas l'oublier, le snobisme chez Proust est fondamentalement ridicule.

R. E. : Peut-être que Proust s'est inspiré, nourri des réflexions de Bergson, non ?

D. G. : C'est le grand problème des lectures de Proust, parce qu'on ne sait pas vraiment ce qu'il a lu de Bergson. Il a écrit des lettres à son cousin, mais on se pose toujours la question de ce qu'il a lu ou pas. On a des références évidentes à Montaigne, aux *Mille et Une Nuits,* tout comme à Saint-Simon, mais d'autres le sont moins. Est-ce qu'il a lu ce texte de Bergson ? Je ne sais pas, on peut faire des parallèles.

R. E. : Avant d'en venir aux Verdurin – on garde le meilleur pour la fin – parlons d'Oriane de Guermantes, élevée par Mme de Villeparisis, personnage magnifique, point cardinal, œil bleu de la *Recherche*. C'est celle dont l'audace, l'iconoclasme et l'élégance font les beaux jours du faubourg Saint-

Germain. Tout le bottin se régale de ses bons mots. Ainsi, quand elle surnomme son beau-frère Charlus « Taquin le superbe », le jeu de mots se déguste encore froid le lendemain, entre mondaines, à l'heure du déjeuner, même par la princesse de Parme dont les yeux, pourtant, « implorent un petit supplément d'explication ». Qu'on la comprenne ou non, la verve d'Oriane fait jurisprudence dans le petit monde des mondains.

D. G. : Il y a un passage intéressant, juste après celui sur Taquin le Superbe où le duc de Guermantes, l'époux d'Oriane, répète *ad libitum* ce mot d'esprit, en disant : ce mot était mauvais, mais tout de même ce n'est pas le meilleur de l'esprit d'Oriane. Cette question des mots d'esprit est aussi un effet de cour qui a son importance. Levinas a dit que la *Recherche* était le théâtre d'une aristocratie sans Versailles, c'est très intéressant, parce qu'il n'y a plus de figure centrale, plus de figure royale en tout cas ; il y a toute une série de figures princières (la princesse de Parme, la duchesse de Guermantes, les Courvoisier), et tous ces groupes s'organisent en parallèle car il n'y a plus de centre. Cette identité d'un groupe, est-ce vraiment du snobisme ? Je ne sais pas. C'est du ridicule, c'est évident Le snobisme chez Proust est assez clairement identifié autour de quelques personnages. Peut-être n'est-ce pas du snobisme, mais une dérive de la mondanité dans la *Recherche*.

R. E. : Une sorte de mondanité dévoyée...

D. G. : Effectivement, d'un côté vous avez Oriane de Guermantes, personnage à la mondanité naturelle, pour ainsi dire, et, de l'autre, ceux qui aspirent, qui cherchent, qui ne sont pas pour autant clairement visés comme des snobs, qui sont une sorte d'entre-deux.

R. E. : Et pourtant le snobisme n'épargne personne. Ni le liftier du Grand-Hôtel de Balbec, ni son directeur, ni les bourgeois, ni les portiers, ni les aristocrates... « Le snobisme en changeant d'objet ne change pas d'accent » écrit le narrateur. Même Swann est concerné par ce vice, lui l'artiste sans œuvre, le succès damné.

D. G. : Swann est un intermédiaire qui prépare en un sens le narrateur, mais ne l'accomplit pas vraiment, parce que le narrateur est un regard sur le monde. Il rassemble tout en étant lui-même. Mais Swann est celui qui n'y arrive pas. Il va assimiler des éléments Guermantes, il va devenir très Guermantes, en ce sens il n'est pas snob, parce que, quand il apparaît dans le salon Verdurin, dans ce salon de snobs, il est le seul personnage à ne pas l'être. Au contraire, il est d'une grande simplicité en parlant des nobles que les Verdurin ne connaissent pas, auxquels ils n'ont pas accès, avec un effet de distance. Et là où il est snob, contaminé par Odette, c'est quand il précise, à propos de la femme du directeur de cabinet du ministre des Travaux public, Mme Bontemps, c'est la femme du chef de cabinet, que dis-je, du directeur de cabinet, il est quasiment ministre !

R. E. : Swann devient snob après son mariage ?

D. G. : Il devient snob par émanation.

R. E. : Il épouse une cocotte et devient snob.

D. G. : Il entre en contact avec le salon Guermantes. Lorsque le narrateur découvre Swann, il ne connaît pas sa vie mondaine, c'est juste cet homme qui vient dans *Du côté de chez Swann,* au début de la *Recherche,* avec une extrême simplicité.

R E. : ... à Combray...

D. G. : ... dans la maison de la famille, à Combray. Quand il leur rend visite, le narrateur ne sait pas qu'il est l'une des figures éminentes du faubourg Saint-Germain, un membre du Jockey-Club, ami du comte de Paris.

R. E. : Un peu plus tard, c'est-à-dire vingt ans plus tôt, dans *Un amour de Swann,* on le retrouve fréquentant, par amour pour Odette de Crécy, le salon des Verdurin.

« [...] ils avaient très vite senti en lui un espace réservé, impénétrable, où il continuait à professer silencieusement pour lui-même que la princesse de Sagan n'était pas grotesque et que les plaisanteries de Cottard n'étaient pas drôles, enfin et bien que jamais il ne se départît de son amabilité et ne se révoltât contre leurs dogmes, une impossibilité de les lui imposer, de l'y convertir entièrement, comme ils n'en avaient jamais rencontré une pareille chez personne. Ils lui auraient pardonné de fréquenter des ennuyeux (auxquels d'ailleurs, dans le fond de son cœur, il préférait mille fois les Verdurin et tout le petit noyau) s'il avait consenti, pour le bon exemple, à les renier en présence des fidèles. Mais c'est une abjuration qu'ils comprirent qu'on ne pourrait pas lui arracher.

Quelle différence avec un "nouveau" qu'Odette leur avait demandé d'inviter, quoiqu'elle ne l'eût rencontré que peu de fois, et sur lequel ils fondaient beaucoup d'espoir, le comte de Forcheville ! [...] Forcheville était grossièrement snob, alors que Swann ne l'était pas ; sans doute il était bien loin de placer, comme lui, le milieu des Verdurin au-dessus de tous les autres. Mais il n'avait pas cette délicatesse de nature qui empêchait Swann de s'associer aux critiques trop manifestement fausses que dirigeait Mme Verdurin contre des gens qu'il connaissait. [...] Et [...] le premier dîner chez les

Verdurin auquel assista Forcheville, mit en lumière toutes ces différences, fit ressortir les qualités de Forcheville et précipita la disgrâce de Swann[1]. »

Passons maintenant aux Verdurin, qui sont l'unique étape obligée d'une émission sur le snobisme dans la *Recherche*. Le salon Verdurin accueille Swann, parce que c'est l'amant d'Odette qui, elle, est la bienvenue, « le petit amour » de Mme Verdurin – à tous égards, d'ailleurs, comme on l'apprendra plus tard. Or Swann est celui dont l'élégance finit par précipiter la disgrâce au sein du petit clan.

D. G. : Oui, tout à fait. Ce qui est très impressionnant dans le salon Verdurin, c'est son pouvoir de corrosion, son pouvoir de métamorphoser des caractères. Swann va adopter certains des tics des Verdurin, même quand la patronne ne rendra plus qu'une visite par an à Odette (c'est cette fameuse scène avec Mme Bontemps, qui est reprise par Gilberte). C'est aussi le cas avec le peintre Elstir, réinterprétation de Whistler, cette figure absolument grotesque dans le salon Verdurin, sous le nom de Biche. C'est aussi, en un sens, le cas de Cottard, qui est un très bon médecin mais qui est aussi un personnage ridicule. Le snobisme des Verdurin est non seulement en décalage, mais il a un pouvoir de métamorphose sur les autres. C'est un théâtre du snobisme. Mme Verdurin se met en scène, et conduit les autres à entrer avec elle dans son jeu, à devenir eux-mêmes des personnages de cette scène de théâtre qu'est le salon Verdurin. Elle apparaît dans son salon...

R. E. : ... comme un perroquet...

---

1. *Un amour de Swann.*

D. G. : ... comme un perroquet, une sorte d'oiseau absolument ridicule. L'ironie de Proust est parfois légère et tendre, mais peut aussi être extrêmement violente, voir féroce, quand Mme Verdurin est décrite comme étant en représentation permanente, sur son perchoir. La question est posée du grand amour de Mme Verdurin pour l'art : est-ce que cet amour est sincère ? Si c'était le cas, cela pourrait peut-être la sauver : elle est celle qui va protéger Vinteuil, qui va protéger Morel, le jeune pianiste...

R. E. : Il faut rappeler que Vinteuil est un professeur de piano retiré à Montjouvain, dont le narrateur découvre ensuite qu'il est l'auteur d'une œuvre considérable incluant une sonate et un septuor qui sont respectivement le cantique de l'amour de Swann pour Odette et du narrateur pour Albertine. Biche – ou Tiche – dont vous avez parlé tout à l'heure, c'est Elstir, le plus grand peintre de son temps, dont l'art est un antidote à l'intelligence, mais qui se comporte en snob quand il est chez les Verdurin. Enfin, Mme Verdurin est celle qui se méfie des avant-gardes, contrairement à la super-snob, Mme de Cambremer, sœur de Legrandin dont on a parlé au début, et qui, elle, considère qu'en art on n'est « jamais assez à gauche ».

D. G. : L'évolution artistique du salon de Mme Verdurin est intéressante : celui-ci commence par être un « temple de la musique », avec Morel, le jeune pianiste, l'amant de Charlus, et Vinteuil, le professeur de piano. Mme Verdurin accueille des musiciens. Ensuite, dans *Le Temps retrouvé*, le narrateur explique que c'est parce que son salon est le temple de la musique qu'il est devenu l'endroit où il faut être vu, on y joue Wagner, et qu'il attire les aristocrates avides de nouveautés. Au moment où le salon de Mme Verdurin devient l'endroit où l'on se rend parce que c'est l'endroit où se trouve le neuf, elle change alors tout son mobilier *modern style* pour d'affreuses vieilleries (dans *Le Temps retrouvé*). Je pense que là aussi Proust laisse un indice, il fait toujours planer une certaine ambiguïté autour de ses personnages : on n'est jamais sûr des valeurs positives ou négatives. Mais cela prouve qu'au fond il y a une sorte de stratégie chez Mme Verdurin : elle utilise le moderne comme moyen de miner les positions d'une aristocratie sans Versailles, et, une fois qu'elle a fait exploser ses mines, que l'aristocratie s'effondre et qu'elle peut monter, elle revient à l'ancien, au vieux temps.

« "Ce mercredi-ci n'était pas digne des autres. En revanche, je vous réserve une grosse surprise pour le suivant." Dans les dernières semaines de la saison de Paris, avant de partir pour la campagne, la Patronne annonçait la fin des mercredis. C'était une occasion de stimuler les fidèles : "Il n'y a plus que trois mercredis, il n'y en a plus que deux, disait-elle du même ton que si le monde était sur le point de finir. Vous n'allez pas lâcher mercredi prochain pour la clôture." Mais cette clôture était factice, car elle avertissait : "Maintenant, officiellement il n'y a plus de mercredis. C'était le dernier pour cette année. Mais je serai tout de même là le mercredi. Nous ferons mercredi entre nous ; qui sait ? ces petits mercredis intimes, ce seront peut-être les plus agréables[1]." »

R. E. : Mme Verdurin organise ses mercredis, ses petits dîners du mercredi où, de Swann au narrateur, il se passe tant de choses et passent tant de gens. Il est remarquable qu'aucun mercredi n'échappe à la loi du dîner, puisque le « mercredi de clôture » inaugure aussi la saison d'après. Chez Mme Verdurin, le temps ne s'interrompt jamais. Et je me demande, à cet égard, si Mme Verdurin n'est pas dans la *Recherche*, non seulement une certaine version du temps mais également une certaine version du specta-

---

1. *Sodome et Gomorrhe.*

culaire ou du spectacle ; serait-elle, au fond, l'ambassadrice des « célibataires de l'art » qui, faute de talent, font profession d'adorer l'art et de ne pouvoir vivre sans lui ?

D. G. : Il y a deux questions dans votre question. Je vais commencer par la deuxième : n'est-elle pas l'ambassadrice de tous ceux qui adorent l'art ? Oui. Ça se voit très clairement qu'elle n'y comprend rien. Ça se voit très clairement à propos de Wagner, la fameuse scène où elle évoque ses vapeurs terribles..

R. E. : ... au point qu'elle doit garder le lit pendant trois jours.

D. G. : Oui, et finalement elle accepte que ce soit joué, ce qui prouve que sa réaction porte en elle une part de jeu, au sens théâtral. Donc, c'est l'adoration de l'art qui va lui permettre de dépasser les aristocrates qui, eux, vivent au XVIIIe siècle. Quant au rapport au temps, c'est très important, car Mme Verdurin est présente au début et à la fin.

R. E. : Elle est même présente avant le début ! Dès avant la naissance du narrateur, dans *Un amour de Swann*. Mme Verdurin traverse toute la *Recherche*, elle est insubmersible.

D. G. : Absolument, et justement, c'est parce qu'elle est insubmersible que son assomption finale est si importante.

R. E. : Vous dites « assomption », pas « ascension »...

D. G. : Pourquoi pas ? Elle devient bien une sorte de...

R. E. : ... divinité ?

D. G. : C'est ça. Elle devient la Guermantes par excellence. D'ailleurs, dans les derniers textes du *Temps retrouvé*...

R. E. : ... elle est devenue princesse de Guermantes.

D. G. : Elle a acquis le titre le plus important. Alors que, souvenez-vous, Gilbert de Guermantes est le plus Guermantes des Guermantes. Basin, lui, duc de Guermantes, est un personnage un peu rustre qui s'oppose totalement à son épouse, l'extrêmement raffinée, la parfaite Oriane. Le prince de Guermantes, Gilbert, est celui qui pousse l'esprit Guermantes jusqu'à devenir dreyfusard. Swann est venu au salon du prince de Guermantes ; il y est accueilli par les protestations générales : il est dreyfusard, il est juif, il est retourné à son judaïsme. Il voit alors le prince de Guermantes et va lui parler. Tout le monde s'attend à ce que celui-ci l'insulte, le renvoie chez lui. Le narrateur a une conversation avec Swann, et Swann lui explique qu'au fond le prince de Guermantes, par souci de justice et par esprit Guermantes, est devenu favorable à Dreyfus.

R. E. : Mais est-ce que le dreyfusisme intermittent des Guermantes n'est pas justement ce qui les caractérise ? Vous avez parlé du duc de Guermantes. Restons un peu sur lui. Le duc de Guermantes, le beauf splendide, devient antidreyfusard par dépit d'être coiffé sur le poteau par Chaussepierre à la tête du Jockey-Club (au nom du fait que sa femme est amie avec le juif Swann). Après sa défaite, le duc ne cesse de fulminer contre cette affaire qui a « bel et bien causé tant de malheurs ». Mais, un peu plus tard, il revient dreyfusard d'une cure thermale où il a lié sympathie avec trois élégantes partisanes de la révision. Tout comme l'esprit est la dupe du cœur, les Guermantes suspendent leur dreyfusisme aux circonstances et aux hasards les plus ténus.

D. G. : Il y a une distinction à faire entre le prince et le duc de Guermantes. Dans la description que donne Proust du prince de Guermantes, il y a une difficulté : ce personnage par son statut, par son appartenance à l'aristocratie, par son soutien à l'armée (l'armée étant l'un des derniers corps restant aux aristocrates au début de la Troisième République), a vocation à soutenir les antidreyfusards, mais sa conscience morale le conduit à croire, à comprendre que Dreyfus n'est pas coupable. De l'autre côté, il y a Basin, le duc de Guermantes qui, lui, est beaucoup plus malléable. Je ne sais pas s'il est snob à proprement parler, parce que, encore une fois, le snobisme dans la *Recherche* est assez clairement identifié : c'est une volonté, un rapport à l'aristocratie, c'est une idée de clan, mais il est ridicule. Je crois qu'il y a une place pour une troisième catégorie. Il ne faut pas tout penser dans la *Recherche* en termes de snobisme. Tout se mêle. Évidemment il y a un snobisme clairement identifiable autour de Bloch, autour de Swann à certains moments, Legrandin et les Verdurin. La mondanité dans les deux sens du terme : aussi bien dans le rapport au monde comme environnement, que participation à un certain groupe social. Il y a l'élégance, le dandysme, et ce rapport au temps. Je pense que cette perméabilité du duc de Guermantes est à mettre sous le coup de la mondanité, mais pas nécessairement du snobisme. Ce serait plutôt une déformation de la mondanité ou une expression de la mondanité. Le narrateur apparaît comme ce personnage qui est partout, mais n'appartient jamais vraiment au milieu qu'il décrit : il est un ami de la duchesse de Guermantes, un ami historique, comme il apparaît dans *Le Temps retrouvé* – au fond, en ce sens, il prend la place de Swann –, il fréquente le salon Verdurin, il n'est jamais véritablement un membre à part entière des endroits qu'il visite, de chacun de ces salons.

C'est ce qui fait la différence avec Swann qui, lui, a eu une véritable appartenance : il a eu l'esprit Guermantes, avant de prendre des éléments du salon Verdurin, à la différence du narrateur, qui, lui, ne fait que traverser ces lieux. Mais c'est parce qu'il les traverse, parce qu'il est le témoin, qu'il peut, à la fin de l'œuvre, décrire les hommes.

R. E. : Je me demande s'il ne faudrait pas ajouter une quatrième catégorie du snobisme proustien, une catégorie qui se confondrait avec la nombreuse famille des « célibataires de l'art » dont parle le narrateur de la *Recherche*, ceux qui ont « les chagrins qu'ont les vierges et les paresseux »...

« Ils ont les chagrins qu'ont les vierges et les paresseux, et que la fécondité dans le travail guérirait. Ils sont plus exaltés à propos des œuvres d'art que les véritables artistes, car leur exaltation n'étant pas pour eux l'objet d'un dur labeur d'approfondissement, elle se répand au-dehors, échauffe leurs conversations, empourpre leur visage ; ils croient accomplir un acte, en hurlant à se casser la voix : "Bravo, bravo", après l'exécution d'une œuvre qu'ils aiment. Mais ces manifestations ne les forcent pas à éclaircir la nature de leur amour, ils ne la connaissent pas. Cependant celui-ci, inutilisé, reflue même sur leurs conversations les plus calmes, leur fait faire de grands gestes, des grimaces, des hochements de tête quand ils parlent d'art. "J'ai été à un concert où on jouait une musique qui, je vous avouerai, ne m'emballait pas. On commence alors le quatuor. Ah ! mais non d'une pipe ça change (la figure de l'amateur à ce moment-là exprime une inquiétude anxieuse comme s'il pensait : "Mais je vois des étincelles, ça sent le roussi, il y a le feu."). Tonnerre de Dieu, ce que j'entends là c'est exaspérant, c'est mal écrit, mais c'est épastrouillant, ce n'est pas l'œuvre de tout le monde." Encore si risibles que soient ces amateurs, ils ne sont pas tout à fait à dédaigner. Ils sont les premiers essais de la nature qui veut créer l'artiste, aussi informes, aussi peu viables que ces premiers animaux qui précédèrent les espèces actuelles et qui n'étaient pas constitués pour durer. Ces amateurs velléitaires et stériles doivent nous toucher comme ces premiers appareils qui ne purent quitter la terre mais où résidait non encore le moyen secret et qui restait à découvrir, mais le désir du vol[1]. »

Ils sont fascinants ces « célibataires de l'art »... Ce sont peut-être les plus snobs de tous, ils fréquentent les salles de théâtre, les opéras, ils vont à l'opéra comme on coche des cases.

D. G. : Oui, et d'autant plus que ce sont des personnes auxquelles le narrateur – et Proust lui-même – peut partiellement s'identifier, puisqu'il est celui qui dépasse ce statut des célibataires de l'art. Toute la genèse de la *Recherche* est celle de cette personne qui se dit : il faut que j'écrive. Il commence à écrire *Jean Santeuil*, puis il se dit : non, il faut que ce soit autre chose. Au fond, il y a un mysticisme dans *À la recherche du temps perdu*, qui est très étonnant.

R. E. : Pourquoi parlez-vous de « mysticisme » ?

D. G. : Parce que c'est au moment où tout explose que l'œuvre devient possible. Il y a vraiment une dimension mystique de l'œuvre. Jean-Claude Milner dit que Proust est le dernier à avoir cru au style. Il y en a d'autres, Céline aussi a cru au style. Mais il y a vraiment une croyance de Proust dans le style et dans le fait que l'œuvre, au sens matériel, le livre, mais aussi l'œuvre au sens alchimique, et en ce sens il est baudelairien, peut transformer le monde.

---

1. *Le Temps retrouvé.*

R. E. : ... Mais alors, que fait-elle de ces célibataires de l'art ?

D. G. : Les célibataires de l'art sont ceux qui ne sont pas capables de le faire.

R. E. : Oui, mais quel est le message que l'œuvre leur adresse ? Qu'entendent-ils, tous ces sourds ? Le narrateur trouve « ridicule » l'idée d'un « art populaire » (comme d'un art patriotique, d'ailleurs), en faisant valoir qu'un « art populaire par la forme eût été destiné plutôt aux membres du Jockey qu'à ceux de la Confédération générale du travail ». Que fait la *Recherche* de tous ces consommateurs qui, tel Pierre Victor demandant à Sartre de laisser tomber son Flaubert pour écrire un grand roman ouvrier, soumettent l'art à une cause, fût-ce celle de leur bonne conscience ?

D. G. : Ce sont des ébauches, comme Swann. Swann n'est qu'une ébauche du narrateur, parce qu'il est celui qui a, comme le narrateur, une sensibilité artistique, mais qui est dans un rapport de lecture au monde. Ce thème de la lecture du monde est en effet très important pour Proust, l'écrivain est celui qui peut lire le monde et qui, une fois lu, peut le transformer. Il a une double activité. Le célibataire de l'art n'est qu'un lecteur, il n'est pas un auteur. Par conséquent, le célibataire de l'art n'accomplit qu'une partie du travail, la partie la moins importante, la moins sacrée. L'écrivain qu'est le narrateur, l'écrivain qu'est Proust lui-même, est seul capable de dépasser ces prémisses. Il faut avoir en tête la mise en scène que Proust a faite de sa propre situation, puisque, à la fin de sa vie, il n'était pas aussi exclu qu'on l'a dit ; il vivait, il avait des dîners fréquents, au Ritz, trois fois par semaine encore en 1917, il recevait Morand, des princes... Mais il a voulu se mettre en scène, dans ses lettres, comme celui qui est exclu du monde, par conséquent comme celui qui n'est pas un célibataire de l'art.

« Comme ils n'assimilent pas ce qui dans l'art est vraiment nourricier, ils ont tout le temps besoin de joies artistiques, en proie à une boulimie qui ne les rassasie jamais. Ils vont applaudir longtemps de suite la même œuvre, croyant de plus que leur présence réalise un devoir, un acte, comme d'autres personnes la leur à une séance d'un Conseil d'Administration, à un enterrement[1]. »

---

1. *Le Temps retrouvé.*

Table

À LA RECHERCHE DU TEMPS PERDU

I

À COMBRAY

À LA RECHERCHE DU TEMPS PERDU

II

LES PERSONNAGES

Photocomposition Nord Compo
Villeneuve-d'Ascq

Cet ouvrage a été imprimé en France par
CPI Bussière
à Saint-Amand-Montrond (Cher)
en mai 2011

36-10-2688-4/02

Dépôt légal : avril 2011.
N° d'impression : 111624/4.